Für Niklas
Zum 9.11.2011
von Oma und Opa
aus Göttingen

Ab morgen bin ich ein Löwe

Ab morgen bin ich ein Löwe

Die schönsten Tiergeschichten

Herausgegeben von Mario Giordano
Mit Illustrationen von Katja Wehner

Vorwort

»Die erste Beziehung zu den Tieren war magischer Natur«, schreibt Gianni Rodari, der große italienische Kinderbuchautor, in seiner »Grammatik der Phantasie«.
Und mit Magie beginnt alles Erzählen. Erzählen ist Magie. Vor über 20 000 Jahren spuckten und ritzten Menschen mit Kreide und Erdfarben magische Darstellungen von Büffeln, Pferden, Löwen, Antilopen, Bären und Mammuts an stockdustere Höhlenwände. Diese allerersten Kunstwerke der Menschheit erzählen in den lebendigsten Farben vom Verhältnis des Menschen zu den Tieren. Es sind Jagd- und Alltagsszenen und magische Beschwörungen der getöteten Tiere – um ihnen zu danken und ihre Kraft auf den Jäger übergehen zu lassen. Jeder Jäger, jeder Stamm hatte sein ganz besonderes Schutztier, sein Totem, dessen Namen er trug.
In jenen fernen Zeiten, als der Mensch anfing, sich wilde Tiere zu Haus- und Nutztieren zu machen, wuchsen Kinder ganz selbstverständlich mit den Jungtieren auf. Vielleicht ist damals, vor Urzeiten, der ewige Pakt zwischen Kindern und Tieren geschlossen worden, sich gegenseitig zu beschützen – einfach weil man gemeinsam klein ist.

Wir dürfen annehmen, dass auch die allerersten Geschichten, die an Lagerfeuern erzählt wurden, von Tieren handelten. Von ihrer Stärke, ihrem Mut, ihrem unergründlichen Geheimnis. Dieses Geheimnis ist nie verloren gegangen, vor allem nicht für Kinder, es steckt noch in jedem Plüschbären. Unser geliebtes Plüschtier (meines war ein kleiner grauer Hase), an das wir uns in dunklen Nächten angekuschelt haben, das freundlich zu uns sprach und dem wir unsere ersten Nöte anvertrauten, war unser erstes Totem. Später haben wir es vergessen – aber nie ganz und gar. Dieses geduldige Tier bleibt unser Totem für immer, es wird sich in den Fluren unserer

Ängste und in den Rumpelkammern unserer Erinnerungen weiter an uns ankuscheln und uns beschützen.
Und weil eine Welt ohne Tiere und ein Leben ohne Totems nicht vorstellbar ist, weil wir als Kinder selbstverständlich mit unseren Bären, Hasen, Pferden und Schafen gesprochen und ihnen zugehört haben – darum brauchen wir Tiergeschichten.

In diesem Band versammeln sich Tiergeschichten und Tiergedichte für Kinder. Einige davon begleiten mich schon mein ganzes Leben, andere habe ich erst kürzlich entdeckt. Große Tiere, kleine Tiere, große Namen und fast vergessene. Geschichten und Gedichte über Tiere, mit Tieren und von Tieren. Poetisch, albern, ironisch, ernst, realistisch, fantastisch, brutal und sanft.
Katja Wehner hat sich all diesen Geschichten und Tieren mit viel Wärme, Herz und Witz angenommen und wundervolle Illustrationen geschaffen, die weit mehr sind als nur schöner Schmuck. Es sind Pforten, durch die wir in die Seele der Geschichten und der Tiere eintreten.

Tiergeschichten für Kinder wird oft eine Verniedlichung von Tieren nachgetragen. Eine klebrige Süßlichkeit, die unseren wahren Umgang mit der Kreatur zukleistere. Die Wahrheit ist, dass wir die Wale ausrotten, die Tiger, die Delfine und tausend andere Tierarten. Wir rauben den Tieren ihre Lebensräume und führen sie noch im Zirkus vor. Und wenn sie Krankheiten übertragen, weil wir sie verseuchen und mit pulverisierten Artgenossen mästen, dann hassen wir sie noch dafür. Zynisch sind wir, brutal, dumm und erbärmlich. Wir Erwachsenen.
Aber so wie Kinder ein Recht darauf haben, mit ihrem Totem aus Plüsch zu reden, haben sie auch ein Recht auf Geschichten, in denen Tiere zu ihnen und zueinander sprechen. Geschichten, in denen die Welt noch nicht ganz aus den Fugen geraten und

durch ein tapferes Herz noch zu heilen ist. Geschichten, die mit ihrer besonderen Magie ihren Platz in der Welt und daher auch in dieser Sammlung haben. Gleich neben poetischen und realistischen Betrachtungen der Kreatur.

Mein Lesen und mein Schreiben hat mit Tieren begonnen. Das Lesen mit dem Gedicht »Annabella Apfelstrudel« von James Krüss (mit dem dieser Band daher beginnt), das Schreiben mit meiner Katze Thomse, die mich durch ihren eigenartigen Gang zu meinem ersten Kinderbuch inspiriert hat. Tiere haben mich seither beim Schreiben begleitet und beschützt. Kein Kinder- oder Jugendbuch ohne Tiere. Wenn ich an meinen Beruf denke, dann mit Dankbarkeit für all diese Tiere, die mir je zugeraunt haben: »Ab morgen bist du ein Löwe.«

Eine Anthologie wie diese ist Teamwork und wäre nicht möglich ohne die vielen guten Geister des Verlages im Hintergrund. Ich danke besonders Heike Clemens für die sorgfältige und inspirierende Betreuung bei der Recherche und der Auswahl der Texte. Durch sie habe ich manche Geschichte erst entdeckt und ihre Begeisterung hat für die endgültige Aufnahme der Texte stets den Ausschlag gegeben. Ebenso danke ich Ute Henkel für die sensible und ausgewogene Gestaltung. Mit ihrem sicheren und erfahrenen Auge macht sie aus Büchern schöne Bücher.

Zum Schluss gibt's für alle Jäger und Sammler noch ein Register sämtlicher Tiere, die sich in diesem Band eingefunden haben. Ich stelle mir vor, dass sie sich aufgekratzt auf einem Regal drängen und schubsen und ungeduldig darauf warten, herausgehoben und gelesen zu werden.

Mario Giordano
Köln, im Oktober 2010

James Krüss

Annabella Apfelstrudel

Annabella Apfelstrudel
Kennt und liebt ganz Österreich.
Auch ihr Kätzchen und den Pudel,
Die erkennt ein jeder gleich.
Alle drei sind süß und rund:
Annabella, Katz und Hund.

Annabella Apfelstrudel
Hat ein reizendes Café
Für die Menschen, für die Pudel
Und für Hase, Pferd und Reh.
Man besucht aus gutem Grund
Annabella, Katz und Hund.

Annabella Apfelstrudel
Backt wie niemand auf der Welt.
Kürzlich hat ein Hunderudel
Einen Zentner Keks bestellt.
Also buken hundert Pfund
Annabella, Katz und Hund.

Annabella Apfelstrudel
Wird geliebt von Mensch und Tier
Darum bring ich, didel dudel,
Dieses kleine Ständchen ihr.
Bleibt vergnügt und bleibt gesund,
Annabella, Katz und Hund!

A. A. Milne

Pu und der ungestüme Tieger

Eines Tages saßen Kaninchen und Ferkel vor Pus Haustür und hörten Kaninchen zu, und Pu saß dabei. Es war ein schläfriger Sommernachmittag, und der Wald war voller freundlicher Geräusche, die alle zu Pu zu sagen schienen: »Hör nicht auf das, was Kaninchen sagt; hör lieber mir zu.« Deshalb setzte er sich so zurecht, dass er Kaninchen ganz bequem nicht zuhören konnte, und von Zeit zu Zeit öffnete er die Augen, um »Aha!« zu sagen, und dann schloss er sie wieder, um »Sehr wahr« zu sagen, und von Zeit zu Zeit sagte Kaninchen sehr ernsthaft: »Du siehst, worauf ich hinauswill, Ferkel«, und Ferkel nickte ernst, um zu zeigen, dass es das ganz deutlich sah. »Tieger wird nämlich«, sagte Kaninchen, als es endlich zum Schluss kam, »in letzter Zeit so ungestüm, dass wir ihm allmählich eine Lektion erteilen müssen. Meinst du nicht auch, Ferkel?«, Ferkel sagte, Tieger sei wirklich sehr ungestüm, und wenn ihnen etwas einfiele, um ihn etwas gestümer zu machen, so wäre das eine sehr gute Idee.
»Ganz meine Meinung«, sagte Kaninchen. »Was sagst du dazu, Pu?«
Pu öffnete seine Augen mit einem Ruck und sagte: »Äußerst.«
»Äußerst was?«, fragte Kaninchen.
»Was du gerade gesagt hast«, sagte Pu. »Zweifellos.«
Ferkel gab Pu einen Stups, der Pu erstarren lassen sollte, und Pu, der zunehmend das Gefühl hatte, woanders zu sein, stand langsam auf und begann sich zu suchen.
»Aber wie sollen wir es machen?«, fragte Ferkel. »Was für eine Art Lektion, Kaninchen?«
»Darum geht es nämlich«, sagte Kaninchen.
Das Wort »Lektion« klang für Pu so, als habe er es schon einmal irgendwo gehört.

»Es gibt da etwas, was Eimer Eins heißt«, sagte er. »Christopher Robin hat mal versucht, es mir beizubringen, aber es hat nicht.«

»Was hat nicht?«, fragte Kaninchen.

»Hat was nicht?«, fragte Ferkel.

Pu schüttelte den Kopf.

»Ich weiß es nicht«, sagte er. »Es hat einfach nicht. Wovon reden wir gerade?«

»Pu«, sagte Ferkel vorwurfsvoll, »hast du denn nicht zugehört, als Kaninchen gesprochen hat?«

»Ich habe zugehört, aber ich hatte etwas Pelz im Ohr. Könntest du es bitte noch mal sagen, Kaninchen?«

Kaninchen fand es nie schlimm, wenn es etwas zweimal sagen musste, und deshalb fragte es, wo es anfangen sollte; und als Pu gesagt hatte, an der Stelle, an der er Pelz ins Ohr gekriegt habe, und als Kaninchen gefragt hatte, wann das gewesen sei, und als Pu gesagt hatte, das wisse er nicht, weil er es nicht richtig gehört habe, erledigte Ferkel die ganze Sache, indem es sagte, was sie zu machen versuchten, sie versuchten nämlich gerade auf etwas zu kommen, damit Tieger nicht mehr so ungestüm wäre, sosehr man ihn auch mochte, es ließ sich nicht leugnen, dass er sehr ungestüm war.

»Ach, verstehe«, sagte Pu.

»Er besteht aus zu viel Tieger«, sagte Kaninchen, »darauf läuft es hinaus.«

Pu versuchte zu denken, und alles, woran er denken konnte, war etwas, was überhaupt keine Hilfe war. Deshalb summte er es ganz leise vor sich hin.

»Wäre Kaninchen
Größer und nicht klüger
Und fetter
Und stärker
Oder größer und nicht klüger
Als Tieger,

     Und Tieger feiner
     Und zahm wie ein Hühnchen
     Gegenüber Kaninchen
     Und netter,
     Nicht wie ein Berserker,
     Wär es wurscht, wär Kaninchen
     Größ- oder kleiner.«
»Was hat Pu gesagt?«, fragte Kaninchen. »Was Vernünftiges?«
»Nein«, sagte Pu traurig. »Nichts Vernünftiges.«
»Na ja, ich habe eine Idee«, sagte Kaninchen, »und hier ist sie. Wir nehmen Tieger auf einen langen Entdeckungsausflug mit, irgendwohin, wo er noch nie gewesen ist, und da verlieren wir ihn, und am nächsten Morgen finden wir ihn wieder, und dann – soviel kann ich euch versprechen – wird er rundum ein völlig anderer Tieger sein.«
»Warum?«, fragte Pu.
»Weil er ein demütiger Tieger sein wird. Weil er ein trauriger Tieger sein wird, ein melancholischer Tieger, ein kleiner Tieger, so klein mit Hut, und leid wird es ihm tun, ein Ach-Kaninchen-was-*bin*-ich-froh-dich-zu-sehen-Tieger wird er sein.«
»Wird er auch froh sein, mich und Ferkel zu sehen?«
»Natürlich.«
»Das ist gut«, sagte Pu.
»Es würde mir gar nicht gefallen, wenn er *immer* traurig bliebe«, sagte Ferkel voller Zweifel.
»Tieger bleiben nie immer traurig«, erklärte Kaninchen.
»Sie kommen erstaunlich schnell darüber hinweg. Ich habe Eule gefragt, nur um sicherzugehen, und sie sagte, gerade darüber kämen Tieger immer hinweg. Aber wenn es uns gelingt, dass Tieger sich wenigstens fünf Minuten lang klein und traurig fühlt, haben wir eine gute Tat getan.«
»Würde Christopher Robin das auch finden?«, fragte Ferkel.
»Ja«, sagte Kaninchen. »Er würde sagen: ›Du hast eine gute Tat getan, Ferkel. Ich hätte sie selbst getan, wenn ich nicht zufällig

etwas anderes getan hätte. Danke, Ferkel.‹ Und Pu, natürlich.«
Darüber war Ferkel sehr froh, und es sah sofort ein, dass das, was sie mit Tieger tun würden, etwas Gutes war, und da Pu und Kaninchen es mit ihm, Ferkel, zusammen tun würden, war es etwas, bei dem selbst ein sehr kleines Tier morgens mit einem guten Gefühl aufwachen konnte. Deshalb war die einzige Frage: Wo sollten sie Tieger verlieren?
Und nun konnte Pu wieder sehr froh sein, denn den Nordpol hatte er zuerst gefunden, und wenn sie dort ankamen, würde Tieger ein Schild sehen, auf dem »Entdeckt von Pu, Pu hat ihn gefunden« stand, und dann würde Tieger wissen, was er vielleicht noch nicht wusste, was für eine Art Bär Pu war. *Diese* Art Bär.
So wurde verabredet, dass sie nächsten Morgen aufbrechen würden und dass Kaninchen, welches in der Nähe von Känga und Ruh und Tieger wohnte, jetzt nach Hause gehen und Tieger fragen sollte, was er morgen vorhabe, denn wenn er nichts vorhatte, wie wäre es dann mit einem kleinen Entdeckungsausflug, und sollen Pu und Ferkel auch mitkommen? Und wenn Tieger »Ja« sagte, war alles in Ordnung, und wenn er »Nein« sagte …
»Sagt er nicht«, sagte Kaninchen. »Überlasst das mir.« Und es ging geschäftig davon.
Der nächste Tag war ein ganz anderer Tag. Statt heiß und sonnig zu sein, war er kalt und neblig. Pu selbst machte das nichts aus, aber wenn er an all den Honig dachte, den die Bienen nicht machten, dann taten sie ihm an einem kalten und nebligen Tag immer leid. Dies sagte er Ferkel, als Ferkel kam, um ihn abzuholen, und Ferkel sagte, daran denke es gar nicht so sehr, sondern daran, wie kalt und jämmerlich es wäre, wenn man sich einen ganzen Tag und eine ganze Nacht lang mitten oben im Wald verlaufen hätte. Aber als die beiden zu Kaninchens Haus kamen, sagte Kaninchen, heute sei der ideale Tag für sie, denn Tieger springe in seinem Ungestüm

immer vor allen anderen her, und sobald er nicht mehr zu sehen sei, würden sie sich eilig in die entgegengesetzte Richtung verdrücken, und er würde sie nie wieder sehen.
»Aber doch nicht nie?«, sagte Ferkel.
»Na ja, nicht bis wir ihn wiederfinden, Ferkel. Morgen oder wann auch immer. Komm. Er wartet schon auf uns.«
Als sie zu Kängas Haus kamen, sahen sie, dass Ruh ebenfalls wartete, weil Ruh ein großer Freund von Tieger war, und das erschwerte die Sache; aber Kaninchen flüsterte Pu hinter vorgehaltener Pfote »Überlass das mir« zu und ging zu Känga.
»Ich glaube, es ist besser, wenn Ruh nicht mitkommt«, sagte es. »Nicht heute.«
»Warum nicht?«, fragte Ruh, welches eigentlich gar nicht zuhören sollte.
»Unfreundlicher, kalter Tag«, sagte Kaninchen und schüttelte den Kopf. »Und heute Morgen hast du gehustet.«
»Woher weißt du das?«, fragte Ruh ärgerlich.
»Aber, Ruh, das hast du mir ja gar nicht gesagt«, sagte Känga vorwurfsvoll.
»Es war ein Keks-Huster«, sagte Ruh, »keiner, von dem man was sagt.«
»Heute lieber nicht, Schatz. Ein andermal.«
»Morgen?«, fragte Ruh hoffnungsvoll.
»Wir werden sehen«, sagte Känga.
»Immer wird nur gesehen, und nie passiert was«, sagte Ruh traurig.
»An einem Tag wie heute könnte man sowieso nichts sehen, Ruh«, sagte Kaninchen. »Ich glaube auch nicht, dass wir sehr weit kommen werden, und heute Nachmittag sind wir alle wieder … wir alle wieder … sind wir … Ah, Tieger, da bist du ja. Komm mit. Auf Wiedersehen, Ruh! Heute Nachmittag sind wir … Komm schon, Pu! Sind alle fertig? Wie schön. Also los.«
So brachen sie auf. Zuerst gingen Pu und Kaninchen und Ferkel nebeneinander, und Tieger rannte im Kreis um sie herum,

und dann, als der Pfad sich verengte, gingen Kaninchen, Ferkel und Pu hintereinander, und Tieger rannte in Rechtecken um sie herum, und irgendwann, als der Stechginster auf beiden Seiten des Pfades sehr stachlig wurde, rannte er vor ihnen auf und ab, und manchmal stieß er dabei ungestüm mit Kaninchen zusammen und manchmal auch nicht. Und als sie höher kamen, wurde der Nebel dicker, sodass Tieger immer wieder verschwand, und wenn man dann dachte, er wäre nicht da, war er doch wieder da und sagte: »Nun kommt schon«, und bevor man noch irgendwas sagen konnte, war er wieder nicht da. Kaninchen drehte sich um und gab Ferkel einen Stups.
»Nächstes Mal«, sagte es. »Sag es Pu.«
»Nächstes Mal«, sagte Ferkel zu Pu.
»Nächstes was?«, sagte Pu zu Ferkel.
Tieger erschien plötzlich, stieß voller Ungestüm mit Kaninchen zusammen und verschwand wieder. »Jetzt!«, sagte Kaninchen. Es sprang in eine Mulde neben dem Pfad, und Pu und Ferkel sprangen ihm nach. Sie kauerten sich in den Farn und lauschten. Der Wald war sehr still, wenn man stehenblieb und ihm zuhörte. Sie konnten nichts sehen und nichts hören.
»Pscht!«, sagte Kaninchen.
»Tu ich doch die ganze Zeit«, sagte Pu.
Man hörte ein Trappeln – und dann war es wieder still.
»Hallo!«, sagte Tieger, und er hörte sich plötzlich so nah an, dass Ferkel in die Luft gesprungen wäre, wenn Pu nicht zufällig größtenteils auf ihm gesessen hätte.
»Wo seid ihr?«, rief Tieger.
Kaninchen gab Pu einen Stups, und Pu sah sich nach Ferkel um, damit er ihm einen Stups geben konnte, aber Ferkel atmete weiter so leise wie möglich feuchten Farn ein und fühlte sich sehr tapfer und sehr aufgeregt.
»Das ist aber komisch«, sagte Tieger.
Es war einen Augenblick lang still, und dann hörten sie ihn wieder davontrappeln. Sie warteten noch ein bisschen länger,

bis der Wald so still geworden war, dass er sie fast erschreckte, und dann stand Kaninchen auf und reckte sich.
»Na?«, flüsterte es stolz. »Geschafft! Genau, wie ich gesagt habe.«
»Ich habe nachgedacht«, sagte Pu, »und ich denke ...«
»Nein«, sagte Kaninchen. »Lass es. Lauf! Kommt mit.« Und sie rannten davon, Kaninchen voran.
»Jetzt«, sagte Kaninchen, nachdem sie ein Stück weggerannt waren, »können wir reden. Was wolltest du sagen, Pu?«
»Nicht viel. Warum gehen wir in diese Richtung?«
»Weil es hier nach Hause geht.«
»Oh!«, sagte Pu.
»Ich *glaube*, es geht mehr nach rechts«, sagte Ferkel nervös. »Was meinst *du*, Pu?«
Pu sah seine zwei Pfoten an. Er wusste, dass eine davon die rechte war, und er wusste, dass, wenn man entschieden hatte, welche die rechte war, die andere die linke war, aber er konnte sich nie merken, wo er anfangen musste.
»Nun ...«, sagte er langsam.
»Mach schon«, sagte Kaninchen. »Ich weiß, dass es hier entlanggeht.«
Sie gingen weiter. Zehn Minuten später blieben sie wieder stehen.
»Das ist ja wirklich zu dumm«, sagte Kaninchen, »aber einen Augenblick lang dachte ich ... Ah, natürlich. Kommt mit.«
»Da sind wir ja«, sagte Kaninchen zehn Minuten später.
»Nein, sind wir nicht.«
»Jetzt«, sagte Kaninchen zehn Minuten später, »glaube ich, müssten wir doch eigentlich ... Oder sind wir doch ein wenig mehr nach rechts gegangen, als ich angenommen hatte?«
»Wirklich seltsam«, sagte Kaninchen zehn Minuten später, »wie im Nebel alles gleich aussieht. Ist dir das auch schon aufgefallen, Pu?«
Pu sagte, das sei ihm auch schon aufgefallen.

»Ein Glück, dass wir den Wald so gut kennen; sonst würden wir uns noch verlaufen«, sagte Kaninchen eine halbe Stunde später und lachte so sorglos, wie man lacht, wenn man den Wald so gut kennt, dass man sich nicht verlaufen kann.
Ferkel schlich sich von hinten an Pu heran.
»Pu!«, flüsterte es.
»Ja, Ferkel?«
»Nichts«, sagte Ferkel und ergriff Pus Pfote. »Ich wollte nur sicher sein, dass du noch da bist.«
Als Tieger damit fertig war, darauf zu warten, dass die anderen ihn einholten, und als die anderen ihn nicht eingeholt hatten und als er es satt hatte, dass er zu niemandem sagen konnte: »Los, kommt schon!«, fand er, er könne auch genauso gut nach Hause gehen. So trabte er davon, und das erste, was Känga zu ihm sagte, als sie ihn sah, war: »So ein braver Tieger. Du kommst gerade rechtzeitig, um deine Stärkungsmedizin zu nehmen«, und sie goss ihm einen Löffel voll. Ruh sagte stolz: »Meine hab ich schon genommen«, und Tieger schluckte seine herunter und sagte: »Ich auch«, und dann schubsten sich die beiden freundlich durch das Zimmer, und Tieger warf aus Versehen einen bis zwei Stühle um, und Ruh warf einen mit Absicht um, und Känga sagte: »Dann lauft mal los.«
»Wo sollen wir hinlaufen?«, fragte Ruh.
»Ihr könnt ein paar Tannenzapfen für mich sammeln«, sagte Känga und gab ihnen einen Korb.
Also gingen sie zu Den Sechs Tannen und bewarfen sich mit Tannenzapfen, bis sie vergessen hatten, weshalb sie hergekommen waren, und ließen den Korb unter den Bäumen stehen und gingen zum Abendessen nach Hause. Und als sie mit dem Abendessen fast fertig waren, steckte Christopher Robin den Kopf zur Tür herein.
»Wo ist Pu?«, fragte er.
»Lieber Tieger, wo ist Pu?«, sagte Känga. Tieger erklärte, was geschehen war, während Ruh gleichzeitig die Sache mit sei-

nem Keks-Huster erklärte und Känga ihnen sagte, sie sollten nicht gleichzeitig sprechen, weshalb es etwas dauerte, bis Christopher Robin erraten hatte, dass sich Pu und Ferkel und Kaninchen im Nebel mitten oben im Wald verlaufen hatten.
»Das ist das Merkwürdige an Tigern«, flüsterte Tieger Ruh zu »dass sie sich nie verlaufen.«
»Warum denn nicht, Tieger?«
»Sie verlaufen sich einfach nicht«, erklärte Tieger. »So ist dis nun mal.«
»Tja«, sagte Christopher Robin, »dann müssen wir losgehen und sie finden; Schluss, aus. Komm mit, Tieger.«
»Ich muss losgehen und sie finden«, erklärte Tieger Ruh.
»Darf ich sie auch finden?«, fragte Ruh eifrig.
»Ich glaube, heute nicht, mein Schatz«, sagte Känga. »Ein andermal.«
»Wenn sie sich morgen verlaufen, darf ich sie dann finden?«
»Wir werden sehen«, sagte Känga, und Ruh, das wusste, was *das* bedeutete, ging in eine Ecke und übte ganz allein Sprünge, teils weil es Sprünge üben wollte und teils weil es nicht wollte, dass Christopher Robin und Tieger dachten, es mache ihm etwas aus, wenn sie ohne Ruh weggingen.
»Tatsache ist«, sagte Kaninchen, »dass wir irgendwie den Weg verfehlt haben.«
Sie rasteten in einer kleinen Sandkuhle mitten im Wald. Pu war die Sandkuhle allmählich leid, und er hatte sie im Verdacht, dass sie ihnen folgte, denn in welcher Richtung sie auch aufbrachen, sie kamen immer zur Sandkuhle, und immer wenn sie durch den Nebel auf sie zukam, sagte Kaninchen triumphierend: »Jetzt weiß ich, wo wir sind!«, und Pu sagte traurig: »Ich auch«, und Ferkel sagte nichts. Es hatte versucht, sich etwas einfallen zu lassen, was es sagen konnte, aber alles, was ihm einfiel, war »Hilfe! Hilfe!«, und das wäre ziemlich dumm gewesen, wo es doch Pu und Kaninchen hatte.
»Nun«, sagte Kaninchen nach einer langen Stille, in der ihm

niemand für den schönen Spaziergang gedankt hatte, »dann gehen wir lieber weiter, würde ich sagen. Welche Richtung schlagen wir ein?«

»Wie wäre es«, sagte Pu langsam, »wenn wir, sobald wir diese Kuhle nicht mehr sehen, versuchen, sie wiederzufinden?«

»Wozu soll das gut sein?«, sagte Kaninchen.

»Tja«, sagte Pu, »immer wieder suchen wir den Nachhauseweg und finden ihn nicht, und deshalb habe ich mir gedacht, wenn wir diese Kuhle suchen, finden wir sie ganz bestimmt nicht, und das wäre dann *gut*, weil wir dann vielleicht etwas finden, was wir *nicht* gesucht haben, und das wäre dann vielleicht genau das, was wir in Wirklichkeit *gesucht* haben.«

»Das scheint mir nicht viel Sinn zu haben«, sagte Kaninchen.

»Nein«, sagte Pu traurig, »hat es auch nicht. Es begann aber, Sinn zu haben, als ich damit anfing. Unterwegs muss ihm etwas zugestoßen sein.«

»Wenn ich von dieser Kuhle wegginge und dann zu ihr zurückkehrte, würde ich sie *natürlich* wiederfinden.«

»Ich dachte ja auch nur, dass es dir vielleicht doch nicht gelingt«, sagte Pu. »Ich dachte es ja nur.«

»Versuch es doch«, sagte Ferkel plötzlich. »Wir warten hier auf dich.«

Kaninchen lachte kurz auf, um zu zeigen, wie töricht Ferkel war, und ging in den Nebel. Nachdem es hundert Meter gegangen war, drehte es sich um und ging wieder zurück …

Und nachdem Pu und Ferkel zwanzig Minuten auf Kaninchen gewartet hatten, standen sie auf.

»Ich dachte es ja nur«, sagte Pu. »So, Ferkel, dann wollen wir mal nach Hause gehen.«

»Aber, Pu«, schrie Ferkel ganz aufgeregt, »weißt du denn den Weg?«

»Nein«, sagte Pu. »Aber in meinem Schrank stehen zwölf Töpfe Honig, und die rufen mich schon seit Stunden. Ich konnte sie vorher nicht richtig hören, weil Kaninchen immer geredet hat, aber wenn niemand sonst etwas sagt, nur die zwölf Töpfe, dann *glaube* ich, Ferkel, werde ich wissen, woher die Rufe kommen. Komm mit.«

Sie gingen zusammen los; und lange Zeit sagte Ferkel nichts, um die Töpfe nicht zu unterbrechen; und dann machte es plötzlich ein quiekendes Geräusch – und ein Oha-Geräusch –, denn nun wusste es allmählich, wo es war; aber das wagte es immer noch nicht laut auszusprechen, falls es doch nicht da war. Und gerade als es so goldrichtig Bescheid wusste, dass es nicht mehr wichtig war, ob die Töpfe weiterriefen oder nicht, erklang vor ihnen ein Ruf, und aus dem Nebel kam Christopher Robin.

»Ach, da seid ihr ja«, sagte Christopher Robin lässig und versuchte, so zu tun, als habe er sich keine Sorgen gemacht.

»Hier sind wir«, sagte Pu.

»Wo ist Kaninchen?«

»Ich weiß nicht«, sagte Pu.

»Ach … Na, Tieger wird es schon finden. Er sucht euch nämlich gerade alle mehr oder weniger.«

»Tja«, sagte Pu, »ich musste wegen irgendwas nach Hause, und Ferkel musste das ebenfalls, weil wir noch nicht dazu gekommen waren, und …«

»Ich komme mit und sehe dir zu«, sagte Christopher Robin. So ging er mit Pu nach Hause und sah ihm ziemlich lange zu … Und die ganze Zeit, während er zusah, raste Tieger durch den Wald und schrie laut und kläffend nach Kaninchen. Und schließlich hörte ihn ein sehr kleines und jammervolles Kaninchen. Und das kleine und jammervolle Kaninchen rannte durch den Nebel auf den Lärm zu, und der Lärm verwandelte sich plötzlich in Tieger; einen freundlichen Tieger, einen großartigen Tieger, einen großen und hilfreichen Tieger, der, wenn er überhaupt umhersprang, mit haargenau jener Anmut umhersprang, mit der Tieger umherspringen sollten.

»Ach, Tieger, was *bin* ich froh, dich zu sehen«, schrie Kaninchen.

Christian Morgenstern

Wie sich das Galgenkind die Monatsnamen merkt

Jaguar
Zebra
Nerz
Mandrill
Maikäfer
Pony
Muli
Auerochs
Wespenbär
Locktauber
Robbenbär
Zehenbär

Benno Pludra

Der Hund des Kapitäns

Ein Schiff war gesunken, ein Mann trieb einsam im Südatlantik, der Rest eines Mastholzes hielt ihn über Wasser. Tauwerksenden hingen daran, mit denen band er sich fest, sodass die Gefahr, er könnte unversehens in die Tiefe gleiten, ein wenig von ihrer Bedrohlichkeit verlor.
Dem ersten Gefühl von Glück, dass er sich hatte retten können, folgte bald Verzagtheit, denn er wusste wohl, das Schiff war gesunken abseits der vielbefahrenen Schifffahrtswege. Wer sollte ihn hier finden und retten?
Die Sonne verschwand hinter dem Meer, der Himmel verlor seinen Perlmuttglanz, und die Finsternis kam wie eine schwere Schwinge, unbarmherzig schnell. Das Meer wurde laut, sein Wasser rabenschwarz, doch zugleich ging ein stetes Leuchten von ihm aus: grünlich und weiß, wodurch sich der Mann nicht gar so verlassen fühlte.
Er versuchte, an freundliche Bilder zu denken: sein Haus daheim hinter Heckengebüsch, die Kinder, die dort spielten, seine Frau, die nach ihm Ausschau hielt, das Abendbrot auf dem Tisch. Je freundlicher sich die Bilder aber zeigten, desto schmerzlicher wurde ihm bewusst, wie hoffnungslos seine Lage war: an den Rest eines Mastholzes gebunden, im endlos einsamen Südatlantik.
Zeitweilig, für Sekunden nur, fiel er in einen erschöpften Schlaf. Das Meer blieb bei ihm, während er schlief, es stieg und fiel, das Mastholz stürzte ab in tiefe Wogentäler, der Mann am Mastholz stürzte mit, und so plagten ihn jedesmal wüste Träume. Einmal dann, schon weit in der Nacht, schreckte er hoch aus solch einem Traum und schrie, weil der Traum, wie es schien, nicht weichen wollte: Zwei wilde Augen glühten vor seinem Gesicht. Er schrie, die Augen verschwanden

22

sofort. Sie tauchten wieder auf, dem Ende des Mastholzes nah, und der Mann sah nun den Kopf des Hundes, seine Pfoten in emsiger Bewegung, es war der Hund des Kapitäns. Er hatte ihn nie gemocht, die ganze vergangene Reise nicht, denn sobald er sich irgendwo an Deck ein ruhiges Plätzchen suchen wollte, lag dort bereits dieser Hund, nicht böse, nein aber lag eben dort und rührte sich nicht weg: ein schottischer Schnauzer, wie es hieß, die ganze Liebe des Kapitäns.

Wo war er hergekommen, auf einmal? Vielleicht schon stundenlang geschwommen, Hoffnung auf Rettung in der Nase? Seine Pfoten hatten das Mastholz jetzt erreicht, aber konnten es nicht fassen, denn das Holz war rund und glatt. Er suchte weiter, dem Ende zu, wo das Holz gesplittert war. Hier fand er Halt und ruhte sich aus, wollte dann höher hinauf und blickte mehrmals zu dem Mann, der ihn stumm beobachtete. In den Augen des Hundes war keine Angst, nur eine unbestimmte Sorge, der Mann dort könnte ihm den Platz nicht gönnen. Und schlug wahrhaftig schon mit beiden Händen wie verrückt ins Wasser, schlug ins Wasser, schrie, als wollte ihm jemand ans Leben. Der Hund verhielt sich still. Er nahm die Drohung wahr, aber wusste, sie konnte ihn nicht erreichen. Er lag schon halb auf dem Holz, und wäre nicht dieser Kerl gewesen, hätte er die Augen schließen und ein wenig schlafen können, ihm war schon sehr danach. Sein struppiger nasser Kopf fiel plötzlich zwischen die Pfoten, aber hob sich wieder mit heftigem Ruck, getrieben von Argwohn gegen den Mann.

Das Mastholz war übrigens stark genug, es trug den Mann und auch den Hund ohne Beschwernis, wie aber, wenn noch andere kämen? Der Mann, in seinen erschöpften Gedanken, hatte diese Furcht: Es könnten noch andere kommen, aus dem unergründlichen Meer, und auf dem Mastholz Rettung suchen, alle herbeigelockt durch den Hund. Ein Kampf auf Leben und Tod würde beginnen, nur der Stärkste am Ende übrigbleiben. Der Hund musste weg. Er musste weg, bevor noch ein Einziger dieser anderen auf dem Mastholz landen konnte.

Das Meer, wie es schien, wollte ruhiger werden. Die Wogen liefen bereits lang aus, ihre Gipfel brachen leicht, und das Wasser strömte abwärts ohne Geräusch. Sterne waren zu sehn, vielleicht schon tröstlich für den Mann, weil er verschiedene kannte, aber zugleich vertieften sie sein Gefühl von Einsamkeit.

Der Hund lag inzwischen wie schlafend, den Kopf lang hingestreckt, die Vorderpfoten gaben ihm Halt. Der Mann nahm seinen Körper wahr wie einen dunklen Schatten, von Wasser umschäumt, im ungewissen Licht der Nacht.

Gegen Morgen schlief der Hund ganz fest. Die Sonne stieg schnell empor, sie wärmte den Mann und den Hund, doch während der eine um so besser schlief, brannten dem Mann schon bald die Augen. Auch Durst begann ihn zu quälen, die Lippen schwollen auf, und der Hund, so ruhig dort im Schlaf, weckte seinen Hass. Er wollte ihn vertreiben, jetzt, holte ein loses Tau heran und schlug damit übers Wasser hin.

Das Tau war zu kurz, der Hund hob nicht mal den Kopf. Das brachte den Mann nun besonders in Wut, er schrie zu jedem weiteren Schlag, bis ihm der Atem verging und sein Arm erlahmte. Erst jetzt hob der Hund den Kopf, als sei ihm da etwas unbegreiflich, und sah den Mann forschend an. Nicht lange aber, dann legte er sich neu zurecht, die spitzen Schnauzerohren blieben aufgestellt.

»Satan«, sagte der Mann. »Du elender Satan.« Er begann das Mastholz zu drehen, Stück um Stück gegen den Hund. Das Tau, mit dem er sich festgebunden hatte, behinderte ihn, er wollte es lösen, doch der Knoten hatte sich festgezurrt und war durch das Wasser hart geworden wie Eisen. Also drehte der Mann das Mastholz nur so hin und her, um dem Hund die Schlafruhe zu rauben. Er tat es verbissen, ohne Gnade, auch auf die Gefahr hin, dass er sich selbst dabei erschöpfen würde. Der Hund fasste noch immer locker mit den Pfoten nach, rutschte nur manchmal ins Wasser ab, seine Blicke dann hilflos, die Augenränder weiß, für den Mann die heftigste Freude.

Die Sonne sengte vom Himmel, das Meer wurde schwer wie Blei, und es forderte doppelte Kraft, das Mastholz noch weiter zu drehen. Dem Hund machte das vorläufig nichts. Er fand jedes Mal wieder Halt, wenn das Mastholz zwischendurch ruhte, und fand sogar Halt, während es drehte. Aber er wusste schon bald, dass er besser allein im Wasser schwamm, solange das Mastholz drehte. Erst wenn es ruhte, suchten seine Pfoten wieder einen festen Platz.

Der Mann durchschaute den Hund und ließ nun das Mastholz ruhen, bis die Pfoten einen guten festen Platz gefunden hatten, möglichst weit oben. Er wartete weiter, bis der müde Kopf sich auf die Pfoten legte, still dort lag, und drehte das Mastholz dann. Die ersten Male fuhr der Hund noch hoch, später blieb er liegen, und das Mastholz drehte sich mit ihm weg, bis sein Körper wie leblos ins Wasser rutschte. Die Pfoten begannen sofort zu rudern, in den Augen saß der Schreck, dazu die helle Angst, und bei näherem Hinsehn bemerkte der Mann, dass die Pfoten sich schon verzögert bewegten, er würde den Hund besiegen.

Dies brachte ihm Triumph und einen jähen Zuwachs an Kraft, um das Mastholz unvermindert zu drehen. Der Hund wich zurück. Sein weit geöffneter Fang hielt sich gerade noch über Wasser, und kurze Wellenschläge trieben es ihm längst in den Rachen. Das Ende war nah, doch er gab nicht auf, die Pfoten ruderten unentwegt: still, stumm, beharrlich, und diese stille, stumme Beharrlichkeit rührte in dem Mann etwas an, er ließ nach, das Mastholz zu drehen.

Der Hund aber traute dem Frieden nicht. Er schwamm auf die andere Seite, sodass er den Mann gegenüber hatte, ihn sehen konnte immerzu, und suchte sich dort einen neuen festen Platz. Seine Pfoten reichten hinauf, der Körper war aber schon zu schwach, er konnte nicht folgen, und es würde nicht einmal bis zum Abend dauern und der Hund ohne Laut versunken sein.

Die Sonne stand steil, das Meer ging auf und nieder, dehnte sich mächtig, aber drohte nicht mehr, die brüllende Sonne war schlimmer. Schleuderte Hitze, betäubte den Kopf, das Meer tat sich auf wie ein heißer Ofen.

In den Träumen des Mannes, die er bei geöffneten Augen erlebte, sprudelten Bäche und Quellen, unerreichbar für ihn. Wiesen wogten grün, der Wind war sanft, und manchmal sah er sich mit seiner Frau und seinen beiden Töchtern gehn, und alle waren schon müde und wollten etwas trinken.

Nach jedem Erwachen suchte der Mann den Hund. Der Durst quälte ihn dumpf, und die Lippen schmerzten, weil sie aufgerissen waren, doch bedrückender für ihn war die Ungewissheit seines Schicksals. Den Hund zu sehen, den er vorhin noch hatte vertreiben wollen, gab ihm ein wenig mehr Mut, und das besonders, nachdem es dem Hund gelungen war, in ganzer Länge auf das Mastholz zu kriechen. Dort lag er nun, die Ohren ohne Angst.

Das erstaunte den Mann schon sehr, später machte es ihn froh. Zugleich geriet er in Sorge, der Hund könnte plötzlich verschwunden sein, nach einem Erwachen irgendwann; denn wie er dort lag, ungesichert, ungeschützt, konnte ihm jede größere See zum Verhängnis werden, ihn wegspülen einfach in einem unentrinnbaren Sog.

Ich müsste ihn festbinden, dachte der Mann, wie ich mich selber festgebunden habe, er ist aber zu weit weg, ich kann ihn nicht erreichen. Seine Stimme lockte den Hund, freundliche Worte, leise gesprochen, der Hund reagierte nicht. Sein Körper lag flach auf dem Holz, das kurze graue Fell gesträubt. War er vielleicht schon tot?

Nur eins noch wäre möglich, dachte der Mann: Ich müsste zu ihm hin. Den Knoten hier lösen und zu ihm hin. Doch der Knoten war hart wie Eisen, er ließ sich nicht lösen, der Mann war mit dem Mastholz unrettbar verbunden. Die Gewissheit darüber traf ihn wie ein Schlag, denn er besaß kein Messer, gar nichts, um sich bei neuer Not von diesem Mastholz zu befreien.
Der Hund aber hob nun doch den Kopf. Er blickte zu dem Mann, der rief ihn sofort bei seinem Namen, ohne Erfolg.
»Komm schon, Terry, komm.«
Der Mann versuchte es wieder, ganz dringlich nun, denn der Blick des Hundes hatte sich verändert, seit er den Namen gehört hatte: Terry. Eine halbe Bewegung des Kopfes dann, als wollte er den Worten folgen.
»Komm her, komm schon«, sagte der Mann, und Angst war da, den Hund zu verlieren.
Der Hund aber spürte vielleicht die Angst, auch sein Argwohn war noch wach. Er blickte lange reglos zu dem Mann: im Allerhöchsten aufmerksam, und legte nachher den Kopf zurück, flach auf die Vorderpfoten, atmete tief und setzte damit ein Ende. Kein Wort mehr also, dachte der Mann.
Ein alter Weizendampfer, der von Australien kam, hat beide zwei Nächte darauf gefunden. Sie wären vorübergefahren in der Dunkelheit, aber hörten den Hund, der Mann war bewusstlos.
Als er später, an Bord des Dampfers, in einer Matrosenkoje wieder zu sich kam, galt seine erste Frage dem Hund. Sie zeigten ihm, wo er schlief: auf einer Decke vor seiner Koje, alle viere weggestreckt, wie ein Hund nur schläft, wenn er sich wohl fühlt irgendwo.
Mir hat die Geschichte ein Seemann erzählt, der sie wieder von einem anderen wusste. Alles lange her, doch unvergesslich so –

Bernd Heinrich

Die Seele der Raben

27. Dezember. Um 7.15 Uhr fliegt ein Rabe vorüber. Er ist aufgeregt und macht hohe Quorks. Der Schafskadaver vor Kaflunk ist entdeckt worden. Der Rabe fliegt in großen Kreisen mehrmals über das Tal, auf den Mount Bald und Gammon Bridge zu, ununterbrochen ertönen seine hohen Quorks. Keine Schreie. Seltsam. Er frisst nicht. Keine anderen Vögel kommen. Ich glaube, dass diese Tage nichts bringen, mit einer Ausnahme – ich habe herausgefunden, dass die Vögel tatsächlich Angst vor »seltsamen« Ködern haben.

28. Dezember. Der vierte Tag. Keine Raben in der Dämmerung. Ich mache Feuer und überlege, ob ich noch einen Tag dranhängen soll, als ich um 9.16 Uhr in der Ferne hohe Quorks höre. Wenig später kreisen zwei Raben in der Nähe. Dann beginnt der *Lärm*. Zuerst hört man insgesamt 46 hohe Triller. Dies ist höchst ungewöhnlich. Um 9.24 Uhr beginnt ein Rabe von dem Schaf zu fressen, ein zweiter schließt sich ihm unmittelbar an. Beide sind still, bis sie um 9.47 Uhr mit Fressen aufhören. Aus dem Wald höre ich bald drei weitere Triller und dann siebzehn hohe Schreie. Warum schließen sich diese Vögel nicht dem Fressen der zwei an? Später sitzt einer der beiden Vögel in der großen Birke, die nahe bei der Hütte steht, und singt mit wilder Hingabe – es ist eine Mischung aus Grunzen, Stöhnen, Gurgeln, Seufzen, Kreischen, Schreien und Krächzen mit allen Zwischentönen. Nach einer halben Stunde höre ich dieses Repertoire nicht mehr, nur gelegentliche Schreie. Und ich höre an diesem Morgen keine Klopfgeräusche. Ich fühle, dass jetzt etwas geschehen wird und dass ich bleiben muss, um es herauszufinden. Wieder einmal sind diese Beobachtungen nicht nur unergründlich, sie scheinen

auch allen meinen Hypothesen zu widersprechen! Beobachten. Träumen. Staunen. Dort, zwischen den Fichten am Waldrand, etwa 50 Meter entfernt, steht, stockstill und den Blick auf mich gerichtet – ein Kojote! Er sieht aus wie ein hellbrauner deutscher Schäferhund. Er guckt mehrere Minuten lang und verschwindet dann im Wald. Ein Rabe kreist oben und krächzt energisch. Ich kann nicht feststellen, ob der Kojote von den Rabenschreien oder dem Geruch des Fleisches angezogen wurde. (Ich prüfte später den Schnee um das andere, nicht beobachtete Schaf, an dem keine Raben fraßen – der Kojote war nicht dagewesen.)
Es könnte die Raben teuer zu stehen kommen, wenn sie mit ihrem Lärm in der Nähe des Futters räuberische Säugetiere anziehen. Allerdings – während der letzten sechs Wochen gab es hier sechs Schneestürme, und jeder hätte den Köder zudecken können. Ein Kojote würde sich auch durch den tiefsten Schnee nicht abschrecken lassen. Er würde das Fleisch ausgraben. Raben könnten das vermutlich nicht. Es scheint mir logisch, dass die Raben Kojoten brauchen, um Beute zu töten, zu öffnen und freizulegen. Ich nehme an, dass Raben in diesen Winterwäldern auf fleischfressende Raubtiere angewiesen sind.

29. Dezember. Schon in der Dämmerung kann ich hohe Quorks hören. Vier Raben erscheinen gleichzeitig, und jetzt höre ich drei Serien von Klopfgeräuschen aus dem Wald. Dann ist es ruhig. Nach 23 Minuten kommen zwei Raben zusammen herab, zwei weitere folgen ihnen schnell. Es gibt eine Menge Schreie, aber diesmal keine Triller. Nach einer Woche im Wald bin ich nicht klüger geworden. Manchmal rekrutieren sie, manchmal nicht. Wie viele Variablen gibt es?

Der einsame Vogel versuchte, sich von den fast ganz abgefressenen Knochen, die eine Vogelschar übrig gelassen hatte, zu ernähren. Aus irgendeinem Grund blieb er (wegen seines großen Schnabels halte ich ihn für ein Männchen), als der Rest fortflog, um anderswo Futter zu finden. Er blieb wegen ein paar Resten. Doch mit der Zeit fand er immer weniger Futter und wurde zunehmend schwächer, bis er nicht mehr fortfliegen konnte, um anderswo zu suchen oder anderen Raben zu folgen. Als ich ihn das erste Mal sah (man konnte ihn an einigen beschädigten Schwanzfedern erkennen), spazierte er direkt vor meiner Nase am Fenster der Hütte vorbei. Das überraschte uns beide. Er flog auf, doch eher schwach. Am Nachmittag war er zurück, machte hohe Triller in einem kleinen Baum direkt über dem neuen Kadaver, den ich mitgebracht hatte. Nach vierzig lauten Trillern machte er schnappende Geräusche mit seinem Schnabel, weiche Seufzer, Stöhner und Krächzer. Dann hüpfte er hinunter und ging vorsichtig auf den Köder zu. Um dorthin zu kommen, musste er durch eine kleine Senke, wo er mich und das Hüttenfenster nicht sehen konnte. Er versuchte es zwölfmal, bevor er mutig genug war, hindurch und zu dem Kadaver zu gelangen. Er packte ein Stück Fett und flog dann fort.

Eine Woche später war er immer noch allein (ich hatte das Fleisch in der Zwischenzeit weggetan), aber er war deutlich schwächer. Diesmal sah ich ihn in den Wald hüpfen, als ich zu den kahlen Knochen kam, und er verschwand, kaum, dass ich in Sicht war. Ein Rabe, der forthüpfte? Seltsam! Mein Interesse war geweckt, und ich verfolgte ihn auf Schneeschuhen. Er hüpfte in die niedrigen Zweige einer Fichte, ich kletterte ihm nach, was ihn aufzuregen schien. Er hackte wütend auf seinem Zweig herum. Ich kletterte ihm weiter nach, und als ich ihm an der Tannenspitze näher kam, flog er kraftlos ins Tal hinab.

Ich erwartete nicht, ihn wiederzusehen. Doch am nächsten Tag war er zurück und pickte an denselben nackten Knochen herum. Diesmal kam ich aus der anderen Richtung, und diesmal gelang es ihm nicht, einen Baum zu erreichen, und ich packte ihn nach einem energischen Wettrennen.

Ich steckte ihn in einen Pappkarton und machte den Deckel zu – nachdem er Butter aus meiner Hand gefressen hatte und nachdem er mich auch in die Hand gebissen und mir eine Ohrfeige versetzt hatte – und hielt ihn ständig fest, als ich ihn zurück nach Kaflunk brachte. Er zitterte, als ich ihn fing. War es Kälte oder Angst?

Es würde wohl einiger Fürsorge bedürfen, bis er wieder gesund gepflegt wäre, also nahm ich ihn mit nach Vermont und steckte ihn in einen improvisierten Drahtkäfig, den ich auf den Küchentisch stellte.

Nach sechsstündiger Gefangenschaft in einem Pappkarton reagierte er nicht aufgeregt, als er in den Käfig kam. Er blickte umher und hüpfte unbekümmert auf eine Stange. Er sah durchaus nicht schwach aus, wahrscheinlich war er schon durch sein erstes richtiges Fressen etwas gestärkt. Ich bot ihm ein Hühnerbein an. Er zögerte, spazierte dann seine Stange entlang, nahm es mir direkt aus der Hand, hüpfte auf den Boden des Käfigs und fing an, Stücke abzureißen und zu fressen. Als er fertig war, hüpfte er auf seine Stange zurück. Ich hielt ihm ein Pommes frites hin. Er ging die Stange entlang bis zum Gitter, nahm es mir aus der Hand und fraß es, als ob er schon immer Pommes frites gekannt und geschätzt hätte. Er fraß auch ein Stück Käse, rührte sich jedoch nicht, als ich ihm Orangenschnitze anbot. Woher weiß er, dass Käse und Pommes frites gut zu fressen sind und Orangen nicht? Während der ganzen Zeit schwatzt mein kleiner Sohn Stuart und beobachtet den Raben beim Fressen. Der Rabe ignoriert sowohl Stuart als auch die Katze, die neben dem Käfig sitzt, aber mich verliert er nicht aus den Augen. Dieser Vogel verwirrt mich völlig. Die Katze ignorieren? Ist er an mir so interessiert, weil er schon weiß, dass ich sein neuer Essensbon bin? Von Beginn an wirkt er vollkommen kontrolliert und entspannt. Nicht die Spur von Panik! Ein handaufgezogener Vogel könnte nicht gelassener sein. Nach einer Stunde schüttelt er sich, reibt seinen Schnabel an der Stange, putzt sich und dreht mir den Rücken zu, während ich Stuart vorlese. Er ist jetzt keine zwei Meter von mir entfernt. Er gähnt, schließt halb die Augen, als ob er schlafen wollte, schubbert seinen Schnabel noch mehr, pickt gelassen an seiner Stange und hüpft für einen anderen Snack herab. Die ganze Zeit blickt er in einer Art und Weise umher, die ich nachdenklich nennen möchte. Jetzt putzt er sich wieder, plustert das Gefieder, schüttelt und dreht sich und studiert gelangweilt den Boden seines Käfigs.

Kann dies wirklich ein wilder Vogel sein – von derselben Art, wie ich sie heute auf dem Eis des Androscoggin-Flusses sah, die, mehr als eine halbe Meile entfernt, aufflogen, als ich hielt, um den dunklen Fleck in der Ferne zu studieren? Kann er zur selben Art gehören wie der Vogel, der schleunigst von einem Kadaver fortfliegt, wenn ich in der Hütte einen Löffel fallen lasse, dessen Schnabel sich vor Angst öffnet, wenn er sich einem Kalbskadaver nähert, den er schon volle drei Tage studiert hat?

Hier ist ein Exemplar jener Art, die für ihre große Scheu allem Neuen gegenüber bekannt ist. Oskar und Magdalena Heinroth, die berühmten deutschen Ornithologen vom Berliner Zoo, beschrieben in ihrem 1926 erschienenen Buch *Die Vögel Mitteleuropas*, wie sehr sie sich über zwei zahme Raben wunderten, die stundenlang in ihrem Käfig umherflatterten und völlig erschöpft waren, nachdem jemand 100 Meter weiter eine Fahne herausgehängt hatte. Was konnte »neuer« sein, als plötzlich in einem Drahtkäfig auf einem Küchentisch zu sitzen, in Gesellschaft eines Mannes, eines Kindes und einer Katze? Ich war versucht anzunehmen, dass mein Rabe ein Haustier gewesen war. Doch nur Stunden zuvor hatte er verzweifelt versucht zu entkommen, sobald er mich nur erblickte. (Ich fing später noch einen anderen Raben an einer Müllgrube, der auch nach Stunden zahm wirkte. Dieser Vogel verfiel physisch schnell, und als es mir nach einem Monat klar wurde, dass er nicht überlebensfähig war, tötete ich ihn, um sein Leiden zu beenden. Bei der Autopsie fanden sich Schrotkugeln in seinem Körper. Andere, gesunde Raben, in einem dunklen Raum freigelassen, hatten auch keine Angst und fraßen in Minutenschnelle aus meiner Hand. Die Zahmheit von Loner war nicht einzigartig.)

Ich hatte schon festgestellt, dass Raben tage- und wochenlang von einer Futterstelle fernbleiben können, wenn sie nur die kleinste Störung in der Nähe sehen. Und nun, da plötzlich *alles* neu ist, agiert dieser Vogel, als ob alles normal wäre! Ich weiß nicht, wie sie die Umwelt wahrnehmen. Ich kann nur vermuten, dass sie sie nicht absolut sehen, sondern als Ausgangspunkt von Akzeptiertem. Wenn *alles* anders ist, greifen Vergleiche nicht mehr, und fast alles kann akzeptiert werden. Wenn ich es so überlege – nehmen die Menschen die Welt nicht ähnlich wahr?

Noch vieles andere bei diesem besonderen Raben verwirrt mich. Er wirkt munter, weit entfernt von meinem Bild eines fast verhungerten Tieres. Er wirkt in seinem Käfig durchaus kräftig und rüstig. Trotzdem sind seine Flugmuskeln, vielleicht durch den Hunger, atrophiert; er kann gut hüpfen – so schnell, wie ich durch Schnee rennen kann. Seine Schwingen scheinen nicht beschädigt zu sein, denn er zeigt keine Anzeichen von Unbeholfenheit. Er kann fliegen, aber nur so, wie ein Mensch läuft, dessen Knie weich geworden sind, nachdem er gegen die Wand gerannt ist.

Seine Neugier ist augenfällig. Er untersucht alles, was ich ihm hinhalte. Eine Brotkruste mit Erdnussbutter? Er kommt, probiert, lässt sie fallen und verdreht den Kopf, um zuzusehen, wie sie auf den Boden fällt. Wäre *ich* so neugierig, wenn ich hungrig und eingesperrt wäre?

Vor allem seine Ruhe verwirrt mich. Er handelt, als ob er nichts in der Welt fürchtet. Er dreht seinen Kopf, aber unbekümmert. Kein einziges Mal fliegt er gegen das Drahtgitter. Er hüpft von einer Stange auf die andere, wenn er herauf oder herunter möchte. Er macht mich glücklich.

Am Tag nach seiner Gefangennahme sitzt der Rabe ruhig in seinem Käfig, aber er vermisst nichts. Seine braunen Augen rollen und schnellen in diese oder jene Richtung, herauf zu einer Fliege, die an der Decke krabbelt, herunter auf die vorbeischleichende Katze, zu mir herüber, während ich Futter zubereite. Ab und zu unterbreche ich meine Arbeit und spreche zu ihm. Er scheint sich noch mehr zu entspannen und antwortet mit weichen schmatzenden Geräuschen. Steakabfälle, ein totes Backenhörnchen (frisch aus meiner Kühltruhe), eine Eulenfeder und Brot liegen auf dem Boden seines Käfigs, 30 Zentimeter unter seiner Stange. Gelegentlich sieht er nach unten und betrachtet sie. Wenn ich etwas hochhalte – Schokoladeneis auf einem Löffel, ein Stück Brot, einen Klacks Erdnussbutter –, kommt er seitlich auf seiner Stange entlang und probiert es vorsichtig. Er nimmt winzige Bissen in seine Schnabelspitze, schiebt sie hin und her, dann schluckt er sie oder spuckt sie aus. Er schluckt Eis, Blaubeeren, Fett und Pommes frites, er spuckt Brot aus (das er gestern fraß), Katzenfutter aus Thunfisch und Orangen. Er wird wählerischer in seinem Geschmack, aber das Backenhörnchen begeistert ihn. Er hackt darauf herum und reißt die hinteren Teile Stück für Stück ab. Es rutscht aus seinen Fängen und fällt herunter. Eigenartigerweise holt er es nicht vom Boden zurück, nimmt es jedoch von mir, als ich es ihm gebe. Er kommt sogar, um mir die Eulenfeder aus der Hand zu nehmen, spielt ein paar Sekunden damit und wirft sie dann fort. Er trinkt Wasser aus einem Löffel, den ich ihm hinhalte, doch wenn der Löffel voll Schnee ist, kommt er noch eifriger und frisst einen Schnabelvoll nach dem anderen. Eisstücke werden ganz heruntergeschluckt.

Im April ist er draußen in einer Freivoliere. Er kommt, etwa 1,50 Meter über mir, herbeigeflogen, wenn ich den geräumigen Käfig betrete und ihm Futter bringe. Hier draußen frisst er mir nicht aus der Hand, doch er nähert sich, um es von dem mir gegenüberliegenden Zweig zu picken. Er fliegt kraftvoll durch den Käfig und ist immer ruhig.

Er bekommt kein Eis mehr, aber er liebt tote Tiere. Ohne zu zögern, nähert er sich sofort einer toten Taube. Einmal fraß er ein ganzes Grauhörnchen, wenn auch mit Problemen: Er kam nicht durch das Fell. Seine Lösung war, es durch das Maul zu häuten. Das Ergebnis war eine saubere Grauhörnchenhaut mit dem Fell *innen*.

Er hat eindeutige Beweise seiner Gesundheit gegeben. Sein Kot, ausgeschleudert in einer Sucroselösung in der Laboratoriumszentrifuge, zeigte keine schwimmenden Parasiteneier auf der Oberfläche. Ein Malariaspezialist prüfte sein Blut: keine Blutparasiten. Wahrscheinlich war sein Problem tatsächlich der Hunger, wie ich ursprünglich vermutet hatte. Sein Verhalten fasziniert mich noch immer, weil es mir hilft, das Verhalten der wilden Vögel zu verstehen. Zum Beispiel die Sprache des Gefieders. Wenn er Angst vor mir hat und zurückweicht, legt er seine Kopffedern glatt nach hinten. (Es ist seltsam, wie Vögel, die den Raben draußen im Feld unterlegen sind und die vor Futter zurückweichen, aufgerichtete Federn und geplusterte, *fluffy*, Köpfe haben.) Doch jetzt fühlt er sich in meiner Gegenwart häufig wohl genug, um sein Gefieder zu sträuben und sich zu schütteln.

Heute, am 21. April 1986, fange ich ihn mit einem Moskitonetz, wickle ihn in eine Jacke und beringe ein Bein mit einem Metallring des U.S. Fish and Wildlife Service und außerdem mit einem grünen Plastikband der National Band & Tag Company. Das Band ist etwa einen Zentimeter weit und einmal um sich selbst geschlungen. Ich denke nicht, dass man es abkriegen kann. Loner ist sofort zornig und beißt und pickt ständig an dem Band herum. Ich gehe fort, und als ich zwei Stunden später wiederkomme, ist sein rechtes Bein blutig, die Haut in Fetzen, der Knochen liegt frei – und das Bändchen ist ab! Den Aluminiumring duldet er. Ich hatte ursprünglich gedacht, es würde reichen, wilde Vögel mit bunten Plastikbändern zu markieren, weil man die Farben mit dem Fernrohr besser erkennen kann. Wie viel Mühe hätte ich verschwendet, wenn ich diesen Plan nicht vorher getestet hätte, der so absolut sicher schien. Jetzt weiß ich, dass ich wilde Vögel nicht mehr mit Plastikbändern markieren darf. (Ich habe Junge mit denselben Bändern markiert, und sie haben sie ignoriert. Trotzdem haben viele Vogeleltern die Bänder aus dem Nest geworfen, zusammen mit den so markierten Jungen.) Loner »singt« nun täglich in seinem Käfig. Ein singender Rabe trillert und kreischt, schreit und trällert, sein verbales Repertoire ist sehr groß.

Ich lasse den Raben am 10. Juli 1986 frei. Er hörte völlig mit dem Singen auf, blieb aber in der Nähe des Hauses und war gesellig – mit den Raben, die ich damals in den anderen Volieren hielt. Am 20. Juli ließ ich auch andere zahme Raben frei, und er schloss mit ihnen Freundschaft, vor allem mit einem. Die beiden flogen zusammen fort, und am 28. Juli begegnete er einigen Leuten beim Picknick im Little River State Park in Waterbury, Vermont. Er muss noch ziemlich zahm gewesen sein, denn sie konnten die Nummer auf seinem Aluminiumring lesen, was mir der U.S. Fish and Wildlife Service Monate später berichtete. Offenbar hat er, wie andere Raben, gelernt, was er *nicht* fürchten muss: Menschen. Wenn Sie also einen Raben treffen, der Pommes frites, Ben & Jerry-Schokoladeneis und überfahrene Backenhörnchen frisst, schauen Sie nach, ob er einen Aluminiumring hat. Wenn es die U.S. Band Nr. 706-21301 ist, rufen Sie mich bitte an. Ich würde gerne von den neuesten Abenteuern eines guten alten Freundes erfahren.

Josef Guggenmos

»He, Sie!!!«

Durch unsre Gegend spazierte,
die Landschaft mit Tritten verzierte
ein Saurier, hoch und dick
wie eine Fabrik.

Mir blieb die Spucke weg: Solch ein Vieh!
Doch als er mir durch die Radieschen marschierte,
da rief ich: »He, Sie!!!«

Christian Morgenstern

Die drei Spatzen

In einem leeren Haselstrauch
da sitzen drei Spatzen, Bauch an Bauch.

Der Erich rechts und links der Franz
und mittendrin der freche Hans.

Sie haben die Augen zu, ganz zu,
und obendrüber da schneit es, hu!

Sie rücken zusammen dicht an dicht.
So warm wie der Hans hats niemand nicht.

Sie hören alle drei ihrer Herzlein Gepoch
Und wenn sie nicht weg sind, so sitzen sie noch.

Elke Heidenreich

Nero Corleone

In einer milden Sommernacht gelang es Nero, die bildschöne Kartäuserin des Fräulein von Kleist ins Freie zu locken. »Hallo, kleine Kleist«, sagte er mit seiner süßesten Stimme zu ihr, und sie schmolz dahin und gebar dem Fräulein von Kleist fünf Junge: drei schwarze und zwei graue. Das Fräulein von Kleist war völlig außer sich, denn der Stammbaum der Kartäuserin reichte wie ihr eigener bis ins 12. Jahrhundert zurück, und da darf so etwas einfach nicht vorkommen! Ja, darf vielleicht nicht, kommt aber doch, und was will man schon gegen die Liebe machen! Die kleine Kleist gefiel Nero ausnehmend gut, und so blieb es nicht bei diesen fünf gemeinsamen Kindern. Bald waren in ganz Marienburg, in Bayenthal, Zollstock, ja, bis hinauf nach Klettenberg Kinder der Kartäuserin in mehr oder weniger guten Familien untergekommen, und manch schwarzes war dabei, das seinem Vater Nero Corleone in Sachen Frechheit durchaus Ehre machte. Manchmal, wenn der Mond schien, lockte Nero die kleine Kleist aus dem Haus und stieg mit ihr auf die Dächer. Dann sahen sie sich den Mond an, sangen ein bisschen und er gurrte: »Kleine Kleist, ich sage dir, das Leben ist schön!« Und sie antwortete: »Jaja, und nächste Woche gehst du wieder mit einer anderen.« Vorwurfsvoll sah Nero sie an, zeigte ihr seine beiden Vorderpfoten – die weiße und die schwarze – und sagte mit honigsüßer Stimme: »Kleine Kleist, ich bitte dich, schau: können diese Pfoten fremdgehen?«, Und dann musste sie lachen, und sie sangen noch ein bisschen.
Ab und zu brachten die andern Katzen ein schönes Mäuschen für Nero (oder wenigstens die leckerere Hälfte davon), hoben ihm ein paar Brekkies auf, und Karlheinz zum Beispiel, Karlheinz bat ihn geradezu um Schutz. Karlheinz war ein alter

räudiger Kater, der allein im Freien lebte. Ohne Zuhause streifte er durch die Gärten, fand hier und da etwas zu fressen, stöberte in Abfalleimern, hatte zwei, drei Adressen, wo er schon mal im Keller schlafen durfte und einen Teller Dosenfutter bekam. Karlheinz war alt, hustete und hatte nur noch ein Auge. Er sagte zu Nero: »Hör zu, du könntest mir diesen ekelhaften Tiger vom Leib halten und den idiotischen Hund von Frau General Grabowski, dafür kann ich dir ab und zu sagen, wo eine Milchsuppe zum Abkühlen draußen steht oder so ...«

Das klappte gut. Nero versetzte dem Hund von Frau General Grabowski einen Schmiss und sagte: »Jetzt siehst du aus, wie ein Generalshund aussehen muss!« Dafür schlich Karlheinz ein paar Tage später zu Nero in den Garten und verriet: »Nummer zwanzig, die schöne Zahnarztfrau. Direkt vor der Küchentür, ein gekochtes Hühnchen, das abkühlen soll für Hühnersalat.«

»Danke, Kollege«, sagte Nero und zog sofort los. Er ließ auch für Karlheinz noch etwas übrig – es war ein dickes Hühnchen! –, und er versäumte nie, seiner Rosa ein schönes Beutestück mit nach Hause zu bringen, vor allem, wenn er von Feinkost Bollmann zurückkam.

Bei Feinkost Bollmann kauften nur reiche Leute ein: aufgedonnerte Frauen in Pelzmänteln, Pelzmäntel! Wenn Nero etwas verabscheute, dann waren das Pelzmäntel, er fühlte sich geradezu persönlich tief gekränkt durch diesen Anblick von so viel totem Fell. Die Herren, die bei Feinkost Bollmann Hummer und Champagner kauften, waren parfümierte Gecken, die Jacketts mit Seitenschlitzen trugen. Seitenschlitze! Nein, das war nicht nach Neros Geschmack, aber im Laden gab es köstliche Pasteten, zarten Lachs, Trüffelleberwurst und feinste Filets. Man musste nur in die Kühlkammer kommen, und dazu musste man an einem Hund vorbei, der aber vor lauter Feinkost in seinem Leben schon etwas vertrottelt war.

Nero hatte sehr streng mit ihm gesprochen, hatte ihm geduldig erklärt, was er mit seiner weißen Pfote in Sachen Sehkraft zu machen imstande sei, hatte sich Gebell verbeten und war dann in die Kühlkammer gegangen, gleich hinter dem dicken Bollmann-Sohn Bodo her, der nicht merkte, dass eine Trüffelleberwurst vom Haken verschwand. Der Hund hatte keine Lust, sich mit Nero groß anzulegen. Er sah in Zukunft einfach blasiert zur Seite, wenn Nero kam, und Nero sagte von oben herab: »Mein Guter, es ist wieder mal so weit, ich will doch einmal sehen, was der Lachs macht. Nur keine Aufregung. *Buon giorno*.«

Von den zarten Lachsscheiben brachte er dann seinem Freund Karl, der kleinen Kleist und natürlich seiner Rosa etwas mit, aber die größte Portion fraß er schon selbst. Er wog inzwischen fast zehn Kilo, hatte ein dichtes, glänzendes schwarzes Fell und war der stärkste und größte Kater weit und breit. Manchmal fanden nachts im Südpark Katzenversammlungen statt. Da wurde nicht viel geredet, man saß im Kreis, schaute in den Himmel, schwieg den Mond an, und immer war es doch klar, dass Nero der Mittelpunkt war. Wenn er aufstand, gähnte und sich streckte, wurde die Versammlung aufgelöst, wenn er sitzen blieb, saßen die andern auch still da. Höchstens Karl konnte es riskieren zu sagen: »Nero, komm, wir machen noch ein bisschen Musik.« Und dann zogen sie in Kagels Haus und legten sich quer über die Klaviertasten, dass Frau Kagel oben aus dem Bett fiel vor Schreck.

Dann und wann gab es Kämpfe. Da wollte sich doch Timmi tatsächlich an die kleine Kleist ranmachen, da jagte der Generalshund ohne Leine hinter der alten Klara her, da kam ein Hund zu Besuch, der sich an gewisse Regeln nicht halten wollte, oder da musste eine besonders freche, große Elster zur Vernunft gebracht werden – immer hatte Nero seine weiße Pfote mit im Spiel, und manches Mal kam er erst gegen Morgen zerrupft, nass, dreckig nach Hause, und Isolde seufzte:

»Wo du dich nur immer herumtreibst, mein Täubchen.«
»In der Welt, mein Engel«, gähnte Nero, »in der Welt der Männer und der Kämpfe, von denen du keine Ahnung hast.« Manchmal brachte er ihr eine besonders große Maus mit dichtem Fell mit, warf sie ihr vor die Füße und gurrte: »Da, Schönste, näh dir ein Krägelchen!«, bevor er sich in Isoldes Bett zusammenrollte und sie noch rufen hörte: »Oh! Das hab ich doch eben erst frisch bezogen … na, egal, schlaf du nur gut, mein kleines Prinzchen.«

Frantz Wittkamp

Warum sich Raben streiten

Weißt du, warum sich Raben streiten?
Um Würmer und Körner und Kleinigkeiten,

um Schneckenhäuser und Blätter und Blumen
und Kuchenkrümel und Käsekrumen

und darum, wer recht hat und unrecht, und dann
auch darum, wer schöner singen kann.

Mitunter streiten sich Raben wie toll
darum, wer was tun und lassen soll,

und darum, wer Erster ist, Letzter und Zweiter
und Dritter und Vierter und so weiter.

Raben streiten um jeden Mist.
Und wenn der Streit mal zu Ende ist,

weißt du, was Raben dann sagen?
Komm, wir wollen uns wieder vertragen!

James Krüss

Medusen

Durchsichtig, gläsern, wie auf Fadenfüßen,
Treiben Medusen langsam durch das Meer.
Wenn sie einander, sehr von ferne, grüßen,
Wehen die Fäden schlenkernd hin und her.

Sie atmen sichtbar, wenn sie leise schweben.
Erst dehnen sich die halben Kugeln aus,
Dann ziehn sie sich zusammen. Alles Leben
Ist Atmen; denn es atmet selbst die Laus.

Lasst die Medusen in den Ozeanen
Steigen und sinken, still und stumm und sacht.
Wenn sie vorüberwehn, blassblaue Fahnen,
Siehst du den Atem, der uns leben macht.

Fredrik Vahle

Die laute und die leise Geschichte

»Mir ist heute so langweilig«, sagt Luzi. »Wie wäre es denn, wenn du mir eine Geschichte erzählst?«
»Eine laute oder eine leise Geschichte?«, fragt Kabutzke.
»Vielleicht zuerst eine laute, die dann aber doch ein bisschen leiser wird. So etwas würde mir gefallen.«
Kabutzke weiß sofort, welche Geschichte jetzt dran ist, und fängt an:
»Es war einmal eine Maus, die brüllte.
Wenn sie morgens aufwachte, was tat sie als Erstes?
Sie brüllte.
Sie brüllte, damit alle merkten, dass sie da war.
Und sie brüllte, weil Brüllen die Lungen kräftig macht.
Also brüllte sie mehrere Male hintereinander.
›Muh, wer hat da gebrüllt?‹, rief die Kuh von draußen.
›Wenn einer hier brüllt, bin ich das, denn ich bin die Allerlauteste auf der Wiese! Muh!‹
Doch die Maus brüllte zurück:
›Außer Muh fällt dir ja sowieso nichts ein, du schwarz-weiße Buttermilchtante!‹
Da lachte die Kuh, dass ihr das Euter wackelte, und brüllte noch lauter.
Das hörte der Löwe und brüllte:
›Was ist denn das hier für ein Gebrüll? Da kann man ja sein eigenes Gebrüll nicht mehr verstehen! Wo doch mein Gebrüll das lauteste auf der ganzen Welt ist!‹
So wurde das morgendliche Gebrüll immer lauter.
Der Löwe riss sein Maul so weit auf, dass er fast eine Kieferverrenkung bekam.
Und die Kuh brüllte so heftig, dass sie statt ›muh‹ nur noch ›mih‹ sagen konnte.

Die Maus, die sonst immer brüllte, brüllte jetzt überhaupt
nicht mehr. Sie sagte verschmitzt:
›Eine Kuh, die brüllt, ist normal,
und ein Löwe, der brüllt, ist laut.
Aber eine Maus, die brüllt, ist eine Sensation.
Und eine solche Sensation braucht man nicht immer herauszubrüllen.
Die kann ich meinem Nachbarn ganz leise ins Ohr flüstern.
So kann er sie sich am besten merken.‹«

* * *

»Jetzt bin ich neugierig auf eine leise Geschichte geworden«,
sagt Luzi.
»Lass mich nachdenken«, spricht Kabutzke, »die leise
Geschichte ist nämlich auch eine absonderliche Geschichte.
Wenn es zu laut wird, ist sie schon weg, dann braucht man
gar nicht erst mit dem Erzählen anzufangen.
Also:
Es war einmal eine leise Geschichte. Verstehst du mich?«
»Ja, sehr gut.«
»Dann war ich zu laut. Erst wenn du fragst: Wie bitte?, kann
es weitergehen«, flüstert Kabutzke.
»Wie bitte?«, fragt Luzi.
Und so kann Kabutzke die leise Geschichte weitererzählen.
»Zuerst hört sich diese Geschichte an wie das Murmeln und
Plätschern vom Bach. Aber einzelne Worte kann man schon
beinahe heraushören. Das klingt dann so ähnlich wie
    Wasser und Welle,
    oder doch wie
    Bär und Biene?
    Oder etwa wie
    Ast und Eichhörnchen?
Wenn aber jetzt jemand fragt: *Wie viel Uhr ist es eigentlich?*

Oder: *Wo geht es denn hier zum Bahnhof?* – schwups – schon ist die leise Geschichte wieder weg.
Dann musst du sie mit leisen Fragen anlocken.
Zum Beispiel:
Bist du die Geschichte von dem Bach,
der vom Meer erzählen kann?
Oder
von dem Bär, der so leise brummt,
dass ein Maulwurf ihn mit einer Biene verwechselt?
Oder
bist du die Geschichte von dem Vogel mit dem roten Fell?
Guck mal da, diese Frage bringt die leise Geschichte in Schwingung und sogar ins Reimen:
Sitzt sich
Vogel auf dem Baum
singt sich
Lied. Man hört ihn kaum.
Ist sich
auch kein Vogel nicht.
Ist Eichhörnchen.
Eine Geschichte vom Eichhörnchen?, fragt dann jemand.
Aber das war wieder viel zu laut.
Schwups, ist sie wieder weg, die leise Geschichte.
Und ich flüstere der leisen Geschichte zu:
Jetzt bin ich einmal still.
Doch vorher sage ich dir noch,
dass du gar keine richtige Geschichte bist!
Aber du erzählst ja die ganze Zeit von mir, sagt die leise Geschichte, dann bin ich doch schon fast eine Geschichte.
Also gut, sage ich zur leisen Geschichte,
dann darf ich dich, so, wie du bist, auch weitererzählen.
Ja, sagt dann die leise Geschichte,
mindestens ein Mal,
aber bitte ganz leise!«

Gert Haucke

Worauf Mops eine mörderische Wut hat
und warum sich Ormanschicks nicht darüber freuen, dass er der Größte ist.
Aber Moritz findet das prima und gibt eine Party für Mops

Es gibt überhaupt nur ein Tier, was Mops killen würde, wenn er es kriegen könnte, aber vielleicht ja auch nicht, ich hab keine Ahnung. Das ist ein Eichhörnchen, weil, die sind ja ziemlich frech, aber auch ganz schön putzig und tun ganz zahm, aber anfassen lassen tun sie sich nicht, sondern beißen einen in den Finger, nur füttern geht. Wenn wir am Wochenende zusammen auf der Terrasse frühstücken, dann holen sie sich wie der Blitz die Krümel, die runterfallen von den frischen Brötchen, und das sind viele, weil, die Brötchen machen so was wie eine Explusion, wenn man reinbeißt, und eigentlich bestehn sie überhaupt nur aus Krümeln, die in die Gegend spritzen, besonders weil man sich auf der Terrasse nicht so vorsehen muss und hinterher saugen, und es bleibt nur so ein bisschen was Wattemäßiges übrig, was man mit Butter und Marmelade oder sonst was beschmieren kann, weil, man braucht ja irgendwas, wo man irgendwas drauftun kann.
Ich für mein Teil ess darum lieber Milchbrötchen, da weiß man, was man hat, oder Knacke, das kracht auch, aber ohne Explusion, oder Schwarzbrot, obwohl es gesund ist, was meistens ätzend schmeckt. Aber Mopsi freut sich natürlich über die Krümel, und Papa sagt, er ist unser perfekter Staubsauger, was ja nun leider Quatsch ist, er saugt ja überhaupt keinen Staub, sondern nur was man essen kann, aber das allerdings wie der Teufel.
Und die Eichhörnchen aber, die klauen ihm seine Explusionssplitter, wo sie können, und haben nicht den geringsten Schiss vor Mops, obwohl er viel stärker ist, sondern schnappen ihm alles vor der Nase weg. Und dann sausen sie auf einen von

den großen Bäumen, die bei uns im Garten stehn, und Mops hinterher, aber sie sind schneller wie der Neger, dem sie das Rennen verboten haben, weil, er hatte was im Pipi, und ohne das wär er rennmäßig eine ganz normale Figur gewesen.
Und dann schütten die Eichhörner sich aus vor Lachen und schmeißen mit Baumrinde nach Mops oder vielleicht auch nicht, und die Rinde fällt nur so runter beim Raufraspeln, aber Mops sieht das so und hopst tausendmal an dem Baum hoch wie ein Gummiball, und es kommen ganz grässliche Laute aus ihm raus wie bei dem Kind im Fernsehen, wo der Mönch versucht hat, den Teufel rauszuzerren, aber es ging nicht, sondern erst ganz zum Schluss, und dabei flog der Mönch aus dem Fenster, weil der Teufel immer einen Ersatz braucht.
Mops hört erst auf zu hopsen, wenn er plötzlich sieht, das Eichhörnchen sitzt schon wieder am Frühstückstisch und ist einfach – schwups – über ein paar Äste von ein paar andern Bäumen aufs Dach und an den Stöcken runter, wo Mama immer sagt, da ranken jede Menge Rosen hoch. Aber bis jetzt sind nur ein ganz paar ganz unten, und rankenmäßig tut sich gar nichts, aber Mama meint, nächstes Jahr bestimmt, und schnippelt dran rum mit so Art Behsballhandschuhen, zum Piepen.
Neulich ist so ein Eichhorn sogar auf den Tisch gehopst, wie Mopsi noch den Baum angeröchelt hat, und Mama fand das süß, weil es ihr ein Stück Kuchen aus der Hand gerissen hat. Das sollten wir mal machen, da war vielleicht die Luzie los, und dann hat Mops das mitgekriegt, und wie wir alles wieder aufgeräumt hatten, waren nur zwei Tassen kaputt und die Kaffeekanne, und Mops hat ganz beschämt beim Aufräumen geholfen und blitzschnell aufgegessen, was runtergefallen war, während er dabei abwechselnd von Mama und Papa geschimpft bekam, obwohl die sonst immer tönen, man kann ihm nicht böse sein.

Seitdem ist es natürlich ganz aus von wegen Eichhörnchen, und neulich war eins im Fernsehn, da ist Mops hinter die Glotze gesaust und wollte es aus dem Kasten rausholen und hat den Stecker dabei rausgerissen, und da war Ruhe. Und Papa hat gesagt, das war eine prima Idee von Mops und der sollte das vielleicht öfters machen und er geht jetzt schlafen. Dabei sieht Mops Tierfilme furchtbar gerne, und wenn es spannend wird, kriegt er ganz viele Runzeln auf der Stirn, und der Schwanz entrollt sich, aber Mops merkt das gar nicht, so toll findet er den Film. Denn er mag ja alle Tiere, die es überhaupt gibt, nur eben keine Eichhörnchen, und dann kommt die Tagesschau, und Mops sackt sofort in sich zusammen wie ein Häufchen Asche und fängt an zu schnarchen. Das mit dem Schnarchen hat Mopsi drauf wie ein Weltmeister und bringt damit beim Fernsehn alle zum Aufamseln, nur mich nicht, weil, ich bin ja noch ziemlich jung und hör alles prima und das Schnarchen auch. Ich find es jedenfalls erste Sahne, dass Papa uns einen Extra-Ferni spendiert hat. Jetzt können Mopsi und ich gucken, was wir wollen, aber wir mussten versprechen, um neun ist Schluss ein für allemal, und da halten wir uns dran, weil, das kann man sehn unter der Türritze, wenn der Ferni an ist, jedenfalls hat Mopsi das sauber hingekriegt, und womit? Nur mit dem großen Schnarch!

Es ist genau so gekommen, wie Ormanschicks gesagt haben: An seinem ersten Geburtstag hab ich ihn gewogen, und das war ganz schön anstrengend. Er hat erstens gezappelt, und zweitens wiegt er vierzehn Kilo, und hoch ist er vierundvierzig Zentimeter, und Ormanschicks sagen, dabei bleibt es, und schütteln mit dem Kopf, weil er »aus dem Standard gelaufen ist«, aber der ist so mohnblöd, ich erinner mich ganz genau, da würd ich auch rauslaufen.

Und wenn die Leute blöd fragen, ob das denn wohl ein Mops ist, dann hab ich mir ausgedacht, ich sage, das ist ein tibetanischer Zwergmastiff, und davon gibt es auf der Welt nur vier

Stück, und einen hab ich, und dann halten sie's Maul. Ich bin drauf gekommen, weil Mopsi dem Hund aus dem Buch, der Mastiff heißt, Tatsache ähnlich sieht, nur eben nicht so elefantenmäßig groß, sondern er ist wunderbar schön und überhaupt nicht dick, sondern hat überall Muckis, wie Schuck Norris, wenn der seinen furchtbaren Schrei ausstößt, und dann jede Menge Kung fu – klatsch, peng, krach – und dann hat der Verbrecher Kungfuzius ausgepfiffen, und Schuck Norris küsst sich mit der Tochter vom Großmeister.

Zu Mopsis Geburtstag durfte ich Mopsens beste sechs Freunde aus der Nachbarschaft einladen, zum Mittagessen, und Mama hat Mopsi morgens eine große Schleife um den Hals gemacht und eine um den Schwanz, beide rot, und sie hat ihm gratuliert und einen Kuss gegeben, und ich fand das süß von Mama, aber auch ein bisschen affig, und hab mir so gedacht, na, die wird er sich wohl gleich abreißen. Aber Pustekuchen: Ihm hat's gefallen, und er hat den ganzen Tag nur ganz vorsichtig gewedelt und sich immer umgeguckt, ob sie noch dran ist.
Robbi ist der größte von Mopsis Freunden, er ist ein halber Neufundländer und die andere Hälfte ein Rottweiler, er sieht echt stark aus, aber die andern sind so ungefähr wie Mops, größenmäßig, und alle haben total vergnügt gespielt, und Papa hat die ganze Zeit mit dem Gartenschlauch auf Posten gestanden und immer, wenn einer irgendwo das Bein gehoben hat, hat er drübergebraust, und da hatte er ganz schön zu tun, aber ich glaub, er hat sich auch amisiert. Wie dann alle nicht mehr konnten und der ganze Garten war voll Hunde, die platt dagelegen haben, kam Mama mit sieben Schüsseln mit lecker Happi, und da kam noch mal Leben in die Bande, und – schlapp, schlapp – war alles weggeputzt, und jeder hat seinen Hund abgeholt, und Mops war ganz zufrieden, glaub ich. Und Papa hat nachdenklich auf den Rasen geguckt und

gesagt, dass wir den jetzt nicht mehr vertikotieren brauchen, und ich weiß nicht genau, was das heißt, aber wenn wir durch Mopsi wieder mal was gespart haben, find ich das echt gut, oder?

Wir sind dann los, und wie wir an der Baustelle vorbei sind, wo sie die neue Gesamtschule bauen, aber mir ist das wurscht, weil, ich komm dann aufs Gymnasium, wenn ich zehn bin, da hat ein Riesenschild vorne gestanden, da stand drauf »Wir stellen ein«: und dann, was alles: nämlich Maurer und Klempner und Tischler und überhaupt eigentlich alles, und darunter war ein großer leerer Platz und dann der Neubau mit Gerüst dran. Und da saßen Leute drauf und machten Mittag, und auf dem Platz lagen so Bretter rum, und da hat der Boss von den Bauleuten draufgesessen und hat auch seine Stullen gegessen, und Mops das riechen und galoppel, galoppel hin, war natürlich eins, und das haben die auf dem Gerüst gesehn, und einer hat zu dem Boss geschrien: »Karl, stell ihn ein«, und dann haben alle so gelacht, dass sie beinah vom Gerüst gefallen sind, und der Bauboss hat Mopsi von seinen Stullen abgegeben, bis sie alle waren, und eher hätt ich ihn auch nicht weggekriegt.

Wir waren schon fast zu Hause und auf dem Weg zurück plötzlich mächtiges Gekreisch, und mindestens dreißig kleine Kinder machen einen Ausflug mit zwei Beobachtungstanten, und ich hör schon von weitem, wie die eine tönt: »Alle Kinder holen ihre Brote raus«, und Mops setzt schon wieder zum Spurt an, und dann hält ihn keiner, weil, belegte Brote sind sein Liebstes, und ich hinterher. Und da hör ich die andre Tante kreischen, als wenn's um Leben und Tod geht: »Alle Kinder halten ihre Brote hoch«, und dann war ich auf so 'ner Art Lichtung, und da sind die ganzen Kindergartenzwerge drauf rumgestanden und haben große Augen gemacht und ihre albernen Brote hochgehalten. Aber das war ja nun wirklich nicht sehr hoch, und Mopsi hat gedacht, die machen das

extra für ihn und er soll sich seinen Anteil per Hopsen holen, und das hat er dann auch gemacht, und nach dem ersten Schreck fanden alle Kinder ihn süüüß, und er hat ja auch noch die Geburtstagsschleifen umgehabt, und sie haben ihm die Brote hingehalten, und die Tanten haben versucht, irgendwie irgendwas zu ordnen, und rumgefistelt »aber doch nicht alle auf einmal« und »aber doch nicht alle Brote, Kinder, nehmt doch Vernunft an«.

Und da hab ich mir gedacht, ich trete am besten vielleicht gar nicht erst in Erscheinung, und bin schon mal das Stückchen nach Hause gegangen und hab die hintere Gartentür aufgelassen und mir 'ne Limo geholt und mich auf die Terrasse gesetzt und Asterix gekuckt und gewartet, ob das Zwergengekreisch vielleicht noch mal aufhört.

'ne halbe Stunde später ist ein Tier durch die Gartentür gestöckelt, das hatte ich noch nie gesehen, aber es war Mops oder so eine Art Horrortraum von Mops. Im Aquarium vom Zoo hab ich mal einen Fisch gesehen, der konnte sich bei Gefahr selbst aufpusten wie ein Luftballon, und damit hat er dann seinen Feinden imponiert. Mopsi hat dem Kugelfisch ziemlich ähnlich gesehen, aber ich weiß nicht, ob er irgendjemand hätte imponieren können. Die Beine haben plötzlich ganz dünn ausgesehen, und der Bauch hing beinah bis zum Boden, und er hat geächzt und mich gar nicht angesehen, und auf der Terrasse hat er sich hingeschmissen, und zwar auf den Rücken, und die vier Beine haben wie Stöcke in die Luft gestanden, und er hat furchtbar angefangen zu schnarchen, aber mit Augen auf.

Papa und Mama waren an dem Abend noch mal weggegangen, und ich wusste, wohin, und hab gedacht, ob ich sie da anrufe und sage, dass Mops die Butterbrote von dreißig Kindern gegessen hat und sein Geburtstagsessen und die Brote von dem Baumenschen und dass mir ziemlich mulmig ist. Ich hab dann was andres gemacht, nämlich Mops auf eine Decke gerollt, weil, er hat nicht mal versucht aufzustehn, da konnte ich rufen, so viel ich wollte. Und dann hab ich ihn auf der Decke bis in unser Zimmer geschleift, und da hat er immer noch auf dem Rücken gelegen und geächzt, aber schon mehr im Schlaf, und ich bin ins Bett und hab kein Auge zugekriegt.
Wie ich aufgewacht bin, weil Mops gewinselt hat, da hat er immerhin schon wieder gestanden, aber ausgesehen hat er immer noch kugelfischmäßig, und es war drei Uhr morgens. Er ist keuch, keuch mit mir nach draußen, und es ist schon langsam hell geworden, und ich hab gesehn, wie Mopsi fünfmal einen Haufen gemacht hat, wie von einem Bernhardiner, und immerzu ganz lange Pi, und danach hat er wieder ausgesehn wie immer und hat angefangen, ganz erleichtert rumzuhopsen, und wollte, dass jetzt was los ist, aber das kam ja nun gar nicht in Frage, sondern ab ins Bett, und das war Mopsi dann irgendwie auch recht.

ernst jandl

ottos mops

ottos mops trotzt
otto: fort mops fort
ottos mops hopst fort
otto: soso

otto holt koks
otto holt obst
otto horcht
otto: mops mops
otto hofft

ottos mops klopft
otto: komm mops komm
ottos mops kommt
ottos mops kotzt
otto: ogottogott

Hans Christian Andersen

Das hässliche junge Entlein

Es war so herrlich auf dem Lande! Es war Sommer, das Korn stand gelb, der Hafer grün, das Heu war auf den grünen Wiesen in Schobern aufgesetzt, und der Storch ging dort auf seinen langen roten Beinen und plapperte ägyptisch, denn diese Sprache hatte er von seiner Mutter gelernt. Rings um Äcker und Wiesen waren große Wälder und mitten in den Wäldern tiefe Seen. Ja, es war wirklich herrlich auf dem Lande! Im Sonnenschein lag dort ein alter Gutshof, von tiefen Kanälen umgeben; und von der Mauer bis zum Wasser wuchsen große Klettenblätter, die so hoch waren, dass kleine Kinder unter den höchsten aufrecht stehen konnten; es war so wild darin wie im tiefsten Wald. Hier saß eine Ente auf ihrem Nest; sie musste ihre Jungen ausbrüten, aber es wurde ihr fast zu langweilig, denn es dauerte so lange, und sie bekam selten Besuch; die andern Enten schwammen lieber in den Kanälen umher als hinaufzulaufen und sich unter ein Klettenblatt zu setzen, um mit ihr zu schnattern.
Endlich platzte ein Ei nach dem andern: »Piep! Piep!«, sagte es, und alle Eidotter waren lebendig geworden und streckten den Kopf heraus.
»Rapp! Rapp!«, sagte sie, und dann rappelten sich alle, was sie konnten, und sahen sich unter den grünen Blättern nach allen Seiten um, und die Mutter ließ sie schauen, so viel sie wollten, denn das Grüne ist gut für die Augen.
»Wie groß ist doch die Welt!«, sagten alle Jungen, denn nun hatten sie freilich ganz anders Platz als drinnen im Ei.
»Glaubt ihr, das sei die ganze Welt?«, sagte die Mutter, »die erstreckt sich noch weit über die andere Seite des Gartens, bis in das Feld des Pfarrers, aber da bin ich noch nie gewesen! – Ihr seid doch alle beisammen?«, fuhr sie fort und stand auf.

»Nein, ich habe nicht alle, das größte Ei liegt noch da; wie lange soll denn das dauern! Jetzt habe ich es bald satt!« Und dann setzte sie sich wieder.

»Nun, wie geht es?«, sagte eine alte Ente, die gekommen war, um ihr einen Besuch zu machen.

»Es dauert so lange mit dem einen Ei!«, sagte die Ente, die brütete, »es will noch kein Loch kommen; aber nun sollst du die andern sehen, es sind die niedlichsten Entlein, die ich je gesehen habe. Sie gleichen allesamt ihrem Vater; der Bösewicht, er kommt nicht, mich zu besuchen.«

»Lass mich das Ei sehen, das nicht platzen will!«, sagte die Alte. »Du kannst mir glauben, es ist ein Putenei! Ich bin auch einmal so angeführt worden und hatte meine liebe Not mit den Jungen, denn ihnen ist bange vor dem Wasser, kann ich dir sagen! Ich konnte sie nicht hineinbekommen; ich rappte und schnappte, aber es half nichts. – Lass mich das Ei sehen! Ja, das ist ein Putenei! Lass das liegen und lehre die andern Kinder schwimmen.«

»Ich will doch noch ein bisschen darauf sitzen«, sagte die Ente, »habe ich so lange gesessen, kann ich auch noch länger sitzen.«

»Wie du willst«, sagte die alte Ente und ging davon.

Endlich platzte das große Ei. »Piep! Piep!«, sagte das Junge und kroch heraus. Es war so groß und hässlich! Die Ente sah es an: »Es ist doch ein entsetzlich großes Entlein«, sagte sie, »keins von den andern sieht so aus; es wird doch wohl kein Putenküken sein? Na, wir werden bald dahinterkommen! In das Wasser muss es, und wenn ich es selbst hineinstoßen soll.«

Am nächsten Tag war wunderschönes Wetter, die Sonne schien auf alle grünen Kletten. Die Entenmutter ging mit ihrer ganzen Familie zum Kanal hinunter. Platsch! Da sprang sie in das Wasser. »Rapp! Rapp!«, sagte sie, und ein Entlein nach dem andern plumpste hinein; das Wasser schlug über ihren

Köpfen zusammen, aber sie kamen gleich wieder nach oben und schwammen so prächtig; die Beine gingen von selbst, und alle waren sie im Wasser, selbst das hässliche, graue Junge schwamm mit.

»Nein, es ist kein Puter«, sagte sie, »sieh, wie herrlich es die Beine gebraucht, wie gerade es sich hält, es ist mein eigenes Junges! Im Grunde ist es doch ganz hübsch, wenn man es nur richtig ansieht. Rapp! Rapp! – Kommt nur mit mir, ich werde euch in die große Welt führen und euch im Entenhof präsentieren, aber haltet euch immer in meiner Nähe, damit euch niemand tritt, und nehmt euch vor der Katze in Acht!«

Und so kamen sie in den Entenhof. Da drinnen war ein schrecklicher Lärm, denn da waren zwei Familien, die sich um einen Aalkopf schlugen, und dann bekam ihn doch die Katze.

»Seht, so geht es in der Welt zu!«, sagte die Entenmutter und leckte sich den Schnabel, denn sie wollte auch den Aalkopf haben. »Gebraucht nun die Beine!«, sagte sie, »seht, dass ihr euch rappelt, und neigt euern Hals vor der alten Ente dort! Sie ist die vornehmste von allen hier, sie ist aus spanischem Geblüt, darum ist sie so dick, und seht ihr: sie hat einen roten Lappen um das Bein; das ist etwas außerordentlich Schönes und die größte Auszeichnung, die eine Ente bekommen kann; das bedeutet, dass man sie nicht verlieren will und dass sie von Tier und Mensch erkannt werden soll! – Rappelt euch! – Setzt die Füße nicht einwärts! Ein wohlerzogenes Entlein setzt die Füße weit auseinander, gerade wie Vater und Mutter, seht, so! Nun neigt euern Hals und sagt: Rapp.«

Und das taten sie; aber die andern Enten ringsumher sahen sie an und sagten ganz laut: »Sieh da! Nun sollen wir auch noch diese Sippschaft bekommen; als ob wir nicht schon so genug wären! Und pfui! wie das eine Entlein aussieht, das wollen wir nicht dulden!« Und sogleich flog eine Ente hin und biss es in den Nacken.

»Lass es in Ruhe!«, sagte die Mutter; es tut ja keinem etwas.«
»Ja, aber es ist zu groß und ungewöhnlich«, sagte die beißende Ente, »und darum muss es geschunden werden.«
»Es sind hübsche Kinder, die Sie da hat«, sagte die alte Ente mit dem Lappen um das Bein, »allesamt schön bis auf das eine, das ist nicht geglückt; ich wünschte, dass Sie es umarbeiten könnte.«
»Das geht nicht, Ihro Gnaden«, sagte die Entenmutter, »es ist nicht hübsch, aber innerlich ist es gut, und es schwimmt so schön wie alle andern, ja, ich darf sagen, noch etwas besser; ich denke, es wird hübsch heranwachsen oder mit der Zeit etwas kleiner werden; es hat zu lange im Ei gelegen und darum nicht die rechte Gestalt bekommen!« Und dann zupfte sie es im Nacken und glättete das Gefieder. »Es ist überdies ein Enterich«, sagte sie, »und darum macht es nicht so viel aus. Ich denke, er bekommt gute Kräfte, er schlägt sich schon durch.«
»Die anderen Entlein sind niedlich«, sagte die Alte, »tut nun, als ob Ihr zu Hause wäret, und wenn Ihr einen Aalkopf findet, so könnt Ihr ihn mir bringen.«
Und so waren sie wie zu Hause.
Aber das arme Entlein, das zuletzt aus dem Ei gekrochen war und so hässlich aussah, wurde von den Enten und den Hühnern gebissen, gepufft und verspottet. »Es ist zu groß!«, sag-

ten alle, und der Truthahn, der mit Sporen zur Welt gekommen war und darum glaubte, er sei Kaiser, plusterte sich auf wie ein Schiff mit vollen Segeln, ging gerade auf das Entlein los, und dann kollerte er und bekam einen ganz roten Kopf. Das arme Entlein wusste weder, wo es stehen noch gehen sollte; es war so betrübt, weil es so hässlich aussah und vom ganzen Entenhof verspottet wurde.

So ging es den ersten Tag, und später wurde es immer schlimmer. Das arme Entlein wurde von allen gejagt, selbst seine Geschwister waren so böse zu ihm und sagten immer: »Wenn dich nur die Katze fangen möchte, du hässliches Stück!« Und die Mutter sagte: »Wenn du nur weit fort wärst!« Und die Enten bissen es, und die Hühner schlugen es, und das Mädchen, das die Tiere füttern sollte, stieß es mit den Füßen.

Da lief es fort und flog über den Zaun; die kleinen Vögel in den Büschen flogen erschrocken auf. ‚Das geschieht, weil ich so hässlich bin‘, dachte das Entlein und schloss die Augen, lief aber trotzdem weiter; so kam es in das große Moor, wo die Wildenten wohnten. Hier lag es die ganze Nacht, es war so müde und bekümmert.

Am Morgen flogen die Wildenten auf, und sie sahen sich den neuen Kameraden an. »Was bist du für einer?«, fragten sie, und das Entlein drehte sich nach allen Seiten und grüßte, so gut es konnte.

»Du bist außerordentlich hässlich!«, sagten die Wildenten, »aber das kann uns gleich sein, wenn du nur nicht in unsere Familie einheiratest.« – Das Arme! Es dachte gewiss nicht daran, sich zu verheiraten, wenn es nur im Schilf liegen und etwas Moorwasser trinken dürfte.

So lag es zwei ganze Tage, als zwei Wildgänse, oder richtiger Wildgänseriche – denn es waren männliche – dorthin kamen; es war noch nicht lange her, dass sie aus dem Ei gekrochen waren, und darum waren sie auch so keck.

»Hör mal, Kamerad!«, sagten sie, »du bist so hässlich, dass

wir dich gut leiden können! Willst du mitziehen und Zugvogel werden? Nahebei in einem andern Moor gibt es einige süße, liebliche Wildgänse, sämtlich Fräuleins, die ›Rapp!‹ sagen können. Du bist imstande, da dein Glück zu machen, so hässlich du auch bist!«

»Piff! Paff!«, ertönte es eben, und beide Wildgänseriche fielen tot in das Schilf, und das Wasser wurde blutrot. – »Piff! Paff!«, ertönte es wieder, und ganze Scharen Wildgänse flogen aus dem Schilf auf, und dann knallte es wieder. Es war große Jagd, die Jäger lagen rings um das Moor; ja, einige saßen oben in den Ästen der Bäume, die sich weit über das Schilfrohr hinausstreckten. Der blaue Rauch zog wie Wolken zwischen die dunklen Bäume und hing weit über dem Wasser; in den Sumpf kamen die Jagdhunde, platsch, platsch! Schilf und Rohr neigten sich nach allen Seiten. Das war ein Schreck für das arme Entlein! Es drehte den Kopf, um ihn unter den Flügel zu stecken, aber im selben Augenblick stand ein furchtbar großer Hund dicht bei ihm, die Zunge hing ihm lang aus dem Hals heraus, und die Augen leuchteten furchtbar hässlich; er riss seinen Rachen gerade vor dem Entlein auf, zeigte ihm die scharfen Zähne und – platsch, platsch! ging er wieder, ohne es zu packen.

»Oh, Gott sei Dank!«, seufzte das Entlein, »ich bin so hässlich, dass mich selbst der Hund nicht beißen mag!«

Und so lag es ganz still, während die Schrotkörner durch das Schilf pfiffen und Schuss auf Schuss knallte.

Erst spät am Abend wurde es still, aber das arme Junge wagte nicht, sich zu erheben; es wartete noch mehrere Stunden, bevor es sich umsah, und dann eilte es fort aus dem Moor, so schnell es konnte, es lief über Feld und Wiese; da tobte ein solcher Sturm, dass es kaum noch von der Stelle kommen konnte.

Gegen Abend erreichte es ein ärmliches kleines Bauernhaus, das war so jämmerlich, dass es selbst nicht wusste, nach welcher Seite es fallen sollte, und darum blieb es stehen. Der

Sturm umsauste das Entlein so, dass es sich auf den Schwanz setzen musste, um sich zu halten; und es wurde schlimmer und schlimmer; da merkte es, dass die Tür aus der einen Angel gegangen war und so schief hing, dass es durch die Spalte in die Stube schlüpfen konnte, und das tat es.

Hier wohnte eine alte Frau mit ihrem Kater und ihrer Henne, und der Kater, den sie Söhnchen nannte, konnte einen Buckel machen und spinnen, er sprühte sogar Funken, aber dann musste man ihn gegen die Haare streichen; die Henne hatte ganz kleine kurze Beine, darum wurde sie Küchelchen-Kurzbein genannt; sie legte gut Eier, und die Frau liebte sie wie ihr eigenes Kind.

Am Morgen bemerkte man sogleich das fremde Entlein, und der Kater begann zu schnurren und die Henne zu gackern. »Was ist das?«, sagte die Frau und sah sich um, aber sie sah nicht gut, und so glaubte sie, dass das Entlein eine fette Ente sei, die sich verirrt habe. »Das ist ja ein seltener Fang!«, sagte sie. »Nun kann ich Enteneier bekommen. Wenn es nur kein Enterich ist! Das müssen wir ausprobieren.«

Und so wurde das Entlein für drei Wochen zur Probe angenommen, aber es kam kein Ei. Und der Kater war Herr im Hause, und die Henne war die Madame, und immer sagten sie: »Wir und die Welt!« Denn sie glaubten, dass sie die Hälfte seien, und zwar der allerbeste Teil. Das Entlein glaubte, dass man auch eine andere Meinung haben könne; aber das litt die Henne nicht.

»Kannst du Eier legen?«, fragte sie.

»Nein!«

»Ja, willst du dann wohl deinen Mund halten!«

Und der Kater sagte: »Kannst du einen krummen Buckel machen, spinnen und Funken sprühen?«

»Nein!«

»Dann darfst du auch keine Meinung haben, wenn vernünftige Leute sprechen!«

Und das Entlein saß im Winkel und war schlechter Laune. Da dachte es an frische Luft und Sonnenschein; es bekam eine seltsame Lust, auf dem Wasser zu schwimmen, dass es zuletzt nicht anders konnte, als es der Henne zu sagen.
»Was fehlt dir denn?«, fragte die. »Du hast nichts zu tun, darum fängst du Grillen! Lege Eier oder spinne, dann vergehen sie.«
»Aber es ist so herrlich, auf dem Wasser zu schwimmen!«, sagte das Entlein, »so herrlich, den Kopf unter Wasser zu haben und auf den Grund zu tauchen!«
»Ja, das ist wohl ein großes Vergnügen!«, sagte die Henne. »Du bist wohl verrückt geworden! Frag den Kater danach – er ist das klügste Geschöpf, das ich kenne –, ob er gern auf dem Wasser schwimmt oder untertaucht! Ich will nicht von mir sprechen. – Frag selbst unsere Herrschaft, die alte Frau; klüger als sie ist niemand auf der Welt! Glaubst du, dass die Lust hat, zu schwimmen und den Kopf unter Wasser zu haben?«
»Ihr versteht mich nicht!«, sagte das Entlein.
»Wir verstehen dich nicht? Wer soll dich dann verstehen können! Du wirst doch wohl nicht klüger sein wollen als der Kater und die Frau, von mir will ich nicht reden! Hab dich nicht, Kind, und danke deinem Schöpfer für all das Gute, was man dir angetan hat! Bist du nicht in eine warme Stube gekommen und hast einen Umgang, von dem du etwas lernen kannst? Aber du bist ein Schwätzer, und es ist nicht erfreulich, mit dir umzugehen! Mir kannst du glauben! Ich meine es gut mit dir. Ich sage dir Unangenehmes, und daran erkennt man seine wahren Freunde! Sieh nur zu, dass du Eier legst oder spinnen und Funken sprühen lernst!«
»Ich glaube, ich gehe hinaus in die weite Welt!«, sagte das Entlein.
»Ja, tu das!«, sagte die Henne.
Und das Entlein ging, es schwamm auf dem Wasser, es tauchte, aber alle Tiere übersahen es wegen seiner Hässlichkeit.

Nun kam der Herbst; die Blätter im Wald wurden gelb und braun, der Wind erfasste sie, sodass sie umhertanzten, und oben in der Luft war es sehr kalt. Die Wolken hingen schwer von Hagel und Schneeflocken, und auf dem Zaun stand der Rabe und schrie: »Au! Au!«, vor lauter Kälte; ja, man konnte ordentlich frieren, wenn man nur daran dachte. Das arme Entlein hatte es wahrlich nicht gut!

Eines Abends, die Sonne ging so wunderbar unter, kam ein ganzer Schwarm herrlicher großer Vögel aus dem Busch, das Entlein hatte niemals so schöne gesehen; sie waren ganz leuchtend weiß, mit langen geschmeidigen Hälsen; es waren Schwäne. Sie stießen einen ganz wunderlichen Ton aus, breiteten ihre prächtigen langen Flügel aus und flogen aus der kalten Gegend fort nach wärmeren Ländern, nach offenen Seen! Sie stiegen so hoch, so hoch, und dem hässlichen jungen Entlein wurde so seltsam zumute; es drehte sich im Wasser wie ein Rad herum, reckte den Hals nach ihnen und stieß einen so lauten und wunderlichen Schrei aus, dass es sich selbst davor fürchtete. Oh, es konnte die schönen, glücklichen Vögel nicht vergessen, und sobald es sie nicht mehr erblickte, tauchte es bis auf den Grund, und als es wieder heraufkam, war es wie außer sich. Es wusste nicht, wie die Vögel hießen, auch nicht, wohin sie flogen, aber doch war es ihnen gut, wie es nie jemandem gewesen; es beneidete sie durchaus nicht, wie konnte es ihm einfallen, sich solche Herrlichkeit zu wünschen? Es wäre schon froh gewesen, wenn die Enten es nur unter sich geduldet hätten – das arme hässliche Tier!

Und der Winter wurde so kalt, so kalt! Das Entlein musste im Wasser herumschwimmen, damit es nicht ganz zufror, aber in jeder Nacht wurde das Loch, worin es schwamm kleiner und kleiner. Es fror, sodass es in der Eisdecke knackte; das Entlein musste immerzu die Beine gebrauchen, damit das Loch sich nicht schloss. Zuletzt wurde es matt, lag ganz still und fror so im Eis fest.

Früh am Morgen kam ein Bauer; als er das Entlein sah, ging er hin, schlug mit seinem Holzschuh das Eis in Stücke und trug es heim zu seiner Frau. Da lebte es wieder auf.
Die Kinder wollten mit ihm spielen; aber das Entlein glaubte, sie wollten ihm etwas zuleide tun, und fuhr in seiner Angst gerade in den Milchtopf hinein, sodass die Milch in die Stube spritzte. Die Frau schrie und schlug die Hände zusammen, worauf es in das Butterfass, dann hinunter in die Mehltonne und wieder herausflog. Wie sah es da aus! Die Frau schrie und schlug mit der Feuerzange nach ihm, die Kinder rannten einander über den Haufen, um das Entlein zu fangen, sie lachten und schrien! – Gut war es, dass die Tür offenstand und es zwischen die Büsche in den frisch gefallenen Schnee schlüpfen konnte – da lag es ganz erschöpft.
Aber es würde gar zu traurig sein, all die Not und das Elend zu erzählen, die das Entlein in dem harten Winter erdulden musste. – Es lag im Moor zwischen dem Röhricht, als die Sonne wieder warm zu scheinen begann; die Lerchen sangen – es war herrlicher Frühling.
Da konnte das Entlein auf einmal seine Flügel heben; sie rauschten stärker als zuvor und trugen es rasch davon, und ehe es recht davon wusste, befand es sich in einem großen Garten, wo die Apfelbäume in Blüte standen, wo der Flieder duftete und seine langen grünen Zweige zu den gewundenen Kanälen neigte. Oh, hier war es so schön, so frühlingsfrisch! Und aus dem Dickicht kamen drei herrliche, weiße Schwäne; sie rauschten mit den Federn und schwammen so leicht auf dem Wasser. Das Entlein kannte die prächtigen Tiere und wurde von einer seltsamen Traurigkeit befallen.
»Ich will zu ihnen fliegen, zu den königlichen Vögeln! Und sie werden mich totschlagen, weil ich so hässlich bin und mich ihnen zu nähern wage. Aber das ist einerlei! Besser von ihnen getötet als von den Enten gezwackt, von den Hühnern geschlagen, von dem Mädchen, das den Hühnerhof hütet,

getreten zu werden und im Winter Schlimmes zu leiden!«
Und es flog hinaus in das Wasser und schwamm den prächtigen Schwänen entgegen, die sahen es und schossen mit rauschenden Federn heran. »Tötet mich nur!«, sagte das arme Tier, neigte seinen Kopf der Wasserfläche zu und erwartete den Tod – aber was sah es in dem klaren Wasser? Es sah unter sich sein eigenes Bild, aber das war kein plumper, schwarzgrauer Vogel mehr, hässlich und garstig, sondern war selbst ein Schwan.
Es schadet nichts, in einem Entenhof geboren zu sein, wenn man nur in einem Schwanenei gelegen hat!
Es war sehr froh, dass es all die Not und Widerwärtigkeit ausgestanden hatte. Nun erkannte es erst recht sein Glück an all der Herrlichkeit, die es begrüßte. – Und die großen Schwäne umschwammen es und streichelten es mit dem Schnabel.
In den Garten kamen einige kleine Kinder, die Brot und Korn in das Wasser warfen, und das kleinste rief: »Da ist ein Neuer!« Und die andern Kinder jubelten mit: »Ja, es ist ein neuer angekommen!« Und sie klatschten mit den Händen und tanzten umher, holten Vater und Mutter, und es wurde Brot und Kuchen in das Wasser geworfen, und sie sagten alle: »Der Neue ist der Schönste! So jung und so prächtig!« Und die alten Schwäne neigten sich vor ihm.
Da fühlte er sich so beschämt und steckte den Kopf unter die Flügel, er wusste selbst nicht, warum; er war allzu glücklich, aber gar nicht stolz, denn ein gutes Herz wird niemals stolz! Er dachte daran, wie man ihn verfolgt und verhöhnt hatte, und hörte nun alle sagen, dass er der schönste aller schönen Vögel sei. Der Flieder bog sich mit den Zweigen gerade zu ihm in das Wasser, und die Sonne schien so warm und so gut! Da rauschten seine Federn, der schlanke Hals hob sich, und aus vollem Herzen jubelte er: »So viel Glück habe ich nicht erträumt, als ich noch das hässliche junge Entlein war!«

James Krüss

Lied des Menschen

Ich bin ein Mensch; doch bild ich mir nicht ein,
Ich könnt im Dunkeln besser sehn als Eulen,
Ich könnte lauter als die Wölfe heulen
Und könnte stärker als ein Löwe sein.

Ich bin ein Mensch; doch glaub ich nicht, ich sei
So glücklich wie Delfine, wenn sie springen,
So selig wie die Meisen, wenn sie singen,
Auch nicht so schnurrig wie ein Papagei.

Ich bin ein Mensch und doch in jedem Tier,
In Laus und Adler, Raupe, Pfau und Schnecke.
Sie sind die fernsten Ahnen, und ich stecke
In jedem Tier, und jedes steckt in mir.

Doch bin ich Mensch in ganz besondrem Sinn.
Wenn Tiere schnurrig sind, verspielt und heiter,
Dann sind sie schnurrig, heiter und nichts weiter.
Ich aber weiß es, wenn ich glücklich bin.

Was Tiere sind, das sind und bleiben sie.
Ein Wolf bleibt Wolf. Ein Löwe bleibt ein Löwe.
Doch ich kann alles sein, Delfin und Möwe.
Ich bin ein Mensch. Ich habe Fantasie.

Hans Fallada

Geschichte vom Unglückshuhn

Es lebte einmal ein großmächtiger Zauberer, der hatte einen stolzen bunten Hahn und drei Hühner. Von denen konnte das eine Huhn goldene Eier legen, das andere silberne, das dritte aber gar nichts – nicht einmal gewöhnliche Hühnereier. Darüber wurde es sehr traurig, denn die andern Hühner lachten es aus und wollten nicht mit ihm auf die Straße gehen, und der stolze Hahn, den es sehr liebte, sah es nicht einmal an und redete nie mit ihm. Fand es aber einmal einen schönen langen Regenwurm oder einen fetten Engerling, gleich nahmen ihm die andern den Bissen fort und sprachen: »Wozu brauchst du so fett zu fressen? Du kannst ja nicht einmal gewöhnliche Eier legen, geschweige denn goldene und silberne wie wir! Mach, dass du fortkommst, Nichtsnutz!«

Darüber wurde das Huhn immer verzweifelter, nichts freute es mehr im Leben, es saß trübsinnig in der Ecke und sprach zu sich: »Puttputtputt, ich wollte, ich wäre tot. Zu nichts bin ich nutze. Der stolze bunte Hahn, den ich so sehr liebe, schaut mich nicht an, und so viel ich auch drücke, es kommt kein einziges Ei aus meinem Leibe. Puttputtputt, ich bin ein rechtes Unglückshuhn.«

Der großmächtige Zauberer hörte, dass das Huhn so klagte, und er tröstete es und sprach: »Warte nur, was aus dir noch werden wird! Deine Schwestern können wohl goldene und silberne Eier legen, dich aber habe ich zu einem noch viel besseren Werke aufgehoben. Aus dir wird man noch einmal eine Suppe kochen, die Tote lebendig macht.«

Diese Worte des Zauberers hörte seine Haushälterin, ein kleines böses Fräulein, das die Hexerei erlernen wollte, und sie dachte bei sich: Eine Suppe, die Tote lebendig macht, ist eine schöne Sache, damit könnte ich viel Geld verdienen.

Als nun der großmächtige Zauberer zu Besuch bei einem andern Zauberer über Land gefahren war, fing sie das Unglückshuhn, schlachtete es, rupfte und sengte es, nahm es aus und tat es in einen Kochtopf, um die Lebenssuppe aus ihm zu kochen. Als das Wasser aber zu brodeln und zu singen anfing, klang das der Hexe grade so, als riefe das tote Huhn im Kochtopf: Puttputtputt, ich Unglückshuhn! Puttputtputt, ich Unglückshuhn!

Da bekam die Hexe einen großen Schreck, sie tat alles vom Feuer, holte sich Messer, Gabel und Löffel und machte sich daran, das Huhn schnell aufzuessen. Denn sie dachte in ihrer Dummheit, wenn sie das Huhn erst im Leibe hätte, würde es nicht mehr rufen können, und so würde der Zauberer nichts von ihrer Untat erfahren.

Derweilen saß der Zauberer mit seinem Freund in dessen Stube, und weil sie sich alles erzählt hatten, was sie wussten, fingen sie an, sich aus Langerweile einander ihre Zauberkunststücke zu zeigen. »Was hast du denn da in der Nase?«, fragte der eine und zog dem andern einen Wurm aus dem Nasenloch. Der Wurm wurde immer länger und länger. »Nein, was hast du bloß für Zeugs in der Nase«, sagte der Zauberer. »Du solltest sie doch einmal ordentlich ausschnauben!« Und er warf den Wurm, der einen guten Meter lang war, zum Fenster hinaus.

»Und du?«, fragte der andere Zauberer, »du wäschst dir wohl nie die Ohren? Wahrhaftig, da gehen schon die Radieschen auf! Sieh doch!« Und er griff ihm ins Ohr und brachte eine Handvoll Radieschen hervor. Danach eine dicke gelbe Rübe und zum Schluss gar eine grüne Gurke, die noch länger war als der Wurm.

»Nun lass es aber genug sein«, sagte der andere und hustete. Und von dem Husten flog das ganze Gemüse vom Tisch und einem auf der Straße vorübergehenden Weibe in den Korb. Das meinte, heute schneie es Radieschen, regne Gurken und hagele Rüben, und fing vor Schreck an zu laufen, dass seine Röcke flogen. Die beiden Zauberer aber lachten, bis ihnen die Bäuche wackelten.

»Jetzt will ich dir etwas zeigen, was du nicht kannst«, sagte der fremde Zauberer. Er zog seine Jacke aus, guckte in den Ärmel und sprach: »Durch diesen Ärmel kann ich überallhin und durch alle Wände gucken.«

»Wenn du das kannst«, sprach der großmächtige Zauberer, »so sage mir, was du in meiner Stube siehst.«

»In deiner Stube«, sprach der andere Zauberer, »sitzt ein Fräulein am Tisch, hat eine Schüssel mit Suppe vor sich und nagt an einem Hühnerbein.«

»Was?!« schrie der Zauberer im höchsten Zorn. »Hat sie gar das Huhn geschlachtet, aus dem ich die Lebenssuppe kochen will?! Da muss ich eiligst fort!«

Und er schlug dreimal auf seinen Stuhl. Da verwandelte sich der Stuhl in einen riesigen Adler, flog mit ihm aus der Stube und rauschte mit solcher Schnelligkeit durch die Luft, dass kaum eine Minute vergangen war, da war der Zauberer schon bei der kleinen Hexe.

Die ließ vor Angst das abgenagte Hühnerbein aus der Hand fallen, weinte und schrie: »Ich will es auch gewiss nicht wieder tun!« Aber das half ihr nichts. Sondern der Zauberer ergriff eine kleine Flasche, die auf seinem Waschtisch stand,

gebot: »Fahre hinein!« Und sofort wurde das Hexlein ganz klein und fuhr wie ein Rauch in die Flasche.
Der Zauberer stöpselte die Flasche gut zu, hing sie dem Adler um und sprach: »Nun fliege wieder heim, mein guter Adler, sonst fehlt meinem Freund ja der Stuhl. Und sage ihm, er soll dieses kleine Hexlein ja nicht herauslassen, es stiftet nur Unfug. Wenn er aber wissen will, wie das Wetter wird, soll er das Hexlein in der Flasche ansehen. Hat es den Mund zu, bleibt das Wetter gut; streckt es aber die Zunge heraus, wird's Regen.«
»Rrrrrummmm!«, sagte der Adler, flog ab und tat, wie ihm befohlen.
Der Zauberer aber ging durch Haus und Hof und suchte alles zusammen, was das Hexlein von dem Huhn weggeworfen hatte: die Federn vom Dunghaufen, die Eingeweide aus dem Schweineeimer und den Kopf aus dem Kehricht. Nur das Fleisch von dem einen Bein blieb fehlen, das war aufgegessen und nicht wiederzubekommen. »Macht auch nichts«, sagte der Zauberer, legte alles schön zusammen und sprach einen Zauberspruch. Schwupp! stand das Huhn da! Nur fiel es gleich wieder um, weil ihm ein Bein fehlte.
»Macht auch nichts«, sagte der Zauberer und schickte zu einem gelehrten Goldschmied. Der verfertigte mit all seiner Kunst ein goldenes Hühnerbein und setzte es dem Huhn so künstlich ein, dass es damit gehen konnte, als sei es aus Fleisch und Knochen.
Das gefiel dem Huhn nicht übel, das Bein blinkerte und glänzte herrlich wie nicht einmal die Federn vom stolzen bunten Hahn und klapperte so schön auf dem Stubenboden, wenn es lief, als gackerten zehn Hühner nach dem Eierlegen. Wie aber ward dem Huhn, als es mit seinem Goldbein vergnügt und stolz auf den Hof hinausklapperte! »Falschbein! – Hinkepot!«, riefen die beiden Hühner, die goldene und silberne Eier legen konnten, höhnisch. »Du altes Klapperbein!« Und sie jagten das Huhn mit Schnabelstößen und Krallenkrat-

zen so lange herum, bis es vor Angst auf einen Baum flatterte. Am schlimmsten aber hackte und kratzte der stolze bunte Hahn. »Hier darf nur einer glänzen, und der bin ich!«, rief er böse und hackte, dass die Federn flogen.

Nun saß das arme Huhn verängstigt auf seinem Baum und klagte bei sich: »Puttputtputt, ich Unglückshuhn! Ich dachte, nun würde es besser werden, nachdem ich so viel ausgestanden habe, aber jetzt ist es ganz schlimm geworden. Ach Gott, wär ich bloß tot!«

Indem erspähte eine diebische Elster, dass in dem Baum etwas glitzerte und blinkte, dachte, es gebe was zu stehlen, flog hinzu und wollte dem Huhn das Goldbein abreißen. Dazu war sie aber zu schwach, flog also, als sie dies sah, fort und rief Hunderte von ihren Schwestern zusammen, die alle ebenso wild auf Glänzendes waren wie sie.

Da fielen alle Elstern mit spitzen Schnabelhieben über das Huhn her, die Federn stoben in alle Winde, und es gab ein entsetzliches Gezeter und Gezanke, weil jede Elster gern das Goldbein gehabt hätte. Das Huhn aber stürzte wie tot vom Baum, dem großmächtigen Zauberer grade vor die Füße; denn er kam aus seinem Zimmer gegangen, zu sehen, was denn das für ein höllischer Spektakel sei.

Der Zauberer sah das Huhn betrübt an, denn es war keine Feder mehr auf ihm, und die Haut war auch zerfetzt, und er sprach: »Du hast es freilich schlimm, du armes Unglückshuhn. Aber warte nur und halte aus. Du sollst sehen, wenn erst die Lebenssuppe aus dir gekocht wird, wirst du so berühmt und geehrt wie kein Huhn vor dir!«

Damit trug er das Huhn ins Haus. Weil aber der Wind alle Federn fortgetragen hatte, schickte er zu einem geschickten Silberschmied und ließ dem Huhn eine künstliche Silberhaut machen. Die blinkerte und glänzerte so schön, dass es eine wahre Freude war. Dazu klapperte das Goldbein wie frohes Hühnergegacker.

Da wurde das Unglückshuhn froh und stolz und ging hinaus auf den Hof, sich den andern Hühnern zu zeigen. Die andern beiden Hühner kamen mitsamt dem stolzen Hahn eilends herbeigelaufen, zu sehen, was denn das für ein Geglänze und Geglitzer sei. Als sie aber sahen, es war bloß das Unglückshuhn, und merkten, kein Schnabelhieb ging durch die feste Silberhaut, da sagten sie verächtlich: »Nein, dieses elende Huhn! Es hat ja nicht einmal Federn an, es ist ganz nackt – mit einer solchen Person wollen wir nichts zu tun haben!« Und der stolze bunte Hahn krähte wütend: »Ich habe dir schon einmal gesagt, dass ich allein glänzen darf. Warte nur, ich werde nicht einmal einen Regenwurm von dir annehmen, wenn du dein graues Federkleid nicht wieder anziehst.« »Das kann ich doch nicht!«, rief das Huhn traurig. Aber der Hahn ging böse weg. Da weinte das Huhn und klagte: »Mit mir wird es auch nie besser, es kann geschehen, was will. Puttputtputt, ich bin ein rechtes Unglückshuhn.« Und es saß alle Tage traurig in einer Ecke, und weder Silberhaut noch Goldbein freuten es noch.

Aber es sollte noch schlimmer kommen! Das böse Hexlein nämlich, das beim andern Zauberer in einem Fläschlein auf dem Schreibtisch stand, sah all seiner Zauberei zu, die er tagsüber machte. Es lernte dabei viel und wurde immer böser. Wäre ich nur erst aus der Flasche! dachte es. Ich wollte denen schon zeigen, dass ich ebensogut zaubern kann wie sie, und sie mächtig ärgern!

Aber der Zauberer passte gut auf und hatte den Flaschenkorken noch mit einem Strick am Flaschenhals festgebunden, dass es nur nicht herauskam. Da geriet das Hexlein auf eine List und streckte, als es gutes Wetter zeigen und den Mund zuhalten sollte, die Zunge heraus, was ja Regen bedeutete. Der Zauberer sah es und sprach: »Ach so, es gibt Regen. Gut, dass ich das weiß. Ich wollte heute Nachmittag eigentlich über Land und Tante Kröte besuchen. Nun aber will ich doch

lieber zu Haus bleiben, denn nassregnen lasse ich mich nicht!«
Der Zauberer blieb also zu Haus, und weil er nichts Rechtes zu tun hatte, zauberte er aus reiner Langerweile erst eine ganze Stube voll Apfelreis und dann dreihundert kleine Mäuse, die den Apfelreis auffressen mussten, was eine ganze Weile dauerte. Als aber die Mäuslein den Apfelreis aufgefressen hatten, waren sie groß und dick und rund geworden. Da zauberte der Zauberer dreißig Katzen, die mussten die dreihundert Mäuslein auffressen. Als die Katzen das getan hatten, legten sie sich dickesatt und schläfrig in die Sonne.
Der Zauberer sah das und rief erstaunt: »Was denn –? Ich denke, es soll regnen, und nun scheint immer noch die Sonne! Was ist denn bloß mit meinem Hexlein los?« Und er klopfte mit dem Finger gegen das Fläschlein. Das Hexlein saß ganz still darin und zeigte weiter die Zunge. Nun, es wird wohl gleich losregnen, tröstete sich der Zauberer und sah wieder die dreißig Katzen an, die faul und schläfrig in der Sonne lagen.
Was fange ich bloß mit dieser Bande an? fragte sich der Zauberer. Sie sind so vollgefressen, sie sind zu nichts mehr nutze. Sie haben dreihundert Mäuse im Bauch, und die dreihundert Mäuse haben eine ganze Stube voll Apfelreis im Bauch – nun liegen sie hier rum und tun gar nichts. Und er gab einer Katze einen Tritt. Er war nämlich schlechter Laune, weil er trotz des schönen Wetters im Glauben an das Hexlein zu Haus geblie-

ben war. Die Katze kümmerte sich gar nicht um den Tritt, sondern schlief ruhig weiter.

Da holte der Zauberer eine kahle Haselrute und verwandelte die dreißig faulen Miesekatzen in dreißig Haselkätzchen, die an dem Zweige saßen. »So«, sagte er. »Das sieht wenigstens nett aus und liegt nicht im Wege.« Und er stellte den Zweig in eine Vase.

Als er dies getan hatte, sah er wieder nach der Sonne. Die Sonne schien noch immer. Dann sah er nach dem Hexlein in der Flasche: Das Hexlein zeigte noch immer die Zunge. »Du!«, sagte er und klopfte an das Glas. »Es regnet doch gar nicht, nimm die Zunge rein!« Das Hexlein zeigte die Zunge. Vielleicht hat sich die Zunge zwischen den Zähnen festgeklemmt, überlegte der Zauberer und schüttelte die Flasche kräftig. Das Hexlein zeigte noch immer die Zunge. »Ich werde die Flasche auf den Kopf stellen«, sagte der Zauberer, tat es – aber das Hexlein zeigte weiter die Zunge. Ich will ihm doch mal die Sonne zeigen, dachte der Zauberer, dann sieht es doch, dass es falsch Wetter zeigt. Und er trug die Flasche hinaus in den Garten und hielt sie in die Sonne. Das Hexlein zeigte der Sonne die Zunge.

»I du dummes Ding! Wie kannst du dich so verkehrt aufführen!«, schrie der Zauberer wütend und warf die Flasche gegen die Wand. An der Wand zerbrach die Flasche, das Hexlein kam hervor wie ein Rauch, und ehe noch der Zauberer ein Zauberwort hatte sprechen können, fuhr es als Rauch empor in die Wolken.

»Weg ist sie!«, sagte der Zauberer verblüfft. »Na, hoffentlich macht sie nicht zu viel Unfug.« Damit ging er ins Haus und zog sich Stiefel an, denn er wollte jetzt doch noch über Land zur Tante Kröte. Es würde ja doch nicht regnen.

Das Hexlein aber blieb nicht lange in den Wolken, denn dort war es ihm zu kalt, sondern es fuhr dort zur Erde, wo das Haus des großmächtigen Zauberers stand. Dem wollte es zuerst einen Schabernack tun, weil er es in die Flasche gesteckt hatte.

Das Hexlein verwandelte sich aus einem Rauch zurück in seine menschliche Gestalt und sah vorsichtig durch das Fenster ins Zimmer, zu erfahren, was der Zauberer wohl täte. Der Zauberer lag in seinem großen Sessel und schlief ganz fest. Auf seiner einen Schulter saß das Huhn, das silberne Eier, auf der andern das Huhn, das goldene Eier legen konnte, auf dem Kopf aber der stolze bunte Hahn, und die drei schliefen auch. Wo ist denn bloß das Unglückshuhn? fragte sich das Hexlein. Wenn ich dem das Herz aus dem Leibe reiße und es aufesse, kann er es nicht wieder lebendig machen und ärgert sich fürchterlich. So ging das Hexlein vom Garten auf den Hof, und da saß das Unglückshuhn betrübt in einer Ecke. Das Hexlein fing das Huhn und wollte ihm das Herz aus dem Leibe reißen, aber die Silberhaut war zu fest. Da nahm die Hexe das einzige an dem Huhn, das noch aus Fleisch und Knochen war, nämlich den Kopf, und riss ihn ab. Weil das Hexlein aber den Hühnerkopf nicht selber essen mochte, gab es ihn einem Hund, der grade die Straße entlangkam. Der Hund schnappte den Kopf, fraß ihn auf und lief weiter.

»So!«, sagte das Hexlein. »Nun kann der Zauberer sein liebes Huhn gewiss nicht wieder lebendig machen.« Damit verwandelte sich die Hexe von neuem in einen Rauch und flog über Land, eine Stelle zu suchen, wo sie neues Unheil stiften konnte. Der Zauberer schlief sehr fest und hätte noch lange nichts von dem neuen Unheil gemerkt. Aber der stolze bunte Hahn, der auf seinem Kopfe saß und schlief, träumte, dass er einen Regenwurm aus der Erde kommen sah. Er packte den Regenwurm – im Traum – mit einer Kralle. Aber der Regenwurm saß halb in der Erde, er ließ sich nicht herausziehen. Da fing der Hahn – im Traum – an, mit dem Schnabel die Erde aufzuhacken, während er weiter mit der Kralle fest am Wurm zog – und davon wachte der großmächtige Zauberer auf und schrie vor Schmerzen. Denn der Hahn hielt ihn bei einer Haarsträhne gepackt, riss mit der Kralle daran und hackte mit dem Schnabel in seinen Kopf.

Der Zauberer schalt: »Ihr seid ein ganz freches Gesindel! So etwas würde das Unglückshuhn nie tun«, und jagte das Geflügel aus der Stube. Doch gackerte es draußen gleich so laut, dass der Zauberer nachsehen musste, was da wieder geschehen war. Hühner und Hahn standen aufgeregt um das silberhäutige Huhn, das tot, ohne Kopf, am Boden lag.

Der Zauberer hob es auf und sprach traurig: »Wer hat denn das nun wieder getan? Sicher deine Feinde, die bösen Elstern, die auf deine Silberhaut gierig waren. Aber warte nur, wenn ich erst deinen Kopf gefunden habe, will ich dich schon wieder lebendig machen!« Aber so viel er auch suchte, er fand den Kopf nicht, und das war kein Wunder, denn der lief ja in einem Hundebauch über Land.

Schließlich gab der Zauberer das Suchen auf. »Das Unglückshuhn muss ich wieder lebendig kriegen«, sprach er bei sich, »und sollte ich mein kostbarstes Eigentum opfern. Denn ich habe in meinen Zauberbüchern gelesen, dass ich aus ihm einmal die Lebenssuppe kochen und dadurch reich und glücklich werde.«

Als er das gesagt hatte, fiel ihm ein, dass er in einer Lade noch einen herrlichen großen Edelstein von seinem Vater her hatte. Er ließ einen kunstreichen Steinschneider kommen, und der musste ihm aus dem Edelstein den schönsten Hühnerkopf von der Welt schleifen und schneiden. Dann wurde dieser Kopf geschickt auf die Silberhaut gepasst, angezaubert – und schon stand das Unglückshuhn wieder lebendig!

Aber es sah gar nicht mehr wie ein Unglückshuhn aus, es glänzte und gleißte herrlich, und der diamantene Kopf schimmerte in allen Farben von der Welt und war dabei so hart, dass man mit einem Hammer hätte daraufschlagen können, er hätte nicht den kleinsten Riss bekommen. – »So«, sagte der Zauberer zufrieden, »nun bist du so fest gepanzert, dass kein

Feind dir etwas tun kann. Geh nur hinaus, Unglückshuhn, und hör dir an, was die Neidhämmel sagen!«
So ging das Huhn hinaus auf den Hof, und als die andern Hühner dies Geglänze und Gestrahle sahen und gar merkten, dass sie mit ihren Schnäbeln gar nichts mehr ausrichten konnten, dass aber das Unglückshuhn einen diamantenen Schnabel hatte, schärfer als ein Messer, da sprachen sie wütend: »Das ist doch höchst ungerecht! Wir legen dem Zauberer alle Tage ein goldenes und ein silbernes Ei, und für uns tut er gar nichts. Aber diese faule Nichtsnutzige schmückt er, als sei sie Kaiserin aller Hühner. Nein, nun wollen wir tun, als sähen wir sie gar nicht, und nie mehr ein Wort mit ihr sprechen.«
Und der Hahn war erst recht wütend, denn sein stolzes buntes Kleid sah neben Silberhaut, Goldbein und Diamantkopf des Unglückshuhns blass und schäbig aus, und er sprach zornig zu dem Unglückshuhn: »Sprechen Sie mich bloß nicht an, Sie aufgedonnerte Person! Der Wurm krümmt sich mir im Magen, wenn ich solch eitles Geprahle sehe! Mit Ihnen rede ich überhaupt kein Wort mehr!«
Da war das Unglückshuhn ebenso allein und traurig wie vorher. Kümmerlich saß es in den Ecken herum und seufzte: »Ach, spräche doch einmal ein nettes Huhn ein paar freundliche Tucktuck mit mir. Ach, sähe mich doch einmal der stolze bunte Hahn liebevoll an! Ach, könnte ich doch einmal ein ganz gewöhnliches Hühnerei legen! Puttputtputt, ich bin ein rechtes Unglückshuhn!«

Unterdessen war das Hexlein weiter über Land geflogen, bis es zu dem kaiserlichen Palast kam. Da saß die Tochter des Kaisers am Fenster und stickte. Das Hexlein sah sie sitzen und merkte, wie schön und lieblich sie war, und es dachte in seinem bösen Herzen: Das wäre doch das größte Unheil, das ich anrichten könnte, wenn ich des Kaisers Tochter krank machte. Flugs verwandelte sich das Hexlein in ein Marienkäferchen und setzte sich auf den Stickrahmen der Kaiserstochter. Die sah das Marienkäferchen und sprach: »Liebes Käferchen, flieg weiter auf ein grünes Blatt. Hier auf meinem Stickrahmen steche ich dich noch mit der Nadel.«
Als sie aber beim Sprechen den Mund aufmachte, flog ihr das Marienkäferchen direkt in den Mund hinein. Davon, weil das Hexlein so giftig und böse war, wurde die Prinzessin auf der Stelle todsterbenskrank. Sie sank von ihrem Stuhl und war so weiß wie ein Laken auf der Bleiche.
Da ließ ihr Vater, der Kaiser, alle Ärzte zusammenrufen. Und sie klopften und horchten an der Prinzessin herum, sie gaben ihr süße und sauere und bittere Medizinen, sie machten ihr trockene Umschläge und packten sie in nasse Tücher, sie ließen sie schlafen und weckten sie wieder auf, sie gaben ihr zu essen und verboten ihr alles Essen, sie machten ihr Zimmer dunkel und trugen sie dann wieder in die Sonne, sie maßen Fieber und zählten ihr den Puls – kurz, sie taten alles, was die Ärzte nur tun können. Bloß auf das eine rieten sie nicht, dass die Prinzessin ein Marienkäferchen verschluckt hatte, das eine böse Hexe war. Darüber wurde die Prinzessin kränker und kränker, und es ging mit ihr bis nahe an den Tod. Ihr Vater, der Kaiser, geriet in große Sorge, und er ließ im ganzen Lande bekanntmachen, wer seine Tochter von ihrer Krankheit heile, solle die Hälfte seines Königreichs bekommen.
Viele kamen darauf herbeigeeilt, aber keiner konnte der Prinzessin helfen. Da wurde der Kaiser zornig und sprach: »Ihr seid ja alle Betrüger! Ihr wollt nur gut essen und trinken in

meinem kaiserlichen Palaste, meine Tochter aber macht ihr nicht gesund. Wer jetzt kommt und macht sie doch nicht gesund, dem lasse ich als einem Betrüger den Kopf abhauen.«
Nun kam keiner mehr, denn davor hatten sie alle Angst. Eines Tages aber trat der Torwächter doch wieder vor den Kaiser und sprach: »Herr Kaiser, drunten steht einer, hat ein silberhäutiges Huhn mit einem Goldbein und einem Diamantkopf unter dem Arm und sagt, er kann Ihre Tochter gesund machen.«
»Torwächter«, fragte der Kaiser, »hast du ihm auch gesagt, dass ich ihm den Kopf abschlagen lasse, wenn er die Prinzessin nicht gesund macht?«
»Das habe ich ihm gesagt«, sprach der Torwächter.
»So schicke ihn herauf!«, gebot der Kaiser.
Also kam der Mann herauf in die kaiserliche Halle, wo die Prinzessin sterbenskrank auf einem Bette lag, und es war der großmächtige Zauberer mit seinem Unglückshuhn. »Erlaubt, Herr Kaiser«, sprach der Zauberer, »dass ich hier vor den Augen der Prinzessin aus diesem Huhn eine Suppe koche. Das ist eine Lebenssuppe, und wenn die Prinzessin davon isst, wird sie wieder gesund.«
»Man mache hier ein Feuer«, gebot der Kaiser, »und bringe einen Kochtopf mit Wasser. – Du weißt aber, wenn es dir nicht gelingt, lasse ich dir den Kopf abschlagen?«
»Es gelingt mir«, sprach der Zauberer und warf das Unglückshuhn in den Topf.
Als das Huhn eine Weile gekocht hatte, fragte der Kaiser, der

ungeduldig war, seine Tochter wieder gesund zu sehen:
»Riecht die Lebenssuppe schon?«

»Nein«, sprach einer von seinen Leuten, die dabeistanden und zusahen.

»Wie sieht sie denn aus?«, fragte der Kaiser.

»Wie klares Wasser«, wurde ihm geantwortet.

»Was tut denn das Huhn?«, fragte der Kaiser wieder.

»Es sitzt im Wasser und spricht: Puttputtputt, ich Unglückshuhn!«

»So macht stärkeres Feuer unter dem Topf!«, gebot der Kaiser. »Dieses Huhn muss wohl auf gewaltigem Feuer gekocht werden.«

Sie taten es, und nach einer Weile erkundigte sich der Kaiser von neuem. Aber alles war unverändert: Die Suppe roch nicht, war wasserklar, und das Huhn saß darin wie in einem Bad und sprach nur: »Puttputtputt, ich Unglückshuhn!«

Noch einmal wurde stärkeres Feuer gemacht, aber alles blieb, wie es war. Da runzelte der Kaiser die Stirne fürchterlich und fragte den Zauberer: »Nun, was ist dies, du Mann? Wird das eine Suppe oder bleibt es Wasser?«

Der Zauberer sprach zitternd: »Mächtiger Kaiser, ich gestehe, ich habe einen großen Fehler gemacht. Diesem Huhn wurde von seinen Feinden sehr nachgestellt, und so habe ich ihm ein Goldbein, eine Silberhaut und einen Diamantkopf gegeben, dass niemand ihm noch etwas zuleide tun kann. Aber ich habe dabei nicht bedacht, dass man Silber, Gold und Diamant nicht kochen kann. Wir könnten dieses Unglückshuhn wohl noch drei Jahre auf dem Feuer haben, das Wasser würde Wasser bleiben und keine Suppe werden.«

»So kannst du also die Lebenssuppe nicht kochen?«, fragte der Kaiser zornig.

»Nein«, antwortete der Zauberer betrübt.

»So muss ich dir den Kopf abschlagen lassen«, sprach der Kaiser. »Denn ich habe mein kaiserliches Wort darauf gegeben.«

Damit winkte er einem seiner Soldaten, der sofort den Säbel zog. Der Zauberer sah betrübt darein und dachte: Schade, nun muss ich also sterben.

Die Hexe aber, in der Prinzessin Kehle, wollte gerne sehen, wie ihrem Feind, dem großmächtigen Zauberer, der Kopf abgehauen wurde. Sie kroch also aus dem Munde der Prinzessin und setzte sich auf die Lippe, um bequem zuzuschauen. Da sah sie der Zauberer, und mit seinen Zaubereraugen erkannte er, dass dies kein Marienkäferchen war, sondern ein verwandeltes Hexlein. Er rief mit lauter Stimme zu dem Unglückshuhn im Kochtopf: »Pick auf! Pick auf!«

Da flatterte das Unglückshuhn aus dem Topf und pickte das Marienkäferchen und zermalmte es in seinem diamantenen Schnabel. Im selben Augenblick war die Prinzessin wieder so gesund und schön und lieblich, wie sie gewesen.

Der Kaiser aber gebot dem Soldaten, wieder seinen Säbel einzustecken, zu dem Zauberer aber sprach er: »Du hast zwar die Lebenssuppe nicht kochen können, aber dein Huhn hat meiner Tochter das Leben gerettet. Darum sollst du auch dein Leben behalten und die Hälfte meines Reiches bekommen.«

Der Zauberer freute sich gewaltig, und zum Dank schenkte er der Prinzessin das Unglückshuhn. Das durfte nun im kaiserlichen Schlosse wohnen und bekam jeden Tag Weizen auf goldenen und Regenwürmer auf silbernen Tellern zu fressen. Ging es aber einmal spazieren, so schritten zehn stolze bunte Hähne voraus und zehn an jeder Seite, und zehn Hähne gingen hinterher. Und alle vierzig Hähne kikeriten aus voller Kraft und riefen: »Platz da! Aus dem Wege! Hier kommt das Huhn der kaiserlichen Prinzessin, das Huhn aller Hühner, das Glückshuhn!«

Das Huhn aber sprach bei sich: »Ach, wenn mich doch meine Schwestern und der stolze bunte Hahn vom Hofe des Zauberers sehen könnten! Aber sie sind nicht hier, und so macht es mir auch keinen Spaß. Puttputtputt, ich bin ein rechtes Unglückshuhn!«

Josef Guggenmos

Es flog vorbei

Es flog vorbei im Sonnenschein,
flog schnell vorüber und war klein.
Ein Käfer könnt's gewesen sein.
Doch sicher ist das nicht, o nein.
Leb wohl, du mein Vorüberlein.

Herman Melville

Der Kopf des Wals

Wir dürfen über all dem nicht vergessen, dass wir den riesigen Kopf eines Pottwals während der ganzen Zeit an der Bordwand der »Pequod« hängen haben. Aber wir müssen ihn weiter dort hängenlassen, ehe wir uns um ihn kümmern können. Andere Dinge sind im Augenblick wichtiger, und wir können einstweilen nur hoffen, dass die Taljen halten!
Nun war die »Pequod« im Laufe der Nacht und des Vormittags allmählich in Gewässer abgetrieben, in denen Flecken von gelbem Krill überraschenderweise auf die Anwesenheit von Grönlandwalen deutete, einer Walart, die zu dieser Zeit kein Mensch in dieser Gegend vermutet hätte. Die Matrosen halten es zwar im Allgemeinen für unter ihrer Würde, auf diese minderwertigen Tiere Jagd zu machen, und die »Pequod« hatte auch keineswegs den Auftrag, nach ihnen Ausschau zu halten – bei den Crozet-Inseln hatten wir eine Unzahl von ihnen vorüberziehen lassen, ohne auch nur ein Boot auszusetzen; dennoch wurde zur allgemeinen Überraschung jetzt, da wir den Pottwal längsseits gebracht und geköpft hatten, die Anweisung gegeben, dass heute bei günstiger Gelegenheit ein Grönlandwal gefangen werden solle.
Wir brauchten nicht lange zu warten. In Lee wurden bald hohe Fontänen gesichtet, und zwei Boote, die von Flask und Stubb, wurden zur Verfolgung ausgesetzt. Sie ruderten immer weiter und weiter, bis sie endlich selbst für den Ausguckposten in den Toppen kaum mehr auszumachen waren. Aber plötzlich sahen sie in der Ferne ein wildes Gewoge weißen, gischtigen Wassers, und bald kam von oben die Meldung, dass wenigstens ein Boot festgekommen sein müsse, vielleicht sogar beide.
Nach einiger Zeit kamen die beiden Boote wieder voll in

Sicht, beide im Schlepp eines Wals, der direkt auf das Schiff zuhielt. Das Ungeheuer kam dem Schiffsrumpf so nahe, dass es zunächst aussah, als wolle es das Schiff rammen. Aber plötzlich, keine drei Faden vor dem Schiff, drehte der Wal in einem brausenden Strudel ab und entschwand unseren Blicken, als sei er unter dem Kiel weggetaucht. »Kappen! Kappen!«, schrie man vom Schiff aus den Booten zu, die für einen Augenblick in äußerster Gefahr schienen, tödlich gegen den Schiffsleib geschmettert zu werden. Da sie aber immer noch reichlich Leine an den Baljen hatten und der Wal nicht sehr schnell tauchte, ließen sie ein Ende auslaufen und ruderten gleichzeitig aus Leibeskräften, um noch vor dem Bug des Schiffes vorüberzukommen. Ein paar Minuten sah die Lage sehr kritisch aus. In einer Richtung zerrte die straff gespannte Leine, in die andere ruderten die Männer nach Kräften, und so drohten sie zu kentern. Sie brauchten nur noch ein paar Fuß voranzukommen, und sie ließen nicht locker, bis es ihnen gelungen war. Plötzlich ging ein rasches Erzittern wie ein Blitz durch das ganze Schiff; die straff gespannte Leine schrammte unten am Kiel entlang und sprang dann auf einmal vorne am Bug aus dem Wasser, zitternd und schwirrend, und die Tropfen fielen herab wie Glasscherben. Auch der Wal tauchte am anderen Ende wieder auf, und die Boote hatten freie Fahrt. Der Wal war offensichtlich ermüdet und verminderte seine Geschwindigkeit. Blindwütig änderte er seine Richtung und schwamm um das Heck des Schiffes herum, die beiden Boote in seinem Kielwasser, sodass sie einen vollständigen Kreis beschrieben.

Unterdessen holten sie nach und nach ihre Leinen ein, bis sie das Tier auf beiden Seiten flankierten und Stubb und Flask ihm eine Lanze nach der anderen in den Leib jagen konnten. So ging der Kampf weiter, immer im Kreis um die »Pequod« herum. Die Haie, die sich bisher an dem toten Pottwal gütlich getan hatten, stürzten sich nun in Scharen auf das frische

Blut, das in Strömen floss, und tranken gierig an jeder frischen Wunde.
Endlich wurde der Atemstrahl dick von rotem Blut, und unter grauenvollem Wälzen und Erbrechen rollte das Tier auf den Rücken und verendete.
Während die beiden Bootsführer die Leinen an den Flossen befestigten und den Koloss zum Abschleppen fertig machten, entspann sich zwischen ihnen ein Gespräch.
»Ich möchte nur wissen, was der Alte mit diesem stinkenden Stück Speck anfangen will«, sagte Stubb voll Abscheu bei dem Gedanken, sich mit einem so minderwertigen Wal abgeben zu müssen.
»Was er damit anfangen will?«, fragte Flask zurück und rollte ein Stück Reserveleine auf. »Hast du denn nie gehört, dass ein Schiff nicht sinken kann, wenn es ein einziges Mal gleichzeitig einen Pottwalkopf steuerbords und einen Kopf des Grönlandwals backbords hängen hat? Wusstest du das nicht?«
»Und warum soll es dann nicht sinken?«
»Das weiß ich auch nicht. Aber ich habe gehört, wie es Fedallah, der gelbe Satan, sagte, und der scheint sich in diesen Zaubereien auszukennen. Manchmal habe ich allerdings das Gefühl, dass er das Schiff mit seinen Zaubereien noch ruiniert. Ich kann den Kerl nicht ausstehen, Stubb. Hast du dir den Hauer schon einmal angesehen, der ihm aus dem Maul ragt? Den hat er sich zu einem Schlangenkopf zurechtgeschnitzt.«
»Ersaufen soll er! Ich schau' ihn mir gar nicht erst an. Aber wenn ich den einmal in einer finsteren Nacht erwische, hart an der Reling, und es ist keiner in der Nähe – schau nur hinunter, Flask —« und er deutete mit einer bezeichnenden Handbewegung ins Meer— »ja, Flask, das tu' ich. Du, ich glaube bestimmt, dass Fedallah der Teufel ist, der Teufel in menschlicher Verkleidung. Du glaubst doch nicht an diese Hintertreppengeschichte, dass der an Bord versteckt war. Er ist der Teufel, sage ich dir. Und sein Schwanz? Den sieht man

nur deshalb nicht, weil er ihn wegsteckt. Vermutlich hat er ihn zusammengerollt und trägt ihn in der Hosentasche. Verfluchter Kerl! Jetzt fällt mir auch ein, dass er immer Werg verlangt. Das stopft er sich vorne in seine Stiefel.«

»Aha, deswegen schläft er immer in Stiefeln. Er hat auch keine Hängematte. Ich habe ihn nachts schon auf einer Taurolle liegen sehen.«

»Da hast du's. Der verdammte Schwanz. Den steckt er oben in die Rolle 'rein.«

»Was nur der Alte immer mit ihm hat.«

»Die haben etwas auszumachen.«

»Auszumachen? Was auszumachen?«

»Na, du weißt doch, dass der Alte wie ein Narr hinter dem weißen Wal her ist. Und da versucht nun dieser Teufel ihn übers Ohr zu hauen und ihm seine silberne Uhr abzuhandeln oder seine Seele oder sonst etwas. Und dafür liefert er ihm den weißen Wal aus.«

»Unsinn! Stubb, das ist doch Quatsch. Wie soll denn Fedallah das fertigbringen?«

»Weiß ich auch nicht, Flask. Aber der Teufel ist ein komischer Kerl und ein übler Bursche, das sag' ich dir. Da gibt es eine Geschichte, wie er einmal auf ein Flaggschiff kam. Wedelt elegant mit seinem Teufelsschwanz und fragt, ob der Admiral zu sprechen sei. Nun, der war zu sprechen und fragt den Teufel, was er wolle. Der Teufel springt auf und knallt die Hufe zusammen und sagt: ›Ich will John.‹ ›Wozu?‹ fragt der Admiral. ›Was geht Euch das an?‹ sagt der Teufel und wird zornig. ›Ich brauch' ihn eben.‹ ›Nimm ihn‹, sagt der Admiral – und, bei Gott, wenn der Teufel dem John, ehe er mit ihm durchging, nicht noch die asiatische Cholera angehängt hat, dann fress' ich den Wal da auf einen Sitz. – So, doch jetzt aufgepasst – bist du denn noch nicht fertig? Los, damit wir den Wal endlich längsseits kriegen.«

»Ich glaube, ich habe deine Geschichte schon einmal gehört«, sagte Flask, als die beiden Boote mit ihrer Last endlich langsam auf das Schiff zuhielten. »Aber ich weiß nicht mehr, wo das war.«

»In den ›Drei Spaniern‹ vielleicht. Die Abenteuer der drei blutrünstigen Soldaten. Da hast du's vielleicht gelesen.«

»Nein, nie ein solches Buch in Händen gehabt. Aber davon gehört, Stubb, ganz im Vertrauen – glaubst du wirklich, dass der Teufel, von dem du eben sprachst, derselbe ist, der jetzt bei uns an Bord ist?«

»Bin ich der, der dir geholfen hat, den Wal hier zu töten? Der Teufel hat das ewige Leben. Oder hast du je gehört, der Teufel sei gestorben? Hast du schon einen Pfarrer um ihn trauern sehen? Und wenn der Teufel den Weg in eine Admiralskajüte findet, dann kommt er auch noch durch unsere Pfortenöffnung. Oder was meinst du, Flask?«

»Wie alt mag der Fedallah sein, Stubb?«

Stubb deutete auf das Schiff. »Siehst du den Großmast dort? So, das soll die Zahl ›eins‹ sein. Und jetzt nimm alle Fassreifen im Laderaum der ›Pequod‹ und stell sie als Nullen hinter deine Eins, verstehst du? Und das wäre erst der Anfang. Alle Fassbinder der Welt könnten nicht so viele Reifen machen, wie man für den da bräuchte.«

»Aber hör mal, Stubb, als du vorhin sagtest, du wolltest Fedallah bei der ersten Gelegenheit über Bord werfen, da dachte ich mir, der gibt wohl etwas an. Und jetzt, wo er so alt sein soll, dass alle Fassreifen nicht ausreichen und wo er das ewige Leben hat — wozu willst du ihn dann ins Wasser werfen? He?«

»Eine gute Kopfwäsche wär's immerhin.«

»Und wenn er wieder heraufkommt?«

»Dann noch eine Kopfwäsche, und noch eine.«

»Und wenn er auf den Gedanken kommt, dich zu tunken und nochmals zu tunken, bis du nicht mehr 'raufkommst? Was dann?«

»Das möchte ich erst einmal sehen! Ich würde ihm die Fresse grün und blau schlagen, dass er sich eine Weile in keiner Admiralskajüte mehr sehen lassen kann, geschweige denn hier unter Deck, wo er so gern umherschleicht, der verdammte Teufel. Meinst du vielleicht, ich hätte Angst vor ihm? Wer hat denn Angst vor ihm, außer unserem Alten, der sich nicht traut, ihn in Ketten zu legen, wie er es verdient. Stattdessen lässt er ihn frei herumlaufen, dass er ihm die Leute holen kann. Ja, er hat sogar einen Pakt mit ihm geschlossen, dass der Teufel jeden holen kann, den er haben will.«
»Glaubst du, dass Fedallah den Kapitän holen wird?«
»Das wirst du bald genug erleben, Freund. Aber ich werde ihn von jetzt an scharf im Auge behalten, und wenn mir etwas verdächtig vorkommt, dann pack' ich ihn am Kragen und sage, hör mal, Freund Beelzebub, lass die Finger davon. Und wenn er mir mit dummen Reden kommt, dann lang' ich in seine Hosentasche und zieh' ihm seinen Schwanz heraus, und dann schlepp' ich ihn zum Spill und mach' ihn fest, und dann wird gehievt und gehievt, bis der Schwanz reißt – verstehst du? Und dann kann er abhauen und sehen, wie's ohne Schwanz ist.«
»Und was machst du dann mit dem Schwanz, Stubb?«
»Mit dem Schwanz? – Den verkaufe ich als Ochsenziemer, wenn wir wieder zu Hause sind. Was denn sonst?«
»Ist das wirklich alles dein Ernst?«
»Ernst oder nicht, hier sind wir am Schiff.«
Die Boote wurden angewiesen, den Wal nach Backbord zu schleppen, wo die Ketten und alles andere Zubehör zum Festmachen bereits klar waren.
»Hab' ich dir's nicht gesagt?«, sagte Flask. »Du wirst sehen, bald hängt der Pottwalkopf auf Steuerbord und der Kopf des Grönlandwals auf Backbord.«
Flask hatte recht, bald war es soweit. Bisher hatte die »Pequod« starke Schlagseite nach dem Pottwalkopf gezeigt, jetzt kam sie durch den anderen Kopf wieder ins Gleichge-

wicht. Allerdings ächzte sie in allen Fugen. Die beiden geköpften Kadaver trieben achteraus, und das Schiff mit den beiden Köpfen sah aus wie ein Maultier, das zwei übervolle Körbe zu tragen hat.

Unterdessen betrachtete Fedallah in aller Ruhe den Kopf des Grönlandwals und verglich dessen tiefe Furchen mit den Linien in seiner eigenen Hand. Ahab stand zufällig so, dass sein Schatten auf Fedallah fiel, dessen eigener Schatten, wenn er überhaupt einen hatte, mit dem Ahabs zusammenfiel. Die Mannschaft ging indessen weiter ihrer Arbeit nach und stellte ihre Betrachtungen an über alles, was vorging.

Ehe wir, wenigstens für den Augenblick, von dem Kopf des Pottwals Abschied nehmen, möchte ich den Leser auffordern, ihn noch einmal gründlich von vorne zu betrachten in seiner ganzen mächtigen Gedrungenheit. Der Leser soll sich jetzt nüchtern und ohne Übertreibung davon überzeugen, welch ungeheure Stoßkraft hier in diesem Schädel sitzt, denn das ist ein sehr wichtiger Punkt. Entweder weiß er in diesen Dingen genau Bescheid, oder er wird dieser entsetzlichen Geschichte, die noch folgen soll, keinen Glauben schenken können.

Man beachte also Folgendes: Wenn der Pottwal ruhig dahinschwimmt, dann steht die Vorderfläche seines Kopfes fast genau senkrecht zur Wasserfläche. Nach unten weicht sie beträchtlich zurück. Das Maul liegt ganz unterhalb des Kopfes, etwa so, als läge beim Menschen der Mund unter dem Kinn. Außerdem hat der Wal keine nach außen hervortretende Nase; und das, was ihm als Nase dient, das Spritzloch, sitzt oben auf dem Kopf. Augen und Ohren liegen an der Seite des Kopfes, und zwar um ein Drittel der Gesamtlänge nach hinten versetzt. So kommt es also, dass die Vorderseite des Pottwalkopfes eine empfindungslose, fensterlose Mauer ist, ohne irgendein Organ, ohne irgendeinen weichen Vorsprung. Ferner ist zu bemerken, dass nur ganz unten, wo diese Mauer zurückweicht, ein geringfügiger Ansatz von Knochen vorhanden ist. Der eigentliche Schädel beginnt erst rund zwanzig Fuß dahinter, sodass diese ganze riesige knochenlose Masse ein einziges großes Polster ist. Und dieses Polster enthält, wie sich bald herausstellen wird, das allerfeinste Öl. Doch zunächst soll der Leser erfahren, wie diese zarte Substanz geschützt ist. Wir wissen ja bereits, dass die Speckschicht den Wal einhüllt wie die Schale eine Orange. Das gilt auch für den Kopf, nur mit dem Unterschied, dass diese Hülle am Kopf zwar nicht so dick ist, aber unvorstellbar zäh. Die schärfste Harpunenspitze, die spitzeste Lanze, geschleudert vom stärksten Arm, prallt wirkungslos ab, als wäre die Stirn des Pottwals mit Pferdehufen gepanzert. Ich glaube, dass diese Masse völlig gefühllos ist.

Und nun bedenke man: Diese unempfindliche, undurchdringliche, unverletzliche Mauer wird unbeirrbar vorwärtsgetrieben durch eine ungeheuer lebendige Kraft, die, wie ein Holzstoß, nur nach Klaftern zu messen ist. Und alles gehorcht nur einem einzigen Willen wie das kleinste Insekt. Wenn ich nun später im Einzelnen berichte, wie sich die Kraft, die überall in diesem Riesenleib wohnt, auswirkt, und wenn ich einiges von der Schlauheit des Tieres erzähle, dann wird der Leser hoffentlich alle Zweifel begraben haben und mir selbst die Geschichte glauben, dass der Pottwal die Landenge von Darien durchstoßen habe, sodass Atlantik und Pazifik ineinanderfließen können.

Die obere Kopfhälfte ist nun, wie ein riesiges Fass, fast ganz mit reinem, flüssigem, duftendem Walrat gefüllt, das sich unvermischt in keinem anderen Körperteil des Tieres findet. Ein großer Pottwal bringt gewöhnlich rund 500 Gallonen, ganz abgesehen von der Menge, die verschüttet wird, danebentropft oder sonst wie bei der Bergung unwiderruflich verlorengeht.

Nach diesem Bericht bitte ich den Leser, diesem ungewöhnlichen Schauspiel, das in unserem Fall beinahe ein schlimmes

Ende genommen hätte, beizuwohnen, dem Anzapfen des Riesenfasses.

Behende wie eine Katze kletterte Tashtego auf und lief kerzengerade auf der Großrahnock hinaus, bis er direkt über dem aufgehängten Schädel stand. Er hatte ein leichtes Tau bei sich, das durch einen Block lief. Diesen Block machte er an der Rahnock fest, das eine Ende des Taus warf er einem Matrosen zu, der auf Deck stand und es festzuhalten hatte. Dann kletterte der Indianer, Hand über Hand, am anderen Ende hinab, bis er richtig auf dem Schädel des Wals zu stehen kam, wobei er noch immer die anderen auf Deck hoch überragte. Von dort aus reichte man ihm einen kurzen, scharfen Speckspaten, mit dem er nun sorgfältig die richtige Stelle suchte, an der er den Schädel aufbrechen konnte. Dabei ging er sehr vorsichtig zu Werk wie ein Schatzsucher, der in einem alten Haus die Wände abklopft, um das Gold zu finden, das dort eingemauert ist. Als er die Stelle gefunden hatte, hatte man ihm einen schweren, eisenbeschlagenen Eimer, wie sie auch an Ziehbrunnen hängen, an dem einen Tauende befestigt, während das andere quer über das Deck lief und von ein paar Matrosen gehalten wurde. Sie zogen den Eimer hoch, bis ihn der Indianer erreichen konnte; ein anderer reichte ihm eine sehr lange Stange, mit der er den Eimer in den Walschädel hinabließ, bis er völlig darin verschwand. Auf ein Zeichen hin zogen die Matrosen an Deck an dem Tau, schon kam der Eimer, schäumend bis zum Rand wie ein Gefäß voll frisch gemolkener Milch, wieder hoch. Mit äußerster Vorsicht wurde er erneut herabgelassen und rasch in eine große Tonne entleert. Abermals ging der Eimer nach oben und machte seine Runde, bis der Walkopf ausgeschöpft war und keinen Walrat mehr hergab. Gegen Ende hin musste Tashtego seine Stange immer tiefer und immer heftiger hinunterstoßen, sodass sie schließlich reichlich zwanzig Fuß tief drinnen stak.

Die Leute auf der »Pequod« hatten nun in dieser Weise schon

einige Zeit geschöpft; mehrere Tonnen waren bereits mit dem duftenden Walrat gefüllt; da geschah plötzlich etwas Merkwürdiges. Sei es, dass Tashtego, der wilde Indianer, für einen Augenblick so unvorsichtig war, das Tau loszulassen, an dem der Walkopf hing; sei es, dass der Boden unter seinen Füßen zu schlüpfrig und tückisch war; sei es, dass der Teufel selbst seine Hand im Spiel hatte und ihn fallen lassen wollte; das alles lässt sich nicht mehr feststellen. Jedenfalls kam gerade der achtzigste oder neunzigste Eimer mit einem schmatzenden Geräusch herauf – da stürzte, ach du lieber Gott, der arme Tashtego wie ein zweiter Ziehbrunneneimer kopfüber hinunter in den Riesenschädel und entschwand unseren Blicken unter einem grässlichen, öligen Gurgeln.

»Mann über Bord!«, schrie Daggoo, der in der allgemeinen Bestürzung als Erster wieder zur Besinnung kam. »Schwingt den Eimer hierher!« Er trat mit dem einen Fuß hinein, um nicht nur an dem glitschigen Tau Halt zu finden, ließ sich von den Leuten an Deck hochziehen und stand schon oben auf dem Walkopf, ehe noch Tashtego in der Tiefe des Schädels angekommen sein konnte. Indessen herrschte ein unbeschreiblicher Tumult. Bei einem Blick über Bord sah man, wie der leblose Schädel über der Wasserfläche sich regte und bewegte, als beschäftigten ihn große Gedanken; und doch war es nur der arme Indianer, der dort unten in der Tiefe zappelte. Während sich Daggoo noch oben auf dem Walkopf zu schaffen machte und das Tau, das sich irgendwie verwickelt hatte, weiter klarzukriegen suchte, da gab es plötzlich einen Krach, und zum unbeschreiblichen Entsetzen aller riss einer der beiden riesigen Haken, die den Schädel hielten. Die gewaltige Masse erbebte und kippte zur Seite, wie betrunken schaukelte und schwankte das Schiff, als wäre es gegen einen Eisberg geschmettert worden. Der andere Haken, der nun allein das ganze Gewicht zu tragen hatte, schien jeden Augenblick nachgeben zu wollen.

»Komm runter! Komm runter!«, schrien die Männer zu Daggoo hinauf. Der aber hielt sich mit einer Hand an dem schweren Tau fest, um nicht mitgerissen zu werden, falls der Kopf doch in die Tiefe stürzen sollte. Da der Neger das Tau inzwischen klargekriegt hatte, rammte er den Eimer nun hinunter in den Walkopf, damit sich der Harpunier daran festklammern könnte, um gerettet zu werden.
»Um Himmels willen, Mensch!«, schrie Stubb. »Meinst du, du hilfst ihm, wenn du ihm mit dem schweren Eimer den Schädel einschlägst? Hör auf!«
»Weg hier!«, schrie eine Stimme, als wäre eine Rakete losgegangen.
Im gleichen Augenblick stürzte die Riesenmasse donnernd ins Meer, wie der große Fall am Niagara in die Tiefe donnert.
Das Schiff, das so plötzlich von seiner Last befreit war, holte so weit über, dass man den Kupferbeschlag bis weit hinunter blinken sehen konnte; alles hielt den Atem an, als man durch den dichten Sprühregen hindurch Daggoo sah, der bald hoch über den Köpfen schwebte, bald tief unten über der Wasserfläche schaukelte, während der arme Tashtego, lebendig begraben, rasch auf den Meeresgrund hinabsank. Aber kaum hatte sich der Dunst verzogen, da sah man wie einen Schatten eine nackte Gestalt mit einem Messer in der Hand über die Bordwand setzen. Ein lautes Aufklatschen verrieht, dass mein wackerer Quiqueg sich hinabgestürzt hatte, um Rettung zu bringen. Alle Mann eilten zur Reling und starrten hinunter auf die Wellenringe, während die Sekunden verstrichen und keine Spur von dem Verunglückten und seinem Retter zu sehen war. Ein paar Mann brachten ein Boot zu Wasser und stießen vom Schiff ab.
»Da! Da!«, schrie Daggoo plötzlich von oben herunter und deutete hinaus. Und als wir seinem Arm folgten, sahen wir einen Arm aus den blauen Wellen tauchen, wie ein Arm, der sich aus dem Grabe reckt.

»Sie sind es! Beide!«, schrie Daggoo, und man hörte, wie er sich freute. Und bald darauf sahen wir Quiqueg, der mit der einen Hand kühn die Wogen teilte und mit der anderen das lange Haar des Indianers umfasst hielt. Sie wurden in das Boot gezogen und schnell an Bord gebracht. Tashtego und Quiqueg sahen mitgenommen aus.

Ja, wie war diese prächtige Rettungstat gelungen? Nun, Quiqueg war dem langsam absinkenden Kopf nachgetaucht und hatte ihn mit seinem scharfen Messer von unten her aufgeschnitten. Dann hatte er sein Messer fallen lassen, hatte mit seinem langen Arm hineingegriffen und dann herumgesucht und schließlich den armen Tash am Kopf erwischt und herausgezerrt. Er, Quiqueg, behauptete, er habe zuerst ein Bein gefasst, das habe ihm aber nicht genügt. Drum habe er es wieder zurückgestoßen und den ganzen Kerl in seinem Gefängnis gründlich herumgewirbelt, bis der Indianer nach einem letzten Versuch so zur Welt kam, wie es sich gehört – mit dem Kopf voraus.

Ich weiß sehr wohl, dass dieses wunderbare Abenteuer des Gay-Headers mancher Landratte unglaublich erscheinen wird, und doch hört man auch an Land nicht selten, dass einer in einen Brunnen fällt, obwohl dort der Boden weit weniger schlüpfrig ist als am Rand eines Pottwalschädels. Nun, und wenn Tashtego in dem Kopf sein Ende gefunden hätte, dann wäre es ein sehr prächtiges Ende geworden; er wäre erstickt im allerfeinsten, schneeweißen, duftenden Walrat, eingesargt und begraben in der innersten Geheimkammer, im Allerheiligsten des Wals. Es gibt wohl nur ein süßeres Ende – das köstliche Ende eines Honigsuchers in Ohio, der den Honig in der Gabelung eines hohlen Baumes suchte und sich zu weit hineinbeugte. Er fiel hinein und starb den süßesten Tod, lebendig einbalsamiert.

Christian Morgenstern

Möwenlied

Die Möwen sehen alle aus
als ob sie Emma hießen.
Sie tragen einen weißen Flaus
und sind mit Schrot zu schießen.

Ich schieße keine Möwe tot,
ich lass sie lieber leben –
und füttre sie mit Roggenbrot
und rötlichen Zibeben.

O Mensch, du wirst nie nebenbei
der Möwe Flug erreichen.
Wofern du Emma heißest, sei
zufrieden, ihr zu gleichen.

Jürg Schubiger

Der Wal

Es war einmal ein Wal.
Ausgerechnet ein Wal?
Ja. Auch ein Löwe war einmal, gewiss, ein Fuchs, ein Esel, ein Wolf, sogar mehrere Wölfe, ein ganzes Rudel, ein Vogelschwarm, ein Mann und eine Frau, ein Kind. Fast alles war einmal.
Oder auch mehrmals!
Ja. Aber einmal, da war es eben ein Wal, ein Bartenwal, ein alter Bartenwal.
Ein Einziger?
Einer, ja. Es gab auch andere, aber dieses eine Mal, da war es einer.
Und was ist mit ihm?
Er sang.
Das hab ich mir gedacht: Er sang!
Ja, das tat er. Er schwamm im Meer und sang.
Und?
Und schwamm und schwamm und sang.
Das war's. – Und wie er sang!
Wie denn?
Lang und schön.
Du hast ihn gehört?
Nur die Geschichte. Es sei einmal ein alter Bartenwal gewesen, habe ich gehört, der schwamm und sang. Und sein Gesang sei so –
Was?
Lang und schön gewesen.

Jürg Schubiger

Der andere Wal

Es war ein anderes Mal ein anderer Wal. Der sang zwar auch, aber falsch. Um seine Brüder und Schwestern nicht zu erschrecken, sang er nur, wenn er allein war. In Gesellschaft blieb er stumm. Denn auch seine gewöhnlichsten Sätze – gute Reise, viele Grüße – hatten etwas Schwarzes und Schweres an sich.
Er schwieg also, der andere Wal. Er schwamm und schwieg. Viele hielten ihn für stumm, taubstumm sogar. Sie winkten ihm mit den Flossen und stupften ihn mit den Schnauzen, um ihm etwas klarzumachen, was er längst verstanden hatte.

Doch es gab ein Tier, ein einziges im ganzen Stillen Ozean, dem die Stimme des anderen Wals sehr gefallen hätte. Seine gewöhnlichsten Sätze wären ihm schon angenehm gewesen: gute Reise, viele Grüße und auf Wiedersehn. Dieses einzige Tier war eine Walin. Die Lieder des anderen Wals hätten ihr ganzes großes Herz erwärmen können. Es waren Liebeslieder, die der andere Wal gerade für sie, die Walin, sang, aber nur, wenn er allein war. So erfuhr sie nicht, dass er sie liebte. Und er erfuhr nicht, dass sie ihn liebte – mehr als alles im Ozean. In seiner Nähe schwieg die Walin nämlich auch. Sie schwammen in der Strömung, die den Fischschwärmen ihre Richtung gab, in den Wellen, die das Seegras kämmten. Die Walin mochte das Schweigen des anderen Wals sehr gern.
Es hatte eine besondere Art. Etwas von der größeren Stille des Stillen Ozeans war darin zu hören. Und im Schweigen der Walin vernahm der andere Wal ein Summen wie von Meerhummeln, falls es so etwas gibt. Sie schwammen Seite an Seite mit kurzem Flossenschlag und kleinen Augen. Und das war so schön und so traurig, dass manchmal der eine, manchmal

der andere, manchmal beide weinten. Sie merkte nicht, dass er traurig war, er merkte nicht, dass sie traurig war, denn im Meer geweinte Tränen sind unsichtbar und sie schmecken wie das Wasser ringsherum.

Ein schönes Bild trotz allem: Zwei Tiere, über fünfundzwanzig Meter lang und so schwer wie sechzehn Elefanten, in denen der Schmerz viel Platz hat. Und die Freude natürlich auch. Und das alles in einem weiten bauchigen Ozean, der einen nicht ans andere Ufer sehen lässt.

Josef Guggenmos

Der Eisbär

Im Zoo
macht der Eisbär immer so.

Er schwenkt den Kopf nach links hinüber,
schwenkt den Kopf nach rechts dann wieder.

Viele Leute schauen zu,
wie er seinen Schädel schwenkt.
Schauen zu und wüssten gern,
was er dabei denkt.

Richard Adams

Die Anschlagtafel

> Chor: Warum wehklagst du so, wenn nicht bei einem Bild des Schreckens?
> Cassandra: Das Haus dampft nach Tod und tropfendem Blut.
> Chor: Wieso? Es ist nur der Geruch nach dem Altaropfer.
> Cassandra: Der Gestank ist wie Grabeshauch.
>
> *Äschylus Agamemnon*

Die gelben Schlüsselblumen waren verblüht. Am Rande des Gehölzes, wo es sich weitete und gegen einen alten Zaun und einen dornigen Graben dahinter abfiel, zeigten sich nur noch ein paar verwelkende blassgelbe Flecken zwischen dem Bingelkraut und den Eichenwurzeln. Der obere Teil des Feldes jenseits des Zaunes war voll von Kaninchenlöchern. An manchen Stellen war das Gras ganz verschwunden, und überall lagen Haufen trockenen Mistes, zwischen denen nichts als Jakobskreuzkraut wuchs. Hundert Meter entfernt, an der Sohle des Abhanges, floss der Bach, knapp einen Meter breit, halb erstickt durch Sumpfdotterblumen. Kresse und blauen Besenginster. Der Fahrweg überquerte einen Abzugsgraben aus Backstein und kletterte den gegenüberliegenden Hang zu einem mit fünf Querbalken versehenen Tor in der Dornenhecke empor. Das Tor führte auf den Heckenweg.
Der Mai-Sonnenuntergang war wolkig-rot, und es war immer noch eine halbe Stunde bis zur Abenddämmerung. Der trockene Abhang war mit Kaninchen übersät – einige knabberten an dem spärlichen Gras nahe ihrem Loch, andere drängten weiter nach unten, um nach Löwenzahn oder vielleicht einer Schlüsselblume zu suchen, die die anderen übersehen hatten. Hier und da saß eines aufrecht auf einem Ameisenhaufen und sah sich um, die Ohren aufgerichtet und die Nase im Wind. Aber eine Amsel, die gelassen im Randgebiet des Gehölzes sang, bewies, dass es nichts Beun-

ruhigendes gab, und in der anderen Richtung, am Bach, war alles gut zu übersehen, leer und ruhig. Im Gehege herrschte Frieden.

An der Böschung oben, nahe dem wilden Kirschbaum, wo die Amsel sang, befand sich eine kleine Ansammlung von Löchern, durch Brombeersträucher fast verdeckt. In dem grünen Halblicht am Eingang eines dieser Löcher saßen zwei Kaninchen Seite an Seite. Schließlich kam das größere von beiden heraus, schlüpfte im Schutz des Dornengestrüpps an der Böschung entlang und weiter in den Graben und hinauf in das Feld. Ein paar Augenblicke später folgte das andere. Das erste Kaninchen verharrte auf einem sonnigen Fleck und kratzte sein Ohr mit schnellen Bewegungen seines Hinterbeins. Obgleich es ein Jährling und immer noch unter seinem vollen Gewicht war, hatte es nicht den gequälten Ausdruck der meisten »Outskirters« – das heißt, der großen Masse der gewöhnlichen Kaninchen im ersten Jahr, denen es entweder an adliger Herkunft oder an ungewöhnlicher Größe und Kraft mangelt und die deshalb von den Älteren schikaniert werden und so gut zu leben versuchen, wie sie eben können – oft im Freien, am Rande ihres Geheges. Es machte vielmehr den Eindruck, als ob es auch für sich selbst sorgen könnte. Es war etwas Schlaues, Heiteres an ihm, als es sich aufsetzte, um sich blickte und beide Vorderpfoten über die Nase rieb. Sobald es sich vergewissert hatte, dass alles in Ordnung war, legte es seine Ohren zurück und machte sich über das Gras her.

Seinem Gefährten war es weniger behaglich. Er war klein, mit großen starrenden Augen und einer Art, den Kopf zu heben und zu drehen, die nicht so sehr Vorsicht erkennen ließ als endlose nervöse Spannung. Seine Nase bewegte sich dauernd, und als eine Hummel summend zu einer Distelblüte hinter ihm flog, sprang er auf und fuhr mit einem Ruck herum, der zwei Kaninchen in der Nähe nach Löchern hasten ließ, ehe das nächste, ein Bock mit schwarzgetupften Ohren, ihn erkannte und zu seinem Futter zurückkehrte.

»Oh, es ist nur Fiver«, sagte das schwarzgetupfte Kaninchen, »springt wieder nach Brummern. Los, Buckthorn, was sagtest du gerade?«

»Fiver?«, fragte das andere Kaninchen. »Warum wird er so genannt?«

»Fünf im Wurf, weißt du: Er war der Letzte – und der Kleinste. Man muss sich wundern, dass ihm bis jetzt nichts passiert ist. Ich sage immer, ein Mensch könnte ihn nicht sehen und ein Fuchs würde ihn nicht wollen. Trotzdem gebe ich zu, dass er imstande zu sein scheint, Gefahren aus dem Weg zu gehen.*«

Das kleine Kaninchen näherte sich seinem Gefährten, auf langen Hinterbeinen hoppelnd.

»Gehen wir ein bisschen weiter, Hazel«, sagte es. »Weißt du, es ist etwas Sonderbares an dem Gehege heute Abend, wenn ich auch nicht genau sagen kann, was es ist. Wollen wir zum Bach hinuntergehen?«

»Gut«, antwortete Hazel, »und du kannst eine Schlüsselblume für mich suchen. Wenn du keine findest, schafft es niemand.«

Er lief voran, den Abhang hinunter, sein Schatten fiel lang hinter ihm auf das Gras. Sie erreichten den Bach und begannen zu knabbern und dicht neben den Wagenspuren auf dem Pfad zu suchen.

Es dauerte nicht lange, bis Fiver fand, was sie suchten. Schlüsselblumen sind eine Delikatesse für Kaninchen, und in der Regel sind gegen Ende Mai in der Nachbarschaft selbst eines

---

* Kaninchen können bis vier zählen. Jede Zahl über vier ist *Hrair* – »eine Menge« oder »ein Tausend«. So sagen sie *U Hrair* – »das Tausend« – und meinen insgesamt alle Feinde (oder *elil*, wie sie sie nennen) von Kaninchen – Füchse, Wiesel, Katzen, Eulen, Menschen etc. Wahrscheinlich waren es mehr als fünf Kaninchen in dem Wurf, als Fiver geboren wurde, aber sein Name *Hrairoo* bedeutet »Kleines Tausend«, das heißt, der Kleine einer Menge oder, wie man hei Schweinen sagt, »die Zwergrasse«.

kleinen Geheges nur sehr wenige übrig. Dieses hatte nicht geblüht, und seine flach ausgebreiteten Blätter waren unter dem langen Gras fast gänzlich verborgen. Sie fingen gerade an zu knabbern, als zwei große Kaninchen von der anderen Seite der nahen Viehweide angerannt kamen.

»Schlüsselblumen?«, sagte der eine. »Sehr schön – überlasst sie uns. Los, beeilt euch«, fügte er hinzu, als Fiver zögerte. »Hast du mich verstanden, oder?«

»Fiver hat sie gefunden, Toadflax«, sagte Hazel.

»Und wir werden sie fressen«, erwiderte Toadflax. »Schlüsselblumen sind für Owsla* da – weißt du das nicht? Wenn du's noch nicht weißt, können wir's dir leicht beibringen.«

Fiver hatte sich schon abgewandt. Hazel holte ihn am Abzugsgraben ein.

»Ich habe das langsam satt«, sagte er. »Es ist immer dasselbe. ›Das sind meine Klauen, also ist dies meine Schlüsselblume.‹; ›Das sind meine Zähne, also ist dies mein Bau.‹ Ich sage dir, wenn ich je in die Owsla hineinkomme, werde ich Outskirter mit einigem Anstand behandeln.«

»Nun, du kannst wenigstens damit rechnen, eines Tages in der Owsla zu sein«, antwortete Fiver. »Du setzt noch Gewicht an, und das ist mehr, als ich je haben werde.«

»Du nimmst doch nicht an, dass ich dich im Stich lassen werde, oder?«, sagte Hazel. »Aber um dir die Wahrheit zu sagen, ich habe manchmal große Lust, mich aus diesen Bau vollständig zu verziehen. Na ja, lassen wir das jetzt. und versuchen

---

* Beinahe alle Gehege haben eine *Owsla* oder Gruppe starker und kluger Kaninchen – im zweiten Jahr oder älter –, die das Oberkaninchen und sein Weibchen umgeben und Autorität ausüben. Owslas können verschieden sein. In einem Gehege ist es vielleicht eine Bande von Kriegsherren; in einem anderen kann es sich zum großen Teil um kluge Polizeistreifen oder um einen Gartenstoßtrupp handeln. Manchmal erlangt ein guter Geschichtenerzähler einen Rang oder ein Seher oder ein Kaninchen mit Intuition. Im Sandleford Gehege hatte die Owsla diesmal militärischen Charakter (obgleich sie, wie später zu sehen sein wird, nicht so militärisch war wie einige andere).

wir, den Abend zu genießen. Weißt du was – sollen wir über den Bach hinübergehen? Es werden weniger Kaninchen da sein, und wir können etwas Ruhe haben. Es sei denn, du fühlst, es ist nicht sicher«, fügte er hinzu.

Die Art, wie er fragte, deutete an, dass er tatsächlich meinte, Fiver wüsste es besser als er selbst, und aus Fivers Erwiderung ging klar hervor, dass er derselben Ansicht war.

»Nein, es ist ziemlich sicher«, antwortete er. »Wenn ich das Gefühl habe, dass dort etwas Gefährliches ist, werde ich es dir sagen. Aber es ist nicht eigentlich Gefahr, die ich an dem Ort zu spüren glaube. Es ist, oh, ich weiß nicht – etwas Niederdrückendes, wie Donner: Ich kann nicht sagen, was, doch es macht mir Sorgen. Aber ich komme mit dir.«

Sie rannten über den Abzugsgraben. Das Gras neben dem Bach war nass und dicht; sie liefen den gegenüberliegenden Abhang hinauf und schauten sich nach trockenerem Grund um. Ein Teil des Abhanges lag im Schatten, denn die Sonne ging vor ihnen unter, und Hazel, der einen warmen, sonnigen Fleck suchte, ging weiter, bis sie dicht am Heckenweg waren. Als sie sich dem Tor näherten, blieb er stehen, starrte.

»Fiver, was ist das? Schau!«

Ein kleines Stück vor ihnen war der Boden frisch aufgewühlt worden. Zwei Haufen Erde lagen auf dem Gras. Schwere Pfosten, die nach Kreosot und Farbe rochen, ragten so hoch wie die Stechpalmenzweige in der Hecke empor, und das Brett, das sie trugen, warf einen langen Schatten über den oberen Teil des Feldes. Neben einem der Pfosten waren ein Hammer und ein paar Nägel zurückgelassen worden.

Die beiden Karnickel hopsten zum Brett hin, kauerten sich in einen Fleck Nesseln an der anderen Seite und rümpften die Nase über den Geruch eines Zigarettenstummels irgendwo im Gras. Plötzlich zitterte Fiver und duckte sich.

»O Hazel! Da kommt es her! Jetzt weiß ich's – etwas Schreckliches! Etwas Entsetzliches – das immer näher kommt.«

Er begann vor Furcht zu wimmern.

»Was denn – was meinst du eigentlich? Ich dachte, du sagtest, es gäbe keine Gefahr.«

»Ich weiß nicht, was es ist«, antwortete Fiver unglücklich. »Im Augenblick gibt es hier keine Gefahr, aber sie kommt – sie kommt. O Hazel, schau! Das Feld! Es ist bedeckt mit Blut!«

»Sei nicht blöd, es ist nur das Licht des Sonnenuntergangs. Fiver, komm schon, rede nicht so, du erschreckst mich!«

Fiver saß zitternd und weinend zwischen den Nesseln, als Hazel versuchte, ihn zu beruhigen und herauszufinden, was es sein konnte, das ihn so plötzlich außer sich geraten ließ. Wenn er sich fürchtete, warum rannte er dann nicht in Sicherheit wie jedes vernünftige Kaninchen? Aber Fiver konnte es nicht erklären und wurde nur immer unglücklicher. Schließlich sagte Hazel:

»Fiver, du kannst hier nicht sitzen und heulen. Auf jeden Fall wird es langsam dunkel. Wir gehen jetzt lieber zum Bau zurück.«

»Zum Bau zurück?«, wimmerte Fiver. »Es wird auch dahin kommen – glaube ja nicht, dass es nicht kommt! Ich sage dir, das Feld ist voll von Blut –«

»Jetzt hör auf«, sagte Hazel bestimmt. »Lass mich mal ein Weilchen auf dich aufpassen. Was auch immer droht, wir müssen zurückkehren.«

Er rannte das Feld hinunter und über den Bach zur Viehweide. Hier gab es einen kleinen Aufenthalt, denn Fiver – überall von dem ruhigen Sommerabend umgeben – wurde hilflos und fast gelähmt vor Furcht. Als Hazel ihn schließlich bis zum Graben zurück hatte, weigerte er sich zuerst, unter die Erde zu schlüpfen, und Hazel musste ihn buchstäblich in das Loch hinunterstoßen.

Die Sonne ging hinter dem gegenüberliegenden Abhang unter. Der Wind, vermischt mit einem gelegentlichen Regenschauer, wurde kälter, und in kaum einer Stunde war es dun-

kel. Alle Farbe war vom Himmel gewichen, und obgleich das
große Brett am Tor leicht im Nachtwind knarrte (als ob es
nachdrücklich betonen wollte, dass es nicht im Dunkel verschwunden, sondern dort war, wo man es hingestellt hatte),
war da niemand, der vorbeiging, um die großen, kräftigen
Buchstaben zu lesen, die wie schwarze Messer in seine weiße
Oberfläche schnitten. Sie besagten:
    AUF DIESEM IDEAL GELEGENEN SECHS
    ACKER UMFASSENDEN BAULAND ERRICHTEN
    SUTCH & MARTIN, LIMITED, NEWBURY, BERKS.
    ERSTKLASSIGE MODERNE WOHNUNGEN.

Richard Adams

Das Oberkaninchen

> Der finstere Staatsmann, von Lasten und Leid beladen,
> bewegte sich so langsam wie ein dichter Mitternachtsnebel.
> Er verweilte nicht, noch ging er.
>
> Henry Vaughan
The World

In der Dunkelheit und Wärme des Baus wachte Hazel plötzlich auf, strampelte und kickte mit seinen Hinterläufen. Irgendetwas griff ihn an. Da war kein Geruch von Frettchen oder Wiesel. Kein Instinkt befahl ihm zu rennen. Sein Kopf wurde klar, und er merkte, dass er – Fiver ausgenommen – allein war. Es war Fiver, der über ihn hinwegkletterte, sich in ihn krallte und ihn packte wie ein Kaninchen, das in Panik einen Drahtzaun hochklettert.
»Fiver? Fiver, wach auf, du dummer Kerl! Ich bin's, Hazel. Du wirst mir noch weh tun. Wach auf!«
Er hielt ihn nieder. Fiver zappelte und wachte auf.
»O Hazel! Ich habe geträumt. Es war schrecklich. Du warst da. Wir saßen auf Wasser, schossen einen großen tiefen Bach hinunter, und dann merkte ich, dass wir auf einem Brett waren – wie das Brett im Feld –, ganz weiß und bedeckt mit schwarzen Zeilen. Es waren noch andere Kaninchen da – Rammler und Weibchen. Aber als ich hinabblickte, sah ich, dass das Brett ganz aus Knochen und Draht gemacht war; und ich schrie, und du sagtest: ›Schwimmt – schwimmt alle‹; und dann sah ich überall nach dir und versuchte, dich aus einem Loch in der Böschung herauszuziehen. Ich fand dich, aber du sagtest: ›Das Oberkaninchen muss allein gehen‹, und du triebst fort, einen dunklen Wassertunnel hinunter.«
»Nun, auf jeden Fall hast du meinen Rippen weh getan.

Wassertunnel, dass ich nicht lache! Was für ein Unsinn! Können wir jetzt weiterschlafen?«

»Hazel – die Gefahr, das Schlimme. Es ist nicht weg. Es ist hier – um uns herum. Sag mir nicht, wir sollten es vergessen und schlafen gehen. Wir müssen fort, ehe es zu spät ist.«

»Fort? Von hier, meinst du? Aus dem Bau?«

»Ja. Und zwar bald. Es spielt keine Rolle, wohin.«

»Nur du und ich?«

»Nein, alle.«

»Das ganze Gehege? Sei nicht töricht. Die werden nicht mitkommen. Sie werden sagen, du seist nicht bei Trost.«

»Dann werden sie hier sein, wenn das Schlimme hereinbricht. Du musst mich anhören, Hazel. Glaube mir, etwas sehr Schlimmes steht uns dicht bevor, und wir sollten weggehen.«

»Nun, es wird wohl besser sein, das Oberkaninchen aufzusuchen, dann kannst du *ihm* von der Sache erzählen. Oder ich werde es versuchen. Aber ich glaube nicht, dass er von der Idee sehr angetan sein wird.«

Hazel ging voraus, den Lauf hinunter und wieder hoch auf das Brombeerdickicht zu. Einerseits wollte er Fiver nicht glauben, fürchtete sich aber andererseits davor, es nicht zu tun. Es war kurz nach *ni-Frith* oder Mittag. Das ganze Kaninchengehege befand sich, meist schlafend, im Bau. Hazel und Fiver liefen eine kurze Strecke über der Erde und dann in ein weites, offenes Loch in einem Sandfleck und weiter hinunter, durch verschiedene Läufe, bis sie zehn Meter tief im Gehölz waren, zwischen den Wurzeln einer Eiche. Hier wurden sie von einem großen schweren Kaninchen angehalten – einem der Owsla. Es hatte eine merkwürdige dichte Pelzwucherung auf dem Kopf, was ihm ein seltsames Aussehen gab, als trüge es eine Art Mütze. Dies hatte ihm seinen Namen gegeben, *Thlayli*, was wörtlich »Pelzkopf« oder Bigwig bedeutete.

»Hazel?«, sagte Bigwig, im Zwielicht unter den Baumwurzeln an ihm schnüffelnd. »Es ist doch Hazel, nicht wahr? Was tust du hier – um diese Tageszeit?« Er übersah Fiver, der weiter unten am Lauf wartete.

»Wir wollen das Oberkaninchen sprechen«, sagte Hazel. »Es ist wichtig, Bigwig. Kannst du uns helfen?«

»Wir?«, sagte Bigwig. »Will er ihn auch sehen?«

»Ja, er muss. Bitte, vertrau mir, Bigwig, ich pflege sonst nicht herzukommen und so mit dir zu reden, nicht wahr? Wann habe ich je darum gebeten, das Oberkaninchen zu sehen?«

»Nun, ich werde es für dich tun, Hazel, obgleich man mir wahrscheinlich den Kopf abreißen wird. Ich werde ihm sagen, ich wüsste, dass du ein vernünftiger Bursche seist. Das müsste er eigentlich selbst wissen, aber er wird alt. Warte hier, bitte.«

Bigwig ging etwas tiefer in den Lauf hinein und hielt vor dem Eingang zu einem großen Bau inne. Nachdem er ein paar Worte gesagt hatte, die Hazel nicht verstehen konnte, wurde er offensichtlich hineingerufen. Die beiden Kaninchen warteten in einem Schweigen, das nur von dem nervösen Zappeln Fivers unterbrochen wurde.

Der Name und Titel des Oberkaninchens lautete *Threarah*, was »Lord Eberesche« bedeutete. Aus irgendeinem Grund wurde er immer als »*Der* Threarah« bezeichnet – vielleicht, weil es zufällig nur eine Threar oder Eberesche, von der er seinen Namen ableitete, nahe dem Gehege gab. Er hatte seine Stellung nicht nur aufgrund seiner Stärke in der Blüte seiner Jahre erworben, sondern auch durch Nüchternheit und eine gewisse unabhängige Unvoreingenommenheit, die ganz anders als das impulsive Verhalten der meisten Kaninchen war. Es war überall bekannt, dass er sich nie über Gerüchte oder über eine Gefahr aufregte. Er war kühl – einige sagten sogar kalt – standhaft geblieben während des schrecklichen Ansturms des Myxödems – einer schwammigen Hautanschwellung –, den er rücksichtslos bekämpft hatte, indem er jedes Kaninchen, das davon befallen schien, vertrieben hatte.

Er hatte jedem Gedanken an Massenemigration widerstanden und vollständige Isolation im Gehege erzwungen und es dadurch beinahe sicher vor der Vernichtung bewahrt. Er war es auch, der sich einmal mit einem besonders ärgerlichen Wiesel befasst hatte, indem er es unter die Fasanenpferche und so (unter Lebensgefahr) vor das Gewehr eines Aufsehers lockte. Er wurde jetzt, wie Bigwig sagte, langsam alt, aber sein Geist war immer noch klar. Als Hazel und Fiver hereingebracht wurden, grüßte er sie höflich. Ein Owsla wie Toadflax mochte drohen und einschüchtern. Der Threarah hatte das nicht nötig.
»Ah, Walnut. Es ist Walnut, nicht wahr?«
»Hazel«, sagte Hazel.
»Hazel, natürlich. Wie nett von dir, mich zu besuchen. Ich kannte deine Mutter gut. Und dein Freund –«
»Mein Bruder.«
»Dem Bruder«, sagte der Threarah, mit der leisen Andeutung von »korrigiere mich bitte nicht mehr!« in der Stimme.
»Macht's euch bequem. Etwas Salat?«
Der Salat des Oberkaninchens war von der Owsla aus einem Garten eine halbe Meile querfeldein entfernt gestohlen worden. Outskirter sahen selten oder nie Salat. Hazel nahm ein kleines Blatt und knabberte höflich. Fiver lehnte ab und saß da, erbärmlich zwinkernd und zuckend.
»Nun, wie sieht es bei dir aus?«, sagte das Oberkaninchen. »Bitte, sag mir, wie ich dir helfen kann.«
»Also, Sir«, sagte Hazel recht zögernd, »es ist wegen meines Bruders – Fiver – hier. Er kann oft voraussagen, wenn etwas Schlimmes bevorsteht, und er hat immer wieder recht behalten. Er wusste letzten Herbst, dass die Flut kommen würde, und manchmal kann er sagen, wo eine Schlinge gelegt wurde. Und jetzt sagt er, er kann eine schlimme Gefahr fühlen, die dem Gehege droht.«
»Eine schlimme Gefahr? Ja, ach so. Wie bestürzend, sagte das

Oberkaninchen und sah gar nicht bestürzt aus. »Und welche Art Gefahr, wenn ich fragen darf?« Er sah Fiver an.
»Ich weiß es nicht«, sagte Fiver. »A-aber es ist schlimm. Es ist so sch-schlimm, dass – es sehr schlimm ist«, schloss er traurig.
Der Threarah wartete höflich ein paar Minuten und sagte dann: »Soso, und was sollten wir nun tun?«
»Fortgehen«, platzte Fiver heraus. »Fortgehen. Alle von uns. Jetzt. Threarah, Sir, wir müssen alle fortgehen.«
Der Threarah wartete wieder. Dann sagte er mit außerordentlich verständnisvoller Stimme: »Also, das habe ich noch nie gehört. Das ist ein bisschen viel verlangt, nicht wahr? Was hältst du selbst davon?«
»Nun, Sir«, sagte Hazel. »Mein Bruder denkt nicht eigentlich über diese Gefühle nach, die ihn überfallen. Er hat eben diese Gefühle, wenn Sie wissen, was ich meine. Sicherlich sind Sie der Richtige, zu entscheiden, was wir tun sollten.«
»Nun, es ist sehr nett von dir, das zu sagen. Ich hoffe, dass ich es bin. Aber jetzt, meine lieben Jungen, wollen wir einen Augenblick nachdenken. Es ist Mai, nicht wahr? Jedermann hat zu tun, und die meisten Kaninchen lassen sich's schmecken. Keine Gefahr auf Meilen hinaus, so sagt man mir jedenfalls. Keine Krankheit, gutes Wetter. Und du willst, dass ich dem Gehege sage, dass der junge – äh – dein Bruder eine Vorahnung hat und wir alle über Land Gott weiß wohin latschen und die Folgen riskieren müssen, he? Was, glaubst du, werden die sagen? Werden die alle entzückt sein, he?«
»Wenn Sie es sagen, werden sie es akzeptieren«, meinte Fiver plötzlich.
»Das ist sehr nett von dir«, sagte der Threarah noch einmal. »Nun, vielleicht würden sie's. Aber ich müsste es mir sehr sorgfältig überlegen. Ein sehr ernster Schritt, natürlich. Und dann –«
»Aber es bleibt keine Zeit, Threarah, Sir«, platzte Fiver heraus. »Ich kann die Gefahr wie eine Drahtschlinge um meinen

Hals fühlen – wie eine Schlinge – Hazel, Hilfe!« Er winselte und rollte im Sand herum, kickte heftig wie ein Kaninchen in einer Falle. Hazel hielt ihn mit beiden Vorderpfoten fest, und er wurde ruhiger.

»Es tut mir furchtbar leid, Oberkaninchen«, sagte Hazel. »Das passiert zuweilen. Er wird in einer Minute wieder in Ordnung sein.«

»Was für ein Jammer! Was für ein Jammer! Armer Junge, vielleicht sollte er nach Hause gehen und sich ausruhen. Ja, du nimmst ihn besser mit. Nun, es war außerordentlich nett von euch, mich aufzusuchen, Walnut. Ich bin wirklich sehr dankbar. Und ich werde alles, was ihr mir gesagt habt, sehr sorgfältig überlegen, dessen könnt ihr sicher sein. Bigwig, warte einen Augenblick, bitte!«

Als Hazel und Fiver sich niedergeschlagen auf den Rückweg durch den Lauf außerhalb von Threarahs Bau machten, konnten sie gerade noch die Stimme des Oberkaninchens unterscheiden, die einen schärferen Ton annahm, und dazwischen ein gelegentliches »Ja, Sir«, »Nein, Sir«.

Bigwig bekam, wie er vorausgesagt hatte, den Kopf abgerissen.

Richard Buckley

Die Riesenschlange Sansibar

Es lebte einst, vor Tag und Jahr,
die Riesenschlange Sansibar.
Sie schlängelte und krümmte sich,
geplagt vom Hunger fürchterlich.
Mit offnem Maul kroch sie daher
und fraß, kam ihr was in die Quer –
schwupp! schwapp! schluck! schnauf! –
mit Haut und Haaren alles auf.
Zuerst fraß sie ein Mäuschen fein,
dann schlang sie einen Frosch hinein;
Fisch, Vogel, Fledermaus
waren der nächste Schlangenschmaus,
ein Leopard kam hinterher
und noch ein Büffel, zentnerschwer.
Und – nicht genug – machte sie dann
sich an den Elefanten ran.
Der schrie: »Geh weg, was machst du bloß?!
Ich bin für dich doch viel zu groß.«
»Das lass nur meine Sorge sein«,
sprach Sansibar und schlang ihn rein.

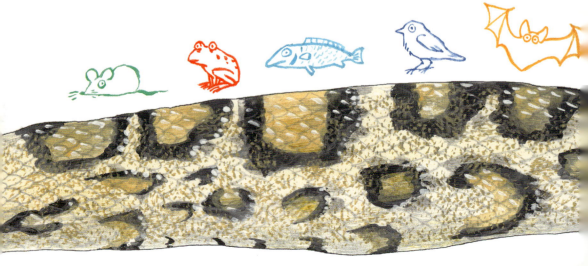

Nun war sie dick und gründlich satt,
lag in der Sonne träg und matt.
Doch innen drin, im Schlangenbauch,
gabs ein Geschubse und Gekrauch,
die Tiere wollten an die Luft.
Und als es in ihr knufft und bufft,
hat sie vor Übelkeit – nun guckt! –
im hohen Bogen ausgespuckt,
was sie soeben erst verschluckt.
Vom Elefanten bis zur Maus
kamen die Tiere wieder raus.
Der Sansibar gings besser nun,
nur ließ ihr Hunger sie nicht ruhn.
Und dieser Hunger war sogar
viel größer, als er vorher war.
Da sah sie vor sich, blind vor Gier,
den eignen Schwanz. – »Ein leckres Tier!«,
denkt Sansibar, und – happ! o Schreck!
drei Schlucke nur – schon war sie weg.
Und mit ihr schwand, das ist doch klar,
ihr Hunger, der so grausam war.

Josef Guggenmos

Versehen

Die Schlange kroch,
da sah sie was,
das kroch vor ihr davon im Gras.
Dem schlich sie nach,
sie schnappt' es, schlang
und schlang und schlang,
das Ding war lang.

Dann
wurde ihr urplötzlich klar,
dass das, was sie voll Gier verschlang,
ihr eignes Hinterende war.

Man frisst sich doch nicht selber!
Drum
ließ sie ihr Schwanzstück wieder frei
und sprach zu ihm: »Entschuldigung!«

Roald Dahl

Der fantastische Mr. Fox

Auf einem Berg, hoch über dem Tal, war ein Wald.
In dem Wald wuchs ein riesiger Baum.
Unter dem Baum lag der Eingang zu einer Höhle. In der Höhle lebten Mr. Fox und seine Frau mit ihren vier kleinen Füchsen.
Jeden Abend, wenn es dunkel wurde, fragte Mr. Fox seine Frau: »Nun, meine Liebste, was soll es heute geben? Ein feistes Hühnchen von Grimm? Eine zarte Ente oder eine schmackhafte Gans von Gräulich? Oder vielleicht einen leckeren Puter von Grob?« Und wenn Mr. Fox wusste, was seine Frau zu speisen wünschte, dann schlich er ganz vorsichtig durch die dunkle Nacht ins Tal und holte sich, was er wollte. Grimm und Gräulich und Grob, die nur zu genau wussten, was da vor sich ging, gerieten ganz außer sich vor Wut. Etwas zu verschenken, das liebten sie gar nicht. Und noch weit weniger liebten sie es, wenn jemand ihnen etwas stahl. So schulterte jeder von ihnen, wenn es Nacht wurde, seine Schrotflinte und versteckte sich in einem dunklen Winkel

irgendwo auf seinem Hof. Und jeder von ihnen hoffte, den Dieb endlich zur Strecke zu bringen.

Aber Mr. Fox war schlauer als die drei zusammen. Nie schlich er sich auf einen der Höfe, wenn ihm der Wind nicht direkt in die Nase wehte.

Und wenn ein Mensch dort vorn in der Dunkelheit auf ihn lauerte, trug ihm der Wind seinen Geruch schon von weitem zu. Hatte sich Bauer Grimm zum Beispiel hinter seinem Hühnerhaus Nummer 1 versteckt, dann witterte Mr. Fox ihn schon aus fünfzig Meter Entfernung und wechselte, schlau, wie er war, schnell die Richtung und schnürte zum Hühnerhaus Nummer 4 ganz am anderen Ende des Hofes.

»Donner und Doria, dies verfluchte Biest!«, schrie Grimm.

»Ich würde ihn am liebsten in der Luft zerreißen!«, heulte Gräulich.

»Wir müssen ihm endlich das Handwerk legen!«, brüllte Grob.

»Ja, aber wie?«, fragte Grimm. »Wie, zum Donnerwetter, können wir diesen gerissenen Kerl erwischen?«

Sachte bohrte sich Bauer Grob mit seinem langen Finger in der Nase.

»Ich habe eine Idee«, sagte er.

»Bisher haben uns deine Ideen nicht sehr viel weitergebracht«, knurrte Gräulich.

»Du solltest lieber deinen Mund halten und zuhören«, erwiderte Grob. »Morgen, sobald es dunkel wird, verstecken wir uns alle dicht vor dem Eingang der Fuchshöhle. Dort warten wir, bis er herauskommt. Und dann … *Peng! Peng-peng-peng!*«

»Nicht so dumm«, sagte Gräulich. »Aber erst einmal müssen wir die Höhle finden.«

»Die habe ich schon gefunden«, sagte Grob. »Sie liegt im Wald, auf dem Berg, unter einem riesigen Baum!«

Roald Dahl

Schüsse fallen

»Nun, meine Liebste«, sagte Mr. Fox, »was wollen wir heute Abend speisen?«

»Ach, ich dachte, zum Abendbrot essen wir Ente«, antwortete seine Frau. »Eine für dich und mich und eine für die Kinder.«

»Enten sollst du haben«, versprach Mr. Fox. »An Gräulichs allerbesten wollen wir uns laben!«

»Sei bitte vorsichtig!«, flehte Mrs. Fox.

»Mein Schatz«, erwiderte Mr. Fox, »diese drei komischen Käuze rieche ich kilometerweit. An den verschiedenen Gerüchen, die von ihnen ausgehen, kann ich sie sogar voneinander unterscheiden. Grimm riecht ganz widerlich nach verfaulter Hühnerpelle. Gräulich stinkt nach Gänseleber. Und um Grob schwebt der Gestank von Apfelwein wie eine giftige Gaswolke.«

»Ja, aber werde bloß nicht leichtsinnig«, bat Mrs. Fox.

»Du weißt, sie lauern da draußen auf dich, alle drei.«

»Mach dir um mich keine Sorgen«, erwiderte Mr. Fox. »Ich bin bald zurück.«

Mr. Fox wäre wohl nicht so siegessicher gewesen, hätte er in diesem Moment genau gewusst, wo die drei Bauern auf ihn lauerten.

Gegenüber dem Höhleneingang, nur einen Steinwurf entfernt, lagen sie hinter drei Bäumen im Hinterhalt, die geladenen Schrotflinten im Anschlag. Und noch viel gemeiner: Sie hatten sich ihr Versteck so ausgesucht, dass der Wind ihren widerwärtigen Geruch *nicht* zum Höhleneingang trug. Es war unmöglich, sie zu wittern oder »den Braten zu riechen«, wie man so sagt.

Mr. Fox schlich durch den schwarzen Tunnel zum Eingang seiner Höhle empor. Vorsichtig streckte er seine lange, prächtige Nase für einen winzigen Augenblick in den Wind. Er

kroch ein kleines Stück weiter und verharrte regungslos. Wieder hielt er die Nase prüfend in den Wind. Wenn er die Höhle verließ, war er immer ganz besonders vorsichtig.
Noch ein kleines Stückchen weiter kroch er vorwärts. Mit Kopf und Vorderpfoten befand er sich nun im Freien.
Seine schwarze Nase zuckte und bebte, und er schnüffelt bald nach rechts und bald nach links. Nein, da draußen roch es nicht nach Gefahr. Gerade als er zwischen den Bäumen hindurch in den Wald schnüren wollte, hörte er ein winziges Geräusch. Oder glaubte er nur, dass er es hörte? Es war ein leises Rascheln, so als hätte jemand ganz vorsichtig den Fuß im trockenen Laub bewegt.
Mr. Fox schmiegte sich dicht an den Boden, und nur seine gespitzten Ohren ragten empor. Lange lauschte er so in die Nacht, ohne etwas Verdächtiges zu hören.
»Es wird wohl nur eine kleine Feldmaus gewesen sein«, beruhigte er sich selbst. »Oder irgendein anderes kleines Tier.«
Ein kleines Stückchen weiter kroch er aus dem Höhleneingang hervor ... und noch ein kleines Stückchen. Er war schon fast ganz im Freien, als er zum letzten Mal prüfend in alle Richtungen spähte. Der Wald war sehr finster und sehr still. Am Himmel war irgendwo der Mond.
Doch plötzlich entdeckten seine scharfen Nachtaugen nicht weit entfernt einen verdächtigen blauen Schimmer hinter einem Baum. Ein dünner Strahl silbrigen Mondlichts spiegelte sich in einer blanken Oberfläche. Mr. Fox stand wie angewurzelt da und starrte auf das schimmernde blanke Etwas vor ihm in der Dunkelheit. Was in aller Welt konnte es sein? Jetzt bewegte es sich langsam und kam höher, immer höher ...
Himmel und Hölle! Da schimmerte ja der Lauf einer Schrotflinte!
Schneller als der Blitz sprang Mr. Fox mit einem riesigen Satz in seine Höhle zurück, und im selben Augenblick war es, als würde der Wald rings um ihn herum explodieren. *Peng-peng! Peng-peng! Peng-peng!*

Der Rauch aus drei Schrotflinten schwebte in der Nachtluft empor. Grimm, Gräulich und Grob kamen aus ihrem Versteck hinter den Bäumen hervor und näherten sich dem Eingang der Höhle.
»Haben wir ihn endlich zur Strecke gebracht?«, fragte Grob. Einer der drei leuchtete mit einer Taschenlampe auf den Höhleneingang. Und da, mitten im Lichtkegel, lagen, halb im Eingang und halb davor, die verstümmelten traurigen Überreste eines blutbefleckten … Fuchsschwanzes. Grob hob ihn auf.
»Den Schwanz haben wir zur Strecke gebracht, aber der Fuchs ist uns entwischt«, murrte er und warf ihn beiseite.
»Donner und Doria!«, brüllte Grimm. »Wir haben zu lange gewartet. Wir hätten sofort schießen müssen, als dieser verfluchte Fuchs seinen Kopf aus der Höhle gestreckt hat!«
»Der wird sich hüten, ihn so bald wieder rauszustrecken«, sagte Gräulich.
Grob zog eine Feldflasche aus der Tasche, trank einen tüchtigen Schluck von seinem Apfelwein und sagte: »Drei Tage dauert es allemal, bis ihm der Magen so knurrt, dass er wieder herauskommt. Ich habe aber keine Lust, hier tagelang Maulaffen feilzuhalten. Warum graben wir das Biest nicht einfach aus!?«
»Oho«, tönte Grimm. »Fällt dir endlich auch einmal etwas ein. Wir könnten ihn in ein paar Stunden ausgraben. Wir wissen ja, wo er ist!«
»Ich nehme an, da unten haust eine ganze Horde von Füchsen«, sagte Gräulich.
»Dann erledigen wir sie alle auf einen Streich – umso besser«, frohlockte Grob. »Lasst uns die Schaufeln holen!«

Roald Dahl

Die schrecklichen Schaufeln

Unten in der Höhle leckte Mrs. Fox liebevoll den Schwanzstummel von Mr. Fox, um das Blut zu stillen. »Es war der schönste und prächtigste Schwanz weit und breit«, sagte sie wehmütig.
»Jetzt tut er weh«, stöhnte Mr. Fox.
»Ja, ich weiß, Liebster. Aber bald wird er dir nicht mehr weh tun!«
»Und er ist doch auch bald wieder nachgewachsen, Papa«, sagte einer der kleinen Füchse.
»Der wächst nie wieder nach«, ächzte Mr. Fox. »Bis an mein Lebensende werde ich nun als schwanzloser Fuchs herumlaufen müssen.« Er sah sehr verdrießlich aus.
An diesem Abend blieben im Fuchsbau die Mägen leer. Da dauerte es nicht lange, bis die Fuchskinder und wenig später auch Mrs. Fox eindösten. Nur Mr. Fox tat kein Auge zu, denn der Schwanzstummel tat ihm sehr weh. »Nun gut«, dachte er, »es ist immerhin schon ein Glück, dass sie mich nicht in Stücke geschossen haben. Aber trotzdem müssen wir jetzt, wo sie uns auf der Spur sind, so schnell wir können von hier fort. Sie werden uns keinen Augenblick mehr in Ruhe lassen, wenn wir ... Was war denn *das*?«, Mit einem Ruck warf er den Kopf herum und lauschte. Was er da hörte, ließ selbst einem Fuchs das Blut in den Adern gefrieren, so fürchterlich klang das Knirschen, Kratzen und Klirren der Schaufeln, die sich über ihm in die Erde gruben.
»Aufwachen, wacht auf!«, rief er. »Die drei wollen uns ausgraben!«
Mrs. Fox war sofort hellwach. »Ist das wirklich wahr?«, flüsterte sie und zitterte dabei am ganzen Leibe.
»Ja, das sind die drei, die da graben! Hör doch!«

»Sie werden unsere Kinder töten!«, jammerte Mrs. Fox.
»Es wird alles gut werden«, tröstete Mr. Fox.
»Sie werden sie töten, Liebster«, schluchzte Mrs. Fox. »Das weißt du ganz genau!«
Knirsch-klirr-kratz gruben sich die Schaufeln über ihren Köpfen immer tiefer. Schon prasselten kleine Steine und Erdbrocken von der Höhlendecke auf sie herab.
»Ziehen sie uns jetzt das Fell über die Ohren, Mama?«, fragte eines der Fuchskinder. Seine runden schwarzen Augen waren ganz groß vor Angst. »Hetzen sie die Hunde auf uns?«
Mrs. Fox begann zu weinen. Sie drückte ihre vier Kinder schützend an sich.
Knirsch-klirr-kratz dröhnte es auf einmal besonders laut über ihren Köpfen, und plötzlich brach das scharfe, glänzende Ende einer Schaufel durch die Höhlendecke. Es war, als würde erst der Anblick dieses Schreckensungeheuers Mr. Fox aufrütteln.
Er sprang auf und rief: »Ich hab's, ich hab's! Kommt! Wir dürfen keine Sekunde mehr verlieren! Warum bin ich nicht schon eher daraufgekommen!«
»Auf was, Papa?«
»Ein Fuchs gräbt viel schneller als ein Mensch!«, rief Mr. Fox, der im gleichen Moment begonnen hatte, die Erde hinter sich aufzuwerfen. »Auf der ganzen Welt gibt es niemanden, der so schnell gräbt wie ein Fuchs!«
Wie eine Fontäne spritzte die Erde unter den Vorderpfoten von Mr. Fox empor, der um ihrer aller Leben grub. Mrs. Fox und die vier Kinder eilten ihm zu Hilfe.
»Grabt euch nach unten in die Erde!«, kommandierte Mr. Fox. »Wir müssen ganz tief hinunter! So tief, bis wir nicht mehr weiterkönnen!«
Länger und länger wurde der Tunnel, der steil in die Tiefe führte. Immer weiter und weiter ließen sie die Oberfläche der Erde hinter sich zurück. Schwanzspitze an Schwanzspitze

gruben und wühlten sie sich in den Erdboden hinein. So schnell bewegten sich ihre Vorderpfoten, dass man sie kaum noch sehen konnte. Und je tiefer sie kamen, umso leiser wurde das gefräßige Knirschen, Klirren und Kratzen der Schaufeln.

Wohl eine ganze Stunde lang hatten sie so gegraben, als Mr. Fox innehielt. »Haltet ein!«, rief er. Und alle ließen sie die Pfoten ruhen und schauten zusammen den langen Tunnel hinauf, den sie gerade eben gegraben hatten.

Kein Geräusch war zu hören. »Puh!«, stöhnte Mr. Fox. »Ich denke, wir haben es geschafft. So tief wie wir können die drei da oben niemals graben. Ihr seid alle fabelhaft!«

Sie saßen nebeneinander und japsten und hechelten nach Luft.

Mrs. Fox schaute auf ihre Kinder und sagte: »Eines dürft ihr nie vergessen: Hätten wir euren Vater nicht gehabt, dann wären wir jetzt alle tot. Euer Vater ist fantastisch!«

Mr. Fox sah seine Frau an und schmunzelte. Immer wenn sie so etwas sagte, liebte er sie ganz besonders.

Joachim Ringelnatz

Es bildete sich ein Gemisch

Es bildete sich ein Gemisch
Von Stachelschwein und Tintenfisch.
Die Wissenschaft, die teilt es ein
In Stachelfisch und Tintenschwein.
Der Fisch bewohnt den Ozean.
Gefährlich ist es, ihm zu nahn.
Das Tintenschwein trifft man in Büchern,
An Fingerspitzen, Taschentüchern.
Es ist – das liegt ja auf der Hand –
Dem Igelschwein noch sehr verwandt.

Rudyard Kipling

Wie das Elefantenkind seinen Rüssel bekam

Es gab einmal eine Zeit (aber das ist schon sehr lange her, mein Liebling), in der der Elefant noch keinen Rüssel hatte. Er hatte nur eine schwärzliche, knollige Nase, die war so groß wie ein Stiefel und ließ sich hin- und herschwenken, doch er konnte mit dem kurzen Ding nichts vom Erdboden aufheben. Nun lebte da einmal ein Elefant, ein ganz besonderer Elefant, ein Elefantenkind. Das platzte beinah vor unersättlicher Neugier, das heißt, es hatte immerfort Fragen zu stellen. Es lebte in Afrika, und Afrika war bis zum Zerspringen mit seinen unersättlichen neugierigen Fragen gefüllt. Das Elefantenkind fragte seinen langbeinigen Onkel, den Vogel Strauß, warum seine Schwanzfedern gerade so und nicht anders gewachsen seien, und sein langbeiniger Onkel Strauß zog ihm eins über mit seinen langen Beinen. Es fragte seine schlanke Tante, die Giraffe, warum sie so viele Flecke auf der Haut hätte, und seine schlanke Tante, die Giraffe, zog ihm eins über mit ihrem harten Huf. Aber trotzdem blieb seine Neugier unersättlich! Es fragte seinen fetten Onkel, das Nilpferd, warum seine Augen so rot wären, und sein fetter Onkel, das Nilpferd, zog ihm eins über mit seinem fetten Fuß; und es fragte seinen wolligen Onkel, den Pavian, warum die Melonen nicht anders schmeckten, und sein wolliger Onkel, der Pavian, zog ihm eins über mit seiner wolligen Pfote. Aber trotzdem und immer noch blieb seine Neugier unersättlich! Es stellte Fragen über alles, was es sah oder hörte, roch oder spürte oder anfasste, und alle seine Onkels und Tanten zogen ihm eins über. Aber trotzdem blieb nach wie vor seine Neugier unersättlich!
Eines schönen Morgens, als gerade Tagundnachtgleiche war, stellte dies neugierige Elefantenkind eine schöne neue Frage, die es noch niemals gestellt hatte. Es fragte: »Was isst das Kro-

kodil zu Mittag?« Da riefen alle laut und erschreckt: »Pst! pst!« und zogen ihm unverzüglich und augenblicklich eins über, und es dauerte ziemlich lange, bis sie alle mit dieser Beschäftigung fertig wurden.

Als alles vorüber war, ging das Elefantenkind zu dem Vogel Kolokolo, der mitten in einem Dornbusch saß, den er ›Zur guten Ruhe‹ getauft hatte. Das Elefantenkind sagte: »Mein Vater und meine Mutter, meine Tanten und meine Onkels, alle haben mir eins übergezogen, weil ich so unersättlich neugierig bin, aber trotzdem möchte ich wissen, was ein Krokodil zu Mittag isst!«

Da sagte der Vogel Kolokolo und krächzte betrübt: »Geh zum großen graugrün-schlammigen Fluss Limpopo, an dessen Ufern überall Fieberbäume stehen, und such dir die Antwort auf deine Frage selbst!«

Und am nächsten Morgen, als von der Tagundnachtgleiche nichts mehr übriggeblieben war, weil der Tag nämlich der Nacht schon nicht mehr gleich war – an diesem Morgen also packte sich das unersättliche Elefantenkind hundert Pfund Bananen auf (von der üblichen gelben Sorte) und hundert Pfund Zuckerrohr (von der langen purpurroten Sorte) und siebzehn Melonen (von der grünlich-wässrigen Sorte) und sagte zu all seinen lieben Verwandten: »Lebt wohl! Ich gehe jetzt zum großen graugrün-schlammigen Fluss Limpopo, an dessen Ufern überall Fieberbäume stehen, denn ich muss herausfinden, was das Krokodil zu Mittag isst!« Und sie zogen ihm alle noch eins über und wünschten ihm dabei »Glückliche Reise«, obwohl das Elefantenkind sie sehr höflich bat, lieber aufzuhören.

Darauf ging es von dannen, mit etwas brennender Haut, aber durchaus nicht verstimmt, aß seine Melonen und warf die Schalen beiseite, denn wie hätte es sie ohne Rüssel aufsammeln können?

Es marschierte von Südafrika nach Südostafrika, von Südostafrika nach Mittelafrika und von Mittelafrika immer weiter nordöstlich und aß die ganze Zeit über Melonen, bis es schließlich zum großen graugrün-schlammigen Fluss Limpopo kam, an dessen Ufern überall Fieberbäume wuchsen, genau wie der Vogel Kolokolo gesagt hatte.

Nun musst du wissen, mein Liebling, dass bis zu jener Woche, jenem Tag, jener Stunde und Minute das wissbegierige Elefantenkind noch niemals ein Krokodil gesehen hatte und auch nicht wusste, wie eines aussah. Aber seine Neugier war eben unersättlich.

Das Erste, was ihm zu Gesicht kam, war eine doppelt gescheckte klappernde Riesenschlange, die sich um einen Felsen geringelt hatte.

»Entschuldigung«, sagte das Elefantenkind sehr höflich, »hast du nicht etwas wie ein Krokodil in dieser fremden Gegend gesehen?«

»Ob ich ein Krokodil gesehen habe?«, sagte die doppelt gescheckte klappernde Riesenschlange mit fürchterlich wütender Stimme, »was wirst du mich sonst noch fragen?«

»Entschuldigung«, sagte das Elefantenkind, »aber könntest du mir freundlichst mitteilen, was es zu Mittag isst?«

Da ringelte sich die doppelt gescheckte klappernde Riesenschlange wie der Blitz von ihrem Felsen herunter und zog dem Elefantenkind mit ihrem schlüpfrigen hüpfrigen Schwanz eins über.

»Seltsam«, sagte das Elefantenkind, »mein Vater und meine Mutter, mein Onkel und meine Tante, nicht zu vergessen meine andere Tante, die Giraffe, und meinen anderen Onkel, den Pavian – alle haben mir eins übergezogen, weil ich so unersättlich neugierig bin – und ich vermute, hier liegt der Fall ebenso.«

So sagte es der doppelt gescheckten klappernden Riesenschlange sehr höflich Lebewohl, half ihr noch, sich wieder um den Felsen zu ringeln, und ging seiner Wege, mit etwas brennender Haut, aber durchaus nicht verstimmt, aß Melonen und

warf die Schalen fort, weil es sie ja nicht aufsammeln konnte – bis es auf einmal dicht am Ufer des großen graugrün-schlammigen Flusses Limpopo, wo überall Fieberbäume stehen, auf etwas trat, was es für einen morschen Baumstamm hielt.
Aber das war nun wirklich ein Krokodil, mein Liebling, und das Krokodil zwinkerte mit einem Auge.
»Entschuldigung«, sagte das Elefantenkind sehr höflich, »hast du vielleicht ein Krokodil in dieser fremden Gegend gesehen?«
Da zwinkerte das Krokodil mit dem anderen Auge und hob seinen Schwanz halb aus dem Schlamm, und das Elefantenkind trat sehr schnell zurück, weil es nicht Lust hatte, schon wieder eins übergezogen zu bekommen.
»Komm her, mein Kleines«, sagte das Krokodil, »warum fragst du nach solchen Sachen?«
»Entschuldigung«, sagte das Elefantenkind sehr höflich, »mein Vater hat mir eins übergezogen, und meine Mutter hat mir eins übergezogen, nicht zu vergessen meinen langbeinigen Onkel, den Strauß, und meine schlanke Tante, die Giraffe, die so furchtbar stark treten kann, oder meinen fetten Onkel, das Nilpferd, oder meinen wolligen Onkel, den Pavian, und schließlich die doppelt gescheckte klappernde Riesenschlange mit dem schlüpfrigen hüpfrigen Schwanz, die nicht weit von hier auf dem Felsen liegt und die stärker zuschlägt als alle die andern. Dies sage ich nur – falls es dir nicht unangenehm ist –, weil ich jetzt nichts mehr übergezogen haben möchte.«
»Komm her, mein Kleines«, sagte das Krokodil, »ich bin das Krokodil«, und es weinte Krokodilstränen, um zu beweisen, dass es nicht log.
Da blieb dem Elefantenkind die Luft weg, und es keuchte vor Aufregung und kniete am Ufer nieder und sagte: »So bist du die Person, die ich in all den langen Tagen gesucht habe. Würdest du die Freundlichkeit haben, mir zu sagen, was du zu Mittag isst? Komm hierher, mein Kleines«, sagte das Krokodil, »ich sage es dir ins Ohr.«

Da legte das Elefantenkind seinen Kopf dicht an den speckigen, dreckigen Rachen des Krokodils, und das Krokodil packte es bei seiner kleinen Nase, die bis zu jener Woche, Stunde und Minute nicht größer war als ein Stiefel, aber viel, viel nützlicher. »Ich denke«, sagte das Krokodil (und sagte es durch die Zähne, ungefähr so): »Ich denke, heute kommt zuerst das Elefantenkind dran.«

Darüber – das wirst du mir glauben, mein Liebling! – war das Elefantenkind recht sehr verstimmt, und es sagte (und sprach durch die Nase, ungefähr so): »Lass los, du tust mir ja weh!«

Da rutschte die doppelt gescheckte klappernde Riesenschlange von ihrem Felsen herunter und sagte: »Mein werter junger Freund, wenn du nicht jetzt, augenblicklich und unverzüglich, so kräftig ziehst, wie du nur kannst, wird dich meiner Ansicht nach dein neuer Bekannter im kostbaren Ledermantel (damit meinte sie das Krokodil) in den nassen Strom schlenkern, ehe du piep! sagen kannst.«

Dies ist die Art, in der sich die doppelt gescheckten klappernden Riesenschlangen immer ausdrücken.

Da setzte sich das Elefantenkind auf seine kleinen Hinterbacken und fing an zu ziehen und zu zerren und zu ziehen, und seine Nase wurde lang und länger. Das Krokodil patschte ins Wasser und schlug es mit seinem Schwanz, dass es schäumte, und das Elefantenkind zog und zerrte und zog.

Und seine Nase hörte nicht auf, länger und länger zu werden, Und es stemmte sich mit seinen vier kleinen dicken Beinen fest in den Boden und zog und zerrte und zog, und seine Nase wurde immer noch länger. Das Krokodil wirbelte seinen Schwanz herum wie einen Windmühlenflügel; aber das Elefantenkind zog und zerrte und zog, und bei jedem Ruck wurde seine Nase länger und länger – und das tat furchtbar weh! Da fühlte das Elefantenkind, wie seine Beine nachgaben und rutschten, und es sagte durch seine Nase, die nun schon fast fünf Fuß lang war: »Das wird zu viel!«

Da kam die doppelt gescheckte klappernde Riesenschlange wieder von ihrem Felsen herunter und knotete sich mit einem doppelten Kreuzknoten um die Hinterbeine des Elefantenkindes und sagte: »Du tollkühner und unerfahrener Fremdling, wir wollen uns jetzt gemeinsam zu einer etwas ernstlichen Anstrengung aufraffen. Wenn wir das nicht tun, so habe ich den bestimmten Eindruck, dass jener Dreschflegel mit dem gepanzerten Oberdeck (und damit, mein Liebling, meinte sie das Krokodil) dir für immer deine Zukunft verderben wird.« Dies ist die Art, in der sich alle doppelt gescheckten klappernden Riesenschlangen auszudrücken belieben.

Das Krokodil zerrte, und das Elefantenkind zerrte. Das Krokodil zerrte wieder, aber das Elefantenkind und die doppelt gescheckte klappernde Riesenschlange zerrten noch stärker, und schließlich musste das Krokodil die Nase des Elefantenkindes loslassen, und dabei gab es einen Plumps, dass man es oben und unten am Limpopo hören konnte.

Das Elefantenkind fiel sehr plötzlich und hart hintenüber, aber sein erster Gedanke war, der doppelt gescheckten klappernden Riesenschlange sehr höflich: »Danke vielmals« zu sagen. Darauf bekümmerte es sich um seine arme langgezogene Nase und machte ihr einen Verband aus kühlen Bananenblättern und hängte sie in den großen graugrün-schlammigen Limpopo, um sie zu kühlen.

»Warum tust du das?«, fragte die doppelt gescheckte klappernde Riesenschlange.

»Entschuldigung«, sagte das Elefantenkind, »aber meine Nase hat sich scheußlich verändert, und ich warte, ob sie nicht wieder kleiner wird.«

»Da kannst du lange warten«, sagte die doppelt gescheckte klappernde Riesenschlange, »mancher weiß nicht, was gut für ihn ist.«

Das Elefantenkind blieb sitzen und wartete drei Tage, ob seine Nase nicht wieder kleiner würde. Aber sie wurde nicht kleiner, und vom vielen Hinsehen taten ihm die Augen weh. Denn jetzt, mein Liebling, wirst du verstanden haben, dass das Krokodil die Nase des Elefantenkindes zu einem wirklichen wahrhaftigen Rüssel langgezerrt hatte, so wie ihn heuzutage jeder Elefant trägt.

Am Ende des dritten Tages kam eine Fliege und stach das Elefantenkind in die Schulter, und ehe es wusste, was es tat, hob es seinen Rüssel und schlug die Fliege damit tot.

»Vorteil Nummer eins!«, sagte die doppelt gescheckte klappernde Riesenschlange, »das hättest du mit deiner alten Knollennase niemals gekonnt. Versuche jetzt ein wenig zu essen.«

Bevor das Elefantenkind wusste, was es tat, hatte es seinen Rüssel ausgestreckt und ein großes Büschel Gras abgerissen. Es staubte es an seinen Vorderbeinen ab und stopfte es in sein Maul.

»Vorteil Nummer zwei!«, sagte die doppelt gescheckte klappernde Riesenschlange, »das hättest du mit deiner alten Knollennase niemals gekonnt. Findest du nicht, dass die Sonne sehr heiß brennt?«

»Richtig«, sagte das Elefantenkind, und bevor es wusste, was es tat, hatte es eine Ladung Schlamm von den Ufern des großen graugrün-schlammigen Limpopostromes in seinen Rüssel geladen und klatschte sie sich auf den Kopf. Es machte sich so eine kühle, matschig-kleckrige Schlammmütze, von der es ihm hinter den Ohren herabtröpfelte.

»Vorteil Nummer drei!«, sagte die doppelt gescheckte klappernde Riesenschlange, »das hättest du mit deiner alten Knollennase niemals gekonnt. Möchtest du nicht einmal wieder eins übergezogen bekommen?«

»Entschuldigung!«, sagte das Elefantenkind, »aber das würde mir ganz und gar nicht behagen.«

»Aber würdest du vielleicht jemand anderem gern eins überziehen?«, fragte die doppelt gescheckte klappernde Riesenschlange.

»Das würd' ich von Herzen gern tun!«, sagte das Elefantenkind. »Schön«, sagte die doppelt gescheckte klappernde Riesenschlange, »deine neue Nase wird dir sehr nützlich sein, wenn du jemandem eins überziehen willst.«

»Danke sehr«, sagte das Elefantenkind, »das will ich mir merken – und jetzt will ich nach Hause gehen zu all meinen teuren Verwandten und will es versuchen.«

So wanderte das Elefantenkind heim durch ganz Afrika und schlenkerte und schwenkerte seinen Rüssel. Wenn es Hunger auf Früchte hatte, riss es sich die Früchte vom Baum, statt wie früher zu warten, bis sie herabfielen. Wenn es Lust auf Gras hatte, rupfte es sich das Gras vom Boden ab, statt wie früher sich mühselig hinzuknien. Wenn die Fliegen stachen, brach es sich einen Zweig ab und benutzte ihn als Fliegenwedel; und es machte sich eine neue kühle, matschig-klebrige Schlammmütze, sooft ihm die Sonne zu heiß war. Wenn es sich einsam fühlte bei seinem Spaziergang durch Afrika, sang es sich eins durch seinen Rüssel, und das dröhnte lauter als mehrere Militärkapellen zusammen. Es machte absichtlich Umwege, um ein fettes Nilpferd zu treffen (aber eins, das nicht verwandt mit ihm war), und es zog ihm sehr kräftig eins über, um sicher zu sein, dass die doppelt gescheckte klappernde Riesenschlange über die Fähigkeiten des neuen Rüssels die Wahrheit gesprochen hatte. In der übrigen Zeit sammelte es die Melonenschalen auf, die es auf seiner Reise zum Limpopo weggeworfen hatte, denn es hielt sehr auf Ordnung.

An einem dunklen Abend kam das Elefantenkind zurück zu all seinen teuren Verwandten, und es rollte seinen Rüssel ganz dicht zusammen und sagte: »Wie geht's, wie steht's?«

Alle waren erfreut, es wiederzusehen, und sagten sogleich: »Komm her, wir wollen dir für deine unersättliche Neugier eins überziehen.«

»Pah«, sagte das Elefantenkind, »ihr habt keine Ahnung, wie man das richtig macht! Aber ich kann es, und ich will es euch zeigen.«

Dann machte es seinen Rüssel lang und schlug zwei seiner lieben Brüder köpflings und bäuchlings auf den Boden. »Bananen und Melonen!«, riefen alle, »wo hast du diesen Kniff gelernt, und was hast du mit deiner Nase gemacht?« »Ich habe vom Krokodil eine neue Nase bekommen an den Ufern des großen graugrün-schlammigen Limpopostromes«, sagte das Elefantenkind; »ich fragte es, was es zu Mittag isst, und es gab mir dies hier als Andenken.«
»Es sieht sehr hässlich aus«, sagte sein wolliger Onkel, der Pavian. »Das ist wahr«, sagte das Elefantenkind, »aber es ist sehr nützlich«, und es packte mit dem Rüssel seinen wolligen Onkel, den Pavian, bei einem seiner wolligen Beine und schlenkerte ihn in ein Hornissennest.
Darauf zog das unartige Elefantenkind all seinen lieben Verwandten ordentlich eins über, bis ihnen die Haut brannte und sie höchst verwundert waren. Es zog seinem langbeinigen Onkel, dem Strauß, die Schwanzfedern aus, und es erwischte seine schlanke Tante, die Giraffe, beim Hinterbein und schleppte sie durch Stachel- und Dornbüsche. Und es trompetete seinen fetten Onkel, das Nilpferd, an und spritzte ihm Wasser ins Ohr, wenn er gerade sein Mittagsschläfchen hielt – aber niemals erlaubte es, dass jemand den Vogel Kolokolo anrührte. Schließlich wurde die Lage für all seine teuren Verwandten so gefährlich, dass einer nach dem andern sich eilig aufmachte nach dem großen graugrün-schlammigen Limpopostrom, an dessen Ufern überall Fieberbäume stehen, um sich vom Krokodil neue Nasen zu holen. Als sie zurückkamen, ließ einer den andern in Ruhe. Und warum, mein Liebling? Seit jener Zeit haben alle Elefanten, die du siehst, und auch alle, die du nicht siehst, genau dieselben Rüssel wie das unersättlich neugierige Elefantenkind.

James Krüss

Als ich Kamel noch Klara hieß

Ich war ein Kamel, doch ein Kamel
Mit einer besonderen Note.
Ich trug Bananen, Mais und Mehl
Auf der Insel Lanzarote.
Auf einer kanarischen Insel (ganz klar),
Da war ich ganz was Feines,
Weil ich ein Kamel von Kanarien war
Und keineswegs irgendeines.

Weil Kamele dort weniger üblich sind
Als in der Wüste Sahara,
Bekam ich auf Lanzarote als Kind
Schon den reizenden Namen Klara.

Wenn ich mich auf meine Knie niederließ,
Dann ließ man mir Zeit, das zu machen.
Und wenn ich mich schnell in die Höhe stieß,
Dann hörte ich um mich ein Lachen.
Man drängte nicht, wenn ich Bananen und Mehl
(Das Maismehl natürlich) trug;
Ich war ein kanarisches Kamel.
Und ich glaube, das war klug.
So war ich nicht irgendein Wüstenschiff,
Eines von vielen hundert.
Mich haben die Fremden, wenn sie zu mir
Gekommen sind, sehr bewundert.

Ich war ein Kamel, doch ein Kamel
Mit einer besonderen Note.
Ich war ein kanarisches Kamel
Auf der Insel Lanzarote.

Unbekannt

Wenn ich ein Vöglein wär'
Und auch zwei Flügel hätt',
Flög' ich zu dir.
Weil's aber nicht kann sein,
Weil's aber nicht kann sein,
Bleib' ich allhier.

Bin ich gleich weit von dir,
Bin ich im Traum bei dir
Und red' mit dir;
Wenn ich erwachen tu',
Wenn ich erwachen tu',
Bin ich allein.

Es vergeht kein' Stund' in der Nacht,
Da nicht mein Herz erwacht
Und an dich denkt,
Dass du mir viel tausendmal,
Dass du mir viel tausendmal,
Dein Herz geschenkt.

Waldemar Bonsels

Der Grashüpfer

Das war einmal ein Tag! Morgens ganz früh hatte es getaut, dann war die Sonne über dem Wald aufgegangen und hatte ihre Strahlen schräg über den grünen Graswald geschickt, sodass ein Glitzern und Funkeln begann, dass man vor Seligkeit und Entzücken über einen Anblick von solcher Pracht nicht wusste, was man sagen oder tun sollte. Die kleine Maja hatte schon gleich beim Erwachen lauter helle Jubelrufe um sich her vernommen. Teils kamen sie hoch aus den Bäumen von den gefürchteten Vögeln, deren Stimmen doch so lieblich erklingen konnten, oder aus der Luft von vorüberfliegenden Insekten oder aus Büschen und Gras von Käfern, Schmetterlingen und kleinen und großen Fliegen.

Maja hatte sich in einem Baumloch recht behaglich eingerichtet. Es war sicher und trocken und blieb auch nachts recht lange warm, da den Tag über die Sonne auf den Eingang schien. Zwar hatte sie einmal in aller Frühe den Specht am Stamm ihres Baumes klopfen hören und sich schleunigst davongemacht. Denn den Specht klopfen zu hören, das ist für ein kleines Insekt, das sich in der Baumrinde verborgen hält, so schlimm, als wenn unsereins nachts die Geräusche eines Einbrechers hört, der die Fensterläden aufbricht. Aber in der Nacht war sie sicher, dann suchte niemand sie in ihrem Versteck.

In einem zurückliegenden Spalt, in dem es dunkel und kühl war, hatte sie sich ein kleines Honiglager angelegt, um für die Regentage mit Nahrung versorgt zu sein; und den Eingang zu ihrer Waldburg hatte sie mit Wachs ein wenig zugeklebt, sodass er nicht größer als eben nötig war, um bequem hineinschlüpfen zu können.

Und mit einem hellen Jubel voll Lebensfreude schwang sich die kleine Maja an diesem Morgen in den Sonnenschein hinaus, um zu erfahren, was dieser neue schöne Tag ihr bringen würde.

Sie segelte geradeaus durch das goldene Licht der Luft, sodass sie wie ein kleines rasches Pünktchen aussah, das der Wind dahintrieb. »Heute werde ich einem Menschen begegnen«, rief sie, »an solchen Tagen sind sicher auch die Menschen unterwegs, um sich an der hellen Natur zu erfreuen.« Es waren ihr noch niemals so viele Insekten begegnet, es war ein Kommen und Treiben, ein Summen, Lachen und Jubeln in der Luft, dass man unwillkürlich mit einstimmen musste. Die kleine Maja ließ sich endlich in einem Graswald nieder, in dem vielerlei Blumen und Pflanzen wuchsen. Die höchsten waren die weißlichen Blütenbüschel der Schafgarbe und Mohnblumen, die knallrot und leuchtend eine große Anziehungskraft ausübten. Als Maja ein wenig Honig aus einer Akeleiblume genommen hatte und eben im Begriff war, weiterzufliegen, begegnete ihr auf einem Grashalm, der sich zu ihrer Blume hinüberbog, ein ganz seltsamer Geselle. Anfangs erschrak sie sehr, weil sie nicht für möglich gehalten hatte, dass solch ein grünes hageres Ungetüm vorkommen könnte, aber dann wurde doch ihr ganzes Interesse in so hohem Maße wach, dass sie wie angewurzelt sitzen blieb und den langbeinigen Fremdling anstarrte. Er sah aus, als habe er Hörner, aber es war nur seine seltsam vorgerückte Stirn, die es so erscheinen ließ. Zwei unendlich lange, fadendünne Fühler waren daran, er erschien sehr schlank und hatte zierliche Vorderbeinchen und ganz dünne unauffällige Flügelchen, mit denen sich nach Majas Meinung nicht viel anfangen ließ. Das Merkwürdigste aber waren seine zwei großen, hohen Hinterbeine, die ihn wie zwei riesige geknickte Stelzen weit überragten. Er war über und über grün und seine listigen Augen hatten etwas Freches und Erstauntes zugleich, aber man konnte wohl sagen, dass sie nicht boshaft, sondern viel eher gutmütig waren.

»Nun, Mamsell«, sagte er zu Maja, offenbar durch ihren verwunderten Gesichtsausdruck geärgert, »Sie haben wohl noch keinen Grashüpfer gesehn? Oder legen Sie Eier?«
»Was fällt Ihnen ein«, rief Maja zornig. »Wie sollte ich auf diesen Gedanken kommen? Auch wenn ich es könnte, würde ich es niemals tun. Wie sollte ich den heiligen Pflichten der Königin in so leichtsinniger Weise vorgreifen?«
Der Grashüpfer duckte sich etwas zusammen und machte ein ganz unbeschreiblich komisches Gesicht, sodass Maja trotz ihres Verdrusses lachen musste.
»Mamsell«, rief er, aber dann musste er selber lachen und sagte nur noch: »Nein, so was! Sie sind aber eine!«
Maja wurde ganz ungeduldig durch das Benehmen dieses seltsamen Gesellen. »Warum lachen Sie denn?«, fragte sie nicht gerade freundlich. »Sie können doch nicht im Ernst verlangen, dass ich Eier legen soll, und noch dazu hier auf den Rasen.«
Da knackte es, der Grashüpfer sagte: »Hoppla!« Und fort war er.
Maja war ganz verdutzt. Hoch in die Luft hatte er sich geschwungen, ohne seine Flügel zu brauchen, in einem riesigen Bogen und, wie es Maja erschien, in einer an Wahnsinn grenzenden Tollkühnheit.
Aber da war er schon wieder. Sie hatte nicht sehen können, woher er kam, aber nun saß er neben ihr auf dem Blatt der Akeleiblume. Er betrachtete sie von allen Seiten, von hinten und von vorn: »Nein«, sagte er dann schnippisch, »Sie können allerdings keine Eier legen, Sie sind nicht darauf eingerichtet. Sie haben keinen Legestachel.«
»Was«, sagte Maja, »keinen Legestachel?« Sie deckte sich etwas mit ihren Flügeln zu und drehte sich so um, dass der Fremde nur ihr Gesicht sehen konnte.
»Ja, natürlich. Fallen Sie nur nicht von Ihrem Podium, Mamsell. Sie sind eine Wespe, nicht wahr?«

Etwas Schlimmeres hätte nun der kleinen Maja in aller Welt nicht begegnen können. »Schockschwerenot!«, rief sie.
»Hoppla!«, antwortete der Grashüpfer, und fort war er.
Man wird ganz nervös über so eine Person, dachte Maja und beschloss fortzufliegen. Solange sie denken konnte, war ihr eine solche Beleidigung noch nicht widerfahren. Mit einer Wespe verwechselt zu werden bedeutete ihr die größte Schmach, mit diesem nutzlosen Raubgesindel, mit diesem Diebesvolk, diesen Landstreichern. Es war in der Tat empörend.
Aber da war der Grashüpfer plötzlich wieder da.
»Mamsell«, rief er und drehte sich langsam ein wenig, wobei seine langen Hinterbeine aussahen wie Uhrzeiger, wenn es fünf Minuten vor halb sieben ist. »Mamsell, Sie müssen entschuldigen, dass ich zuweilen das Gespräch unterbreche. Aber plötzlich packt es mich. Ich muss springen, um die Welt muss ich springen, wohin es immer sei. Kennen Sie das nicht auch?«

Er zog seinen Mund von einem Ohr zum andern, indem er Maja anlächelte. Sie konnte nicht anders, sie musste lachen.

»Nicht wahr!«, sagte der Grashüpfer und nickte ermutigend.

»Wer sind Sie denn nur?«, fragte Maja. »Sie sind schrecklich aufregend.«

»Aber man kennt mich doch überall«, sagte der Grüne und grinste wieder, so erschöpfend, wie Maja noch niemals jemanden hatte grinsen sehn. Sie wusste nie recht, ob er etwas im Ernst oder im Scherz meinte.

»Ich bin in dieser Gegend fremd«, sagte sie freundlich, »sonst würde ich Sie sicher kennen, aber ich bitte Sie, sich zu merken, dass ich zur Familie der Bienen gehöre und dass ich durchaus keine Wespe bin.«

»Ach Gott«, sagte der Grashüpfer, »das ist doch dasselbe.«

Maja konnte vor Aufregung kaum sprechen.

»Sie sind ungebildet«, stieß sie endlich hervor. »Schaun Sie sich doch einmal eine Wespe an.«

»Was könnte mich wohl dazu veranlassen?«, antwortete der Grüne. »Wohin würde es führen, wenn ich mir Unterschiede merke, die nur in der Einbildung existieren? Sie fliegen in der Luft herum, stechen alles, was in Ihre Nähe kommt, und können nicht springen. Genauso ist es mit den Wespen. Wo liegt also der Unterschied? Hoppla!« Und fort war er.

Jetzt flieg ich aber, dachte Maja. Da war er wieder.

»Mamsell!«, rief er, »morgen ist Wettspringen im Garten des Pfarrers Sündepiek. Wollen Sie eine Freikarte, um zuschauen zu können? Meine Alte hat deren noch zwei, gegen ein Kompliment gibt sie eine her. Ich hoffe, den bestehenden Rekord zu schlagen.«

»Ich interessiere mich nicht für so ein Gehüpfe«, sagte Maja nicht ohne Verdruss. »Wer fliegen kann, hat höhere Interessen.«

Der Grashüpfer grinste, dass man es förmlich zu hören glaubte.

»Überschätzen Sie sich nicht, Mamsell. Die meisten Tiere der Welt können fliegen, aber springen können die wenigsten. Sie haben keinen Überblick über die Interessen der Mitwelt. Den Wunsch nach einem hohen, eleganten Sprung finden Sie sogar bei den Menschen. Kürzlich sah ich den Pfarrer Sündepiek fast einen Meter hoch springen, um einer kleinen Schlange zu imponieren, die vor ihm über den Weg lief. Seine Verachtung gegen alles, was nicht Springen war, ging dabei so weit, dass er seine Pfeife fortschleuderte, ohne die kein Pfarrer leben kann. Begreifen Sie diesen Ehrgeiz? – Ich habe Grashüpfer gekannt, und sie gehörten zu meiner Familie, die dreihundertmal so hoch sprangen, als sie selbst groß waren. Ja, nun staunen Sie und sagen kein Wort mehr und bereun innerlich alles, was Sie eben vorgebracht haben und was Sie eventuell noch hätten behaupten wollen. Dreihundertmal so hoch, als er groß war! Muten Sie so etwas mal jemandem zu! Selbst das größte Tier der Welt, der Elefant, ist nicht in der Lage, einen solchen Sprung auszuführen. Nun? Da schweigen Sie! Habe ich nicht gesagt, dass Sie schweigen würden?«
»Aber wie soll ich denn reden, wenn Sie nicht einen Augenblick still sind«, rief Maja.
»Reden Sie also«, sagte der Grashüpfer freundlich, und dann rief er »Hoppla!« und war fort.
Da musste die kleine Maja trotz ihres Verdrusses doch lachen. So etwas war ihr noch niemals begegnet. Sosehr der Grashüpfer sie durch sein scherzhaftes Benehmen in Erstaunen setzte, so bewunderte sie doch seine Welterfahrenheit und seine großen Kenntnisse. Wenn sie es auch mit dem Springen nicht hielt wie er, so war sie doch verwundert über alle die Neuigkeiten, die sie in der kurzen Unterhaltung erfahren hatte. Wenn der Grüne nur etwas zuverlässiger gewesen wäre, sie hätte ihn gar zu gern nach diesem oder jenem gefragt. Oft erleben wirklich diejenigen am meisten, dachte sie, die am wenigstens damit anzufangen wissen.

Ob er die Sprache der Menschen verstehen konnte, da er doch ihre Namen wusste? Danach wollte sie ihn fragen, wenn er noch einmal zurückkam, und auch danach, wie er über eine Annäherung dachte und über den Versuch, den Menschen in seiner Behausung aufzusuchen. »Mamsell!«, rief es neben ihr, und ein Grashalm schwankte.

»Mein Gott«, sagte Maja, »wo kommen Sie nur immer her?«

»Aus der Umgegend«, sagte der Grashüpfer.

»Aber ich bitte Sie«, rief Maja, »springen Sie denn so aufs Geratewohl in die Welt, ohne zu wissen, wohin es Sie führt, ohne den Ort zu kennen, wo Sie ankommen?«

»Natürlich«, sagte der Grüne. »Was denn sonst? Können etwa Sie in die Zukunft sehn? Das kann niemand. Nur der Laubfrosch kann es, aber er sagt nicht, wie.«

»Was Sie alles wissen«, rief die kleine Maja, »das ist einfach großartig. Verstehn Sie auch die Sprache der Menschen?«

»Das ist eine Frage, die schwer zu beantworten ist, Mamsell, denn es ist noch nicht nachgewiesen, ob die Menschen eine Sprache haben. Sie stoßen zuweilen Laute aus, deren abscheuliche Klanglosigkeit mit nichts zu vergleichen ist. Offenbar verständigen sie sich dadurch. Was man ihnen lassen muss, ist ein aufrichtiges Verlangen nach erträglichen Stimmen. Ich beobachtete zwei Knaben, die Grashalme zwischen ihre Finger nahmen und mit ihrem Munde Luft darauf bliesen, sodass ein surrender Ton entstand, der mit dem Zirpen einer Grille vielleicht verglichen werden könnte. Aber er blieb weit dahinter zurück. Jedenfalls tun sie, wie sie können. Wollen Sie sonst noch etwas wissen? Ich weiß immerhin mancherlei.« Und er grinste die kleine Maja an, dass man es förmlich hörte. Aber als er nun das nächste Mal unversehens davonsprang, blieb er aus und die Biene wartete eine Weile vergeblich auf ihn. Sie suchte ringsum im Gras und in den Blumen, aber es war unmöglich, ihn wiederzufinden.

Waldemar Bonsels

Puck

Die Mittagshitze dieses schönen Sommertags machte die kleine Maja recht müde, sie flog gemächlich an grell beschienenen Gartenbüschen vorüber, bis die großen Blätter eines riesigen Kastanienbaumes ihr Schutz und Kühle anboten. Es standen Tische und Bänke unter der Kastanie auf dem zertretenen Rasen; offenbar war es eine Sommerwirtschaft, die unter der Baumkrone aufgeschlagen war. In der Nähe schimmerte das rote Ziegeldach eines Bauernhauses, aus dessen Schornsteinen ein bläulicher Rauch in den Sonnenschein emporzog.

Nun schien es der kleinen Maja ganz unvermeidlich, dass sie endlich einem Menschen begegnen müsste, war sie nicht bis unmittelbar in seinen Machtbereich vorgedrungen? Sicherlich war dieser Baum sein Eigentum und die seltsamen Holzgeräte im Schatten drunten gehörten zu seinem Stock. Da summte es neben ihr und eine Fliege ließ sich auf ihrem Blatt nieder. Sie lief eine Weile auf dem grünen Geäder herum, immer in kleinen Stößen, sodass man die Bewegungen ihrer Beine nicht sah und fast glauben konnte, sie rutschte rasch und aufgeregt hin und her. Dann flog sie von einem Teil des großen gefingerten Blattes zum anderen, aber so schnell und unversehens, dass jeder geglaubt hätte, sie wäre gesprungen statt geflogen. Aber es sah nur so aus. Offenbar war ihr daran gelegen, herauszubekommen, auf welchem Teil des Blattes es am angenehmsten war. Zuweilen schwang sie sich für ein ganz kleines Stückchen urplötzlich in die Luft, brummte dabei geradezu leidenschaftlich, als sei etwas Unerhörtes geschehen oder als bewegte sie das größte Vorhaben der Welt, ließ sich aber dann wieder nieder und machte wieder ihre sprunghaften Laufstrecken, als sei nichts geschehen.

Dann wieder saß sie ganz still, als ob sie plötzlich erstarrt wäre.

Maja sah zu, was die Fliege da in der Sonne tat. Endlich näherte sie sich ihr und sagte höflich: »Ich wünsche guten Tag und heiße Sie auf meinem Blatt willkommen; soviel ich weiß, sind Sie eine Fliege.«

»Was denn sonst?«, fragte die Kleine. »Ich heiße Puck, ich bin sehr beschäftigt. Wollen Sie mich vertreiben?«

»Oh nein, es freut mich, Ihre Bekanntschaft zu machen«, entgegnete Maja.

»Das glaub ich«, sagte Puck nur und versuchte sich den Kopf abzureißen.

»Um Gottes willen«, rief Maja, »schonen Sie sich!«

»Das muss sein, davon verstehen Sie nichts«, entgegnete Puck gelassen und fuhr sich mit den Beinen über die Flügel, sodass sie sich hinten um den Leib bogen. »Ich bin übrigens eine Stubenfliege«, fügte sie nicht ohne Stolz hinzu, »ich weile hier nur in der Sommerfrische.«

»Wie interessant«, rief die kleine Maja glücklich, »da kennen Sie sicherlich den Menschen?«

»Den kenne ich wie meine Hosentasche«, warf Puck geringschätzig ein, »ich sitze täglich darauf. Ja, aber wissen Sie denn das nicht? Ihr Bienen seid doch sonst so gescheit, ihr glaubt es wenigstens so zu sein.«

»Ich heiße Maja«, antwortete die kleine Biene etwas schüchtern. Sie begriff nicht recht, wo die anderen Insekten ihr Selbstbewusstsein, ihre Sicherheit und oft sogar ihre Frechheit hernahmen.

»Es ist schon gut«, wehrte Puck ab, »heißen Sie, wie Sie wollen, dumm sind Sie jedenfalls.«

Puck saß da wie eine Kanone, die gerade abgefeuert werden sollte, der Kopf und die Brust ragten empor und die unterste Spitze ihres Leibes berührte das Blatt. Dann plötzlich duckte sie sich zusammen, sodass es aussah, als habe sie keine Beine.

»Vorsichtig muss man sein«, sagte sie, »darauf kommt es an.« Aber in der kleinen Maja wallte es nach der Kränkung, die Puck ausgesprochen hatte, zornig empor. Ohne dass sie recht wusste, was sie eigentlich trieb, schwang sie sich blitzschnell auf Puck zu, ergriff sie beim Kragen und hielt sie fest. »Ich werde Sie lehren, gegen eine Biene höflich zu sein«, rief sie. Puck fing ein fürchterliches Geschrei an.

»Stechen Sie nicht«, schrie sie, »das ist das Einzige, was Sie können, aber es schadet. Bitte, nehmen Sie Ihren Hinterleib weg, so weit als möglich, darin sitzt der Stachel. Und lassen Sie mich los, wenn es Ihnen möglich ist, ich will alles tun, was Sie wollen. Verstehen Sie denn keinen Scherz!? Es weiß doch jeder, dass ihr Bienen unter den Insekten die angesehensten seid, die mächtigsten und die zahlreichsten. Nur nicht töten, wenn ich bitten darf, es wäre nachher nicht mehr gutzumachen. Herrgott, dass niemand für meinen Humor Verständnis hat.«

»Gut«, sagte Maja, nicht ohne ein wenig Verachtung im Herzen, »ich werde Sie leben lassen, wenn Sie mir vom Menschen alles sagen, was Sie wissen.«

»Gut«, rief Puck, »ich hatte es ohnehin vor, aber jetzt lassen Sie los.«

Maja tat es. Es war ihr plötzlich gleichgültiger geworden, sie hatte Vertrauen und Achtung vor der Fliege verloren.

Was so ein Gesindel in Erfahrung bringt, dachte sie, hat für ernste Leute kaum Wert, ich werde wohl doch selbst sehen müssen, welche Bewandtnis es mit dem Menschen hat.

Aber die Fliege Puck wurde jetzt doch um vieles erträglicher, nachdem sie diese ernste Lehre empfangen hatte. Zu Anfang ordnete sie unter Gebrumm und Schelten ihre Fühler, Flügel und die Härchen ihres schwarzen Körpers. Alles war sehr in Unordnung geraten, denn die kleine Maja hatte fest zugepackt. Zum Schluss ließ Puck ihren Rüssel ein- und ausfahren, etwas, was Maja noch niemals gesehn hatte.

»Verstaucht! Total verstaucht ist der Rüssel«, rief sie schmerzlich, »das kommt von dieser Erregtheit, mit der Sie vorgehen. Sehen Sie selbst, unten die Saugplatte sieht aus wie ein verbogener Blechteller!«

»Haben Sie eine Saugplatte?«, fragte Maja.

»Ach Gott, selbstverständlich! Was wollen Sie also über den Menschen wissen? Das mit dem Rüssel wird sich schon geben. Ich denke, am besten erzähle ich Ihnen aus meinem Leben. Da ich unter Menschen groß geworden bin, werden Sie schon erfahren, was Sie wissen wollen.«

»Sie sind unter Menschen groß geworden?«

»Aber ja doch. In ihre Stubenecke legte meine Mutter das Ei, aus dem ich gekrochen bin, auf ihren Gardinen habe ich die ersten Gehversuche gemacht, und von Schiller bis Goethe probierte ich die Kraft meiner Flügel zum ersten Mal.«

Maja fragte, was Schiller und Goethe seien, und Puck erklärte es ihr überlegen. Das seien die Statuen zweier Menschen, die sich offenbar besonders ausgezeichnet hätten. Sie stünden unter dem Spiegel, rechts und links, und wurden von niemand beachtet.

Nun wollte Maja wissen, was ein Spiegel sei und warum diese beiden Statuen darunter stünden.

»Im Spiegel sieht man sich an seinem Bauch, wenn man darauf kriecht«, erklärte Puck. »Es ist sehr amüsant. Wenn die Menschen vor ihn hintreten, fahren sie sich entweder in die Haare oder sie reißen an ihrem Bart. Wenn sie allein sind, lächeln sie hinein, aber wenn noch jemand im Zimmer ist, so machen sie ernstere Gesichter. Den Zweck weiß ich nicht, ich habe ihn nie ergründen können, es scheint eine unnötige Spielerei der Menschen zu sein. Ich selbst habe in meinen ersten Lebenstagen sehr darunter gelitten, weil ich hineinflog und natürlich auf das Heftigste zurückgeschleudert wurde.«

Es war der kleinen Puck sehr schwer, Maja weitere Fragen über den Spiegel genau zu beantworten. »Sehen Sie«, sagte sie endlich, »Sie sind doch sicher einmal über eine blanke Wasserfläche geflogen? So etwa ist ein Spiegel, nur aufrecht und hart.«

Die kleine Fliege wurde um vieles freundlicher, nun da sie merkte, dass Maja ihr zuhörte und dass ihre Erfahrungen Beachtung fanden. Und wenn Maja auch keineswegs alles glaubte, was sie von der Fliege hörte, so bereute sie es doch, so gering von ihr gedacht zu haben. Andere sind oft um vieles gescheiter, als wir anfangs glauben, dachte sie.

Puck fuhr fort zu erzählen: »Es dauerte lange, bis ich die Sprache der Menschen verstehen lernte. Man lernt sie schwer, ohne gewissermaßen mit den Menschen auf Du zu stehen. Jetzt weiß ich endlich, was sie wollen. Viel ist es nicht, gewöhnlich sagen sie jeden Tag dasselbe.«

»Aber das kann ich mir gar nicht denken«, sagte Maja. »Die Menschen haben doch so vielerlei Interessen, sie sind reich an Gedanken und groß an Taten. Ich habe von Kassandra gehört, dass sie Städte bauen, die größer sind, als dass man sie an einem Tag umfliegen kann, Türme, die so hoch sind wie der Brautflug unserer Königin, Häuser, die auf dem Wasser schwimmen, und andere, die schneller als ein Vogel über das Land dahingleiten, auf zwei schmalen silbernen Straßen.«

»Halt!«, sagte Puck energisch, »wer ist denn überhaupt Kassandra? Wer ist das, wenn ich fragen darf? Nun?«

»Ach so«, sagte Maja, »es ist meine Erzieherin gewesen.«

»Eine Erzieherin«, wiederholte Puck geringschätzig, »wahrscheinlich also eine Biene. Wer anders könnte zu solcher Überschätzung des Menschen kommen. Dieses Fräulein Kassandra, oder wie sie sich rufen lässt, hat keine geschichtliche Kenntnis. Die Einrichtungen der Menschen, von denen Sie eben gesprochen haben, sind sämtlich ohne besonderen Wert für uns. Wer wird die Welt so unpraktisch sehen, wie Sie es tun. Wenn Sie nicht von der Voraussetzung ausgehen, dass die Erde von den Fliegen beherrscht wird, dass die Fliegen das verbreitetste und wichtigste Geschlecht sind, werden Sie die Welt kaum richtig erkennen lernen.«

Puck machte ein paar aufgeregte Zickzackwege auf dem Blatt und riss an ihrem Kopf, sodass Maja ganz besorgt wurde. Aber die kleine Biene hatte nun doch gemerkt, dass sie nicht gar zu viel Gescheites von der Fliege erfahren würde.

»Wissen Sie, woran Sie sehen können, dass ich recht habe?«, fragte Puck und rieb sich die Hände, als ob sie sie miteinander verknoten wollte. »Zählen Sie in einer Stube die Menschen und die Fliegen. Das Resultat wird Sie in ungeahnter Weise in Erstaunen setzen.«

»Vielleicht haben Sie recht«, sagte Maja, »aber darauf kommt es nicht an.«

»Glauben Sie übrigens, ich sei diesjährig?«, fragte Puck plötzlich.

»Ich weiß es nicht«, antwortete Maja.

»Ich habe überwintert«, berichtete Puck stolz. »Meine Erfahrungen gehen bis in die Eiszeit. Sie führen gewissermaßen mitten hindurch. Darum weile ich jetzt hier zur Erholung.«

»Mut haben Sie jedenfalls«, meinte Maja.

»Oh ja«, rief Puck und machte einen kleinen Luftsprung in die Sonne. »Die Fliegen sind das kühnste Geschlecht, das die Erde bevölkert. Sie werden überall sehen, dass wir stets nur dann flüchten, wenn es besser ist, aber wir kommen immer wieder. Haben Sie schon einmal auf einem Menschen gesessen?«

Maja verneinte und sah schräg und misstrauisch auf die Fliege. Sie wusste immer noch nicht recht, was sie von ihr halten sollte.

»Nein«, sagte sie nun, »ich habe kein Interesse daran.«

»Weil Sie es nicht kennen, meine Liebe! Wenn Sie einmal das muntere Spiel beobachtet hätten, das ich daheim mit den Menschen treibe, so würden Sie vor Neid auswandern. Trotzdem will ich es Ihnen erzählen. In meinem Zimmer wohnt ein älterer Mensch, der die Farbe seiner Nase durch ein eigenartiges Getränk pflegt, das in einem Eckschrank verborgen ist. Es duftet betäubend und süß; wenn er darauf zugeht, um es sich zu holen, lächelt er, und die Augen werden klein. Er nimmt ein Gläschen, und wenn er trinkt, schaut er zur Decke herauf, ob ich schon da bin. Ich nicke ihm zu und er fährt sich mit der Hand über Stirn, Nase und Mund, um mir anzudeuten, wo ich später sitzen soll. Dann blinzelt er und reißt den Mund auf, so weit er kann, und zieht die Vorhänge am Fenster zu, damit die Nachmittagssonne uns nicht stört. Endlich legt er sich auf ein Ruhebett, das Sofa genannt wird, und stößt nach kurzer Zeit dumpfe, krächzende Laute aus, die er sicher für schön hält. Darüber wollen wir ein andermal reden, es ist der Schlummergesang des Menschen. Für mich ist es das Zeichen, mich zu nähern. Zunächst nehme ich meinen Anteil aus dem Glase, den er für mich zurückgelassen hat. Solch ein Tröpflein hat etwas außerordentlich Belebendes, ich verstehe den Menschen. Dann fliege ich hinzu und nehme auf der Stirn des Ruhenden Platz. Sie liegt zwischen der Nase und dem Haar und dient zum Denken. Man sieht es an den langen Falten, die sich wie Furchen von rechts nach links ziehen und die beim Denken bewegt werden müssen, wenn etwas Rechtes dabei herauskommen soll. Auch wenn der Mensch verdrießlich ist, zeigt es sich dort, aber dann laufen die Furchen von oben nach unten und über die Nase bildet sich eine runzelige Erhöhung. Sobald ich sitze und in den Furchen hin und her laufe, fängt der Mensch an, mit der Hand in die Luft zu greifen. Er meint, ich sei dort irgendwo. Weil ich auf seinen Denkfalten sitze, kann er nicht so rasch herausbekommen, wo ich mich eigentlich befinde. Aber endlich kommt er dahinter. Er knurrt und greift nach mir. Na, wissen Sie, Fräulein Maja, oder wie Sie sich rufen lassen, da muss man sich vorsehen. Ich sehe die Hand kommen, aber ich warte bis zuletzt, dann mache ich rasch einen geschickten Flug zur Seite, setze mich und schau zu, wie er nachfühlt, ob ich noch da bin. So geht es oft eine halbe Stunde lang. Sie haben keine Ahnung, welch eine Ausdauer der Mensch hat. Endlich springt er auf und lässt allerlei Worte hören, die von seiner Undankbarkeit Zeugnis ablegen. Aber was wollen Sie? Ein edles Herz rechnet nicht auf Entgelt. Ich bin dann schon wieder oben an der Zimmerdecke und höre zu, wie er undankbar ist.«

»Ich kann nicht eben sagen, dass mir das sonderlich gefällt«, meinte Maja. »Ist es nicht recht unnütz?«

»Soll ich etwa eine Honigwabe auf seiner Nase anbauen?«, rief Puck. »Sie haben keinen Humor, meine Liebe. Was tun Sie denn Nützliches?«

Die kleine Maja wurde über und über rot. Aber sie fasste sich schnell, um Puck ihre Verlegenheit nicht merken zu lassen.

»Es wird ein Tag kommen, an dem ich etwas Schönes und Großes tue, das gut und nützlich ist«, sagte sie schnell, »aber erst will ich sehen, was in der Welt vorgeht. Ich weiß es tief im Herzen, dass es so kommen wird!«

Und als die kleine Maja dies ausrief, fühlte sie, wie es heiß in ihr emporwallte vor Hoffnung und Begeisterung, aber Puck schien gar nicht zu verstehen, wie ernst es ihr war und was sie innerlich bewegte. Sie machte ihre aufgeregten kurzen Laufstrecken hin und her und meinte endlich: »Haben Sie vielleicht etwas Honig bei sich, meine Gute?«

»Es tut mir sehr leid«, antwortete Maja, »ich würde Ihnen gerne etwas geben, zumal Sie mich so freundlich unterhalten haben, aber ich habe nichts. Dürfte ich vielleicht noch eine Frage stellen?«

»Schießen Sie los«, sagte Puck, »ich antworte immer.«

»Ich möchte von Ihnen wissen, wie ich in die Behausung des Menschen gelangen kann.«

»Sie müssen hineinfliegen«, sagte Puck weise.

»Aber wie gelingt es mir ohne Gefahr?«

»Warten Sie, bis eins der Fenster geöffnet ist, aber merken Sie

sich den Ausgang. Sollten Sie ihn nicht wiederfinden, so fliegen Sie später am besten dem Licht nach. Fenster finden Sie an jedem Haus genug. Sie brauchen nur darauf zu achten, wo die Sonne sich spiegelt. Wollen Sie denn schon fort?«
»Ja«, antwortete Maja und gab Puck die Hand, »leben Sie wohl und erholen Sie sich recht. Ich habe noch allerlei vor.«
Und mit ihrem vertrauten leisen Summen, das immer ein wenig sorgenvoll klang, hob die kleine Maja ihre glänzenden Flügel und flog in den Sonnenschein hinaus auf die Blumenwiesen, um ein wenig Nahrung zu sich zu nehmen.
Puck sah ihr nach, überlegte alles vorsichtig, was man etwa noch äußern könnte, und sagte dann nachdenklich: »Nun, schließlich, also! – Warum auch nicht?«

Anne und Paul Maar

Der Käfer Fred

Außergewöhnlich an Fred war nur, dass er sehr gerne sang. Ansonsten war er ein ganz gewöhnlicher Mistkäfer mit glänzendem schwarzem Panzer. Obwohl Fred ein sehr netter Käfer war, hatte er nur einen Freund, den Regenwurm Rolf. Die anderen Käfer glaubten nämlich, dass er furchtbar stinken würde. Dabei stimmte das gar nicht. Fred wusch sich sogar jeden dritten Tag.
Das alles änderte sich, als Freds Onkel starb und ihm all seine Sachen vererbte. Freds Onkel war Gelehrter gewesen. Er hatte das Leben vieler Käfer studiert und war weit herumgekommen. Seine Kisten waren voll mit Büchern. Die fand Fred ziemlich langweilig. In einer Kiste jedoch entdeckte er etwas Besonderes: Westen. Westen zum Anziehen. Da gab es einfarbige, gestreifte, getupfte, matte und schillernd bunte. Fred probierte eine rote Weste mit schwarzen Punkten an. Sie passte. Fred freute sich. Damit sah er sicher sehr schick aus. Er musste die Weste gleich seinem Freund vorführen.
Der Regenwurm lag im Schatten und döste.
»Rolf!«, rief Fred.
Der Regenwurm öffnete nur ein Auge. »Hallo, Marienkäfer«, sagte er. »Was machst du denn hier?«
Fred stutzte und drehte sich um. Aber es war weit und breit kein Marienkäfer zu sehen. »Rolf«, sagte Fred zögernd und kam näher.
Der Regenwurm riss beide Augen auf. »Du bist ja Fred!«, sagte er. »Ich habe dich tatsächlich für den Marienkäfer gehalten. Wie kommt das? Was hast du denn da an?«
»Eine Weste!«, antwortete Fred stolz.
»Aha!«, sagte der Regenwurm. »Die sieht genau wie ein Marienkäferpanzer aus.«

Der Regenwurm hatte recht. Mit der Weste sah Fred einem Marienkäfer zum Verwechseln ähnlich.
Fred war begeistert. »Stell dir vor«, sagte er, »wenn das mit den anderen Westen auch funktioniert, dann kann ich mir ja jetzt jeden Tag aussuchen, was für ein Käfer ich sein will!«
Gemeinsam untersuchten sie die Westen. Und sie stellten fest, dass jede einem Käferpanzer bis ins Kleinste glich. Da gab es Sechspunktkäferwesten, Feuerkäferwesten und Gelbrandkäferwesten …
Am nächsten Tag besuchte Fred den alten Maikäfer. Als der alte Maikäfer die Tür öffnete, blickte er Fred lange schweigend an. »Hans?«, riet er dann. »Jochen? Kurt? Anton!«
Fred schüttelte den Kopf. Aber da er wusste, dass der alte Maikäfer ein bisschen kurzsichtig war, gab er sich bald zu erkennen.
»Fred, der Mistkäfer?!?«, sagte der alte Maikäfer. »Das ist ja unglaublich! Du siehst ja genauso aus wie ein Maikäfer!«
Der alte Maikäfer war so angetan von Fred und seiner Weste, dass er ihm sogar versprach, ihn zum nächsten Maikäferfest mitzunehmen.
Fred und seine Westen sprachen sich in der Käferwelt schnell herum. Bald wurde er als »Verwandlungskünstler« zu allen Käferfesten eingeladen und erschien dort in der passenden Weste. Manchmal sang er auch noch ein Lied, und da Fred eine sehr schöne Stimme hatte, gefiel das den Käfern besonders. Keinen störte es mehr, dass Fred ein Mistkäfer war, und niemand dachte mehr daran, dass er vielleicht stinken könnte. Fred wurde so beliebt, dass er nun oft von anderen Käfern Besuch bekam.
Überall war Fred schon eingeladen worden, sogar bei den scheuen Leuchtkäfern und den wirklich stinkenden Kartoffelkäfern. Aber Freds größter Traum war es, bei den hohen Hirschkäfern eingeladen zu werden. Die hielten sich stets abseits vom übrigen Käfervolk und galten als sehr vornehm und edel.

Als Fred eines Tages mit seinen Freunden, dem Regenwurm und dem Marienkäfer, vor seiner Höhle saß, kam der Tausendfüßler angerannt. Er war Postbote und zog aus seinem siebzehnten Stiefel einen Brief hervor.
»Für Fred«, keuchte der Tausendfüßler. »Von den hohen Hirschkäfern!« Dann rannte er auch schon weiter.
Hastig riss Fred den Umschlag auf und las seinen Brief.
»Was schreiben sie denn?«, fragte der Regenwurm.
»Sehr geehrter Herr Fred!«, las Fred vor. »Wir haben schon viel von Ihren Künsten gehört und möchten Sie deshalb am heutigen Abend zu unserem Ball einladen. Die Hirschkäfer.«
»Aha«, sagte der Regenwurm.
»Oh«, machte der Marienkäfer. »Was für eine Ehre.«
»Nicht wahr? Eine große Ehre«, sagte Fred stolz.
»Das muss ich unbedingt meinen Geschwistern erzählen«, hauchte der Marienkäfer. »Und meiner Nachbarin! Und dem Falter! Und auch der Schnecke! Und dem Laufkäfer …« Damit krabbelte er davon.
»Ich werde gleich meine Hirschkäferweste holen«, sagte Fred und ging in seine Höhle.
»Wie sehe ich aus?«, fragte er den Regenwurm, als er zurückkam. »Recht elegant, nicht wahr?«
Der Regenwurm zögerte.
»Na ja«, sagte er dann. »Also, wenn du mich fragst, ich würde das anders machen: Ich würde eine ganz besonders vornehme Weste anziehen, zum Beispiel die …«
»Nein, nein, nein, das geht doch nicht!«, unterbrach ihn Fred. »Die Hirschkäfer haben doch schon viel von meinen Künsten gehört und wissen deshalb, dass ich genau so aussehen kann wie die anderen Käfer. Also muss ich so aussehen wie sie!«
»Wenn du meinst«, sagte der Regenwurm. »Aber so siehst du jedenfalls nur aus wie ein herausgeputzter Mistkäfer!«
Fred betrachtete sich in einer Pfütze. »Stimmt«, gab er zu. »Was fehlt, ist das Geweih.«

Er dachte nach und schaute dabei auf seinen Freund. Plötzlich lächelte er. »Ich hab eine Idee«, sagte er. »Du turnst doch gerne, oder?«

»Na ja, manchmal«, antwortete der Regenwurm zögernd.

»Du könntest mir vielleicht auf den Kopf klettern und dort Geweih spielen«, schlug Fred vor.

»Wie bitte?«, fragte der Regenwurm.

»Du musst dich nur ein wenig in die Höhe recken«, erklärte Fred. »Probier es doch mal!«

Der Regenwurm überlegte einen Moment. »Meinetwegen«, sagte er dann.

Umständlich kletterte der Regenwurm an Fred hinauf.

»Du musst noch höher!«, befahl Fred. »Sonst sieht es so aus, als hätte ich einen Gummikragen!«

Mit einiger Mühe schaffte es der Regenwurm, sich mitten auf Freds Kopf zu setzen.

»Jetzt musst du nur noch dein Vorder- und dein Hinterteil in die Luft recken!«, sagte Fred.

Der Regenwurm tat es.

»Ja, schon besser. Vielleicht noch einen kleinen Knick in das obere Ende. Genau so. Jetzt ruhig halten, bitte!«
Der Regenwurm wurde ganz rot vor Anstrengung. Seine Enden zitterten.
»Stillhalten bitte!«, ermahnte ihn Fred.
»Ich kann nicht mehr«, sagte der Regenwurm und ließ sich schlaff herunterhängen. Wie zwei rotbraune Zöpfe baumelten nun seine beiden Enden von Freds Kopf herab. »Das ist zu anstrengend«, sagte er.
»Aber das sah doch schon gut aus«, sagte Fred. »Fast genauso wie ein Hirschkäfergeweih!«
Der Regenwurm ließ sich auf den Boden fallen. »So lange stillhalten kann ich aber nicht.«
»Aber dann könntest du doch mit mir kommen. Und das, obwohl du gar nicht eingeladen bist. Denk doch: Was für eine Ehre!«, versuchte Fred ihn zu überreden.
»Du musst ja nicht da oben rumturnen!«, sagte der Regenwurm. »Außerdem interessieren mich die doofen Hirschkäfer gar nicht. Ich kriech nach Hause!«
»Rolf!«, rief Fred ihm nach, aber der Regenwurm sah sich nicht einmal mehr um.
In diesem Moment kam der Marienkäfer zurück. Er schüttelte Fred sämtliche Hände. »Alle senden dir die herzlichsten Glückwünsche zu deiner Einladung«, sagte er.
»Danke, danke. Aber das hilft leider auch nichts. Ich habe doch kein Geweih!«, sagte Fred. »Wie kann ich mich denn so auf den Hirschkäferball wagen.«
»Du kannst vielleicht eine Mütze oder einen Hut aufsetzen«, schlug der Marienkäfer vor. »Dann fällt es nicht so auf.«
Fred seufzte. »Etwas anderes wird mir wohl kaum übrigbleiben.«
Fred setzte sich einen eleganten Zylinder auf und machte sich auf den Weg zu den Hirschkäfern.
Als er dort ankam, wurde es gerade dunkel. Zögernd betrat

Fred den hell erleuchteten Ballsaal. Das Fest war bereits in vollem Gang. Die Hirschkäfer standen in Gruppen beisammen oder tanzten zur Musik des Grashüpferquartetts.
Fred schaute sich um und staunte: Die Hirschkäfer waren alle verkleidet – das Fest war ein Maskenball! Einer hatte sich als Glühbirne verkleidet und sein Geweih mit einem Tuch umhüllt, um es zu verstecken. Ein anderer hatte sich Blätter und Äste ans Geweih geklebt und ging als Baum.
Fred stand noch am Eingangsportal, als ein als Indianer verkleideter Hirschkäfer auf ihn zukam.
»Ich darf Sie ganz herzlich zu unserem diesjährigen Maskenball begrüßen«, sagte er und reichte Fred einen Blütenkelch Veilchennektar.
»Danke«, sagte Fred. Er nippte an dem Kelch.
Der Indianer-Hirschkäfer musterte ihn dabei prüfend. »Sie tragen wirklich ein gelungenes Kostüm«, sagte er dann.
»Ja, finden Sie?«, fragte Fred erfreut.
»Durchaus! Nicht sehr ausgefallen, aber höchst bemerkenswert! Wirklich beachtlich!« Der Hirschkäfer nickte wohlwollend. Dann neigte er sich zu Freds Ohr und flüsterte ihm zu:
»Verraten Sie mir doch – wie haben Sie das gemacht mit dem Geweih?!«
»Ja, ich, also … ich habe nur … den Zylinder aufgesetzt«, antwortete Fred verlegen.
»Einfach so! Sie machen Witze!«, sagte der Indianer-Hirschkäfer und lachte. »Na ja, ich verstehe, dass Sie Ihr Geheimnis nicht gleich preisgeben möchten. Aber ich darf Sie doch dann nachher zu mir auf die Bühne bitten, nicht wahr?«
Fred nickte.
»Wenn Sie mich nun entschuldigen würden.« Der Indianer-Hirschkäfer ging fort, um einen neuen Gast zu begrüßen.
Fred schlenderte durch den Saal. Er stellte sich schüchtern in die Nähe einer kleinen Gruppe und hörte zu, worüber die Hirschkäfer so sprachen. Es ging gerade um ein Nashorn-

käferrennen, das vor kurzem stattgefunden hatte. Fred ging bald weiter. Keiner beachtete ihn. Eine Weile schaute Fred den Gästen beim Tanzen zu. Er versuchte, dem Hirschkäfer, der neben ihm stand, seinen Lieblingswitz zu erzählen, doch der lächelte nicht einmal.

Schließlich ging Fred zum Büfett und schlug sich dort den Bauch mit würzigen Kräutern und saftigen Wurzeln voll. Gerade, als er sich noch einen Kelch Veilchennektar griff, kam ein als Hirsch verkleideter Hirschkäfer neben ihn ans Büfett. Er knabberte schmatzend an einem Salatblatt und betrachtete Fred dabei.

»Haben Sie auch schon von diesem Skandal gehört?«, fragte er nach einer Weile.

»Wovon?«, fragte Fred zurück.

»Na, von diesem Skandal, diesem Mistkäfer, der hier heute Abend als Sänger auftreten soll«, erklärte der Hirschkäfer.

»Sänger?!«, sagte Fred erstaunt.

»Ja, ich verstehe Ihre Empörung«, sagte der Hirschkäfer. »Ich weiß auch nicht, was sich die Gastgeber dabei gedacht haben, ausgerechnet einen Mistkäfer einzuladen. Wo wir doch alle wissen, dass diese Käfer die niedersten der Art sind, dass sie stinken und hässlich sind, rülpsen und überhaupt kein Benehmen haben.« Angewidert verzog der Hirschkäfer den Mund. »Vielleicht dachte man, dass dieser Auftritt uns besonders zum Lachen bringen könnte, aber ich halte nichts von dieser Idee.«

»Aber dieser Sänger, das bin doch ich«, stammelte Fred.

Der Hirschkäfer schaute ihn an. »Das kann ja wohl nicht sein«, sagte er und lachte.

In diesem Moment drängte sich der Indianer-Hirschkäfer zu ihnen durch. »Ich habe Sie schon gesucht«, sagte er zu Fred. »Kommen Sie, kommen Sie, wir warten schon auf Sie.«

Der Indianer-Hirschkäfer zerrte Fred durch den Saal zur Bühne. Fred war völlig verwirrt. Sollte er jetzt etwa singen? Auf

der Bühne standen schon ein paar kostümierte Hirschkäfer und schienen auf etwas zu warten. Fred nickte ihnen freundlich zu, da zog ihn der Indianer-Hirschkäfer nach vorn.
»Sehr verehrtes Publikum!«, rief er durch eine Flüstertüte.
»Hier noch ein interessanter Nachzügler!«
Es wurde ganz still. Fred räusperte sich.
»Der unauffällige Star unseres Maskenballs!«, rief der Indianer-Hirschkäfer.
Fred holte tief Luft. Er wollte gerade anfangen zu singen, da rief der Indianer-Hirschkäfer: »Im ersten Moment vielleicht kein besonderes Kostüm – wäre da nicht dieser Hut! Werte Gäste, sehen Sie genau hin! Wie hat es unser Freund geschafft, sein Geweih unter diesen kleinen Zylinder zu bekommen?! Hat er es gefaltet?! Geknickt?! Gar angesägt?! Das wird er uns hoffentlich noch verraten!«
Das Publikum klatschte.
»Und nun entscheiden Sie«, rief der Indianer-Hirschkäfer.

»Welches Kostüm unseres Maskenballs verdient den ersten Preis?!«

Jetzt erst begriff Fred, dass er sich mitten in der Preisverleihung des Kostümwettbewerbs befand – und alle ihn für einen echten Hirschkäfer hielten!

Ehe er sich's versah, hatte Fred den ersten Preis gewonnen. Man gratulierte ihm und dann wurde ihm feierlich ein Fresskorb überreicht. Die Hirschkäfer klopften Fred auf den Rücken und schüttelten ihm die Hände.

»Wie haben Sie das nur gemacht? Verraten Sie uns doch Ihr Geheimnis«, bat ihn einer nach dem anderen.

»Noch nicht!«, antwortete Fred. »Aber ich werde Geheimnis und Hut bald lüften!«

Er ließ sich noch eine Weile von den begeisterten Hirschkäfern feiern und ging dann in die Nähe des Ausgangs. Dort drehte er sich um und rief: »Jetzt ist es so weit!« Er wartete, bis es ganz still war und ihn alle gespannt ansahen.

Und dann begann er zu singen:

»Ich möchte nun etwas verraten,
worum Sie mich so dringend baten.«

Fred nahm seinen Hut ab. Ein Raunen ging durch die Menge.

»Ich bin kein Hirschkäfer, nein,
und möchte auch nie einer sein.
Denn dann wär ich ja
dämlich und grämlich
und sehr überheblich
und edel angeblich
und protzig dabei
und hätt ein Geweih.
Auf MEINEM Kopf aber ist nichts zu sehen
und darum werd ich auch gleich wieder gehen.

Dies singt euch Fred, der Mistkäfer-Sänger –
und jetzt bleib ich wirklich nicht länger!«
Da regten sich die Hirschkäfer vielleicht auf! Sie waren richtig empört!
Doch Fred hatte schon seinen Korb genommen und war eilig davongelaufen.
Als er am nächsten Morgen spät aufstand, warteten vor seiner Höhle schon der Regenwurm und der Marienkäfer auf ihn.
»Wie war's?«, fragte der Regenwurm.
»War es sehr festlich?«, wollte der Marienkäfer wissen.
»Es war höchst festlich und ungeheuer vornehm«, antwortete Fred. »Die Hirschkäfer haben mir sogar einen Fresskorb geschenkt.«
»Und du bist wirklich nur mit deiner Weste hingegangen?«, fragte der Regenwurm.
»Nein, ich hatte auch einen Hut auf. Und das war eine sehr wichtige Kleinigkeit, denn ohne diesen Hut hätte ich wohl kaum erfahren, dass die hohen Hirschkäfer gar nicht so besonders edel sind«, sagte Fred.
Und dann holte er den Fresskorb, und sie frühstückten gemeinsam, während Fred seinen Freunden von dem Maskenball, vom leckeren Büfett und den überheblichen Hirschkäfern erzählte.

Joachim Ringelnatz

Die Ameisen

In Hamburg lebten zwei Ameisen,
Die wollten nach Australien reisen.
Bei Altona auf der Chaussee
Da taten ihnen die Beine weh,
Und da verzichteten sie weise
Denn auf den letzten Teil der Reise.

So will man oft und kann doch nicht
Und leistet dann recht gern Verzicht.

Helme Heine

Rosa

Jeden Morgen freue ich mich auf den Briefträger, wenn er mit seinem gelben Fahrrad die Straße heruntersaust und mit quietschender Handbremse in meine Hauseinfahrt einbiegt. Die Postkartengrüße teilt er mir immer sofort mit – er bekommt sie ja schließlich früher als ich –, dafür muss ich ihm den Inhalt meiner Briefe verraten.
Heute kam der Brief eines Hamburger Verlages. »Naaa«, brummt er neugierig abwartend, während ich den Umschlag öffne. »Ein Auftrag«, teile ich ihm im gewohnten Telegrammstil mit, »Tiergeschichte für Kinder. Erlebt oder ausgedacht. Einfach oder anspruchsvoll.«
»Besser als 'ne Rechnung«, meint er und radelt zufrieden davon.
Bei einer Frühstückssemmel und einer Tasse Kaffee entschließe ich mich für eine selbst erlebte, anspruchsvolle Geschichte, natürlich. Also nicht so eine Tiergeschichte vom Hamster Hansi, der fortläuft und unter die Straßenbahn gerät, aber auf wunderbare Weise unverletzt überlebt. Oder von einer Katze – in den einfachen Geschichten heißen sie meistens Mietze –, die Freundschaft schließt mit einer kleinen Feldmaus und mit ihr den Käse teilt. Oder von dem Kanarienvogel Trill, der Tante Anna das Leben rettet, weil er mit ihrer Monatsfahrkarte wegfliegt und sie den Bus verpasst, der später schwer verunglückt. Nein, es soll eine anspruchsvollere Geschichte sein.
Das Summen einer Fliege lenkt mich ab.
Ich könnte die Geschichte von dem Vogel Strauß in Namibia erzählen, den ich einmal geritten bin auf einer Straußenfarm, ohne Sattel und Zaumzeug. Man setzt sich auf den Strauß, den zwei Schwarze auf den Boden drücken, und hält sich an dem langen Hals des Vogels Strauß fest. Wenn er losgelassen

wird, schießt er ab wie ein Rennwagen. Aus Angst herunterzufallen klammert man sich noch fester um seinen Hals und wundert sich, dass der Strauß auf einmal langsamer wird, bis er ganz stehenbleibt. Er bekommt nämlich keine Luft mehr. Und so entdeckt man das Geheimnis, warum man einen Vogel Strauß ohne Sattel und Zaumzeug reiten kann.
Eine schöne Geschichte, nicht wahr? Na ja, anspruchsvoll ist sie nicht, aber besser als die Geschichte von der Schildkröte, ich vergaß ihren Namen, die Mutter aus Versehen im Eintopf mitkochte.
Also diese Fliege macht mich noch ganz verrückt. Ständig saust sie im Kreis um meinen Kopf herum und brummt. Hat die nichts zu tun? Hau ab, du verdammtes Vieh! Du störst!
Da fällt mir noch die Geschichte von unserem Schwan ein. Ich glaub, Lohengrin hat er geheißen. Er gehörte meinen Eltern und schwamm sommertags auf dem Schlossgraben unserer Wasserburg zur Zierde des Hauses. Schön war er anzusehen, so majestätisch und weiß. Wie anders war für ihn der Winter, wenn der Wehrgraben zugefroren war und er in der Hotelgarage unter den parkenden Autos hockte, obwohl er ein eigenes schönes heugewärmtes Schwanenhaus besaß. Lohengrin liebte die Autos. Und wenn man etwas liebhat, dann will man ganz dicht bei ihm sein. Den oder das Liebste drücken. Je länger der Winter dauerte, um so motorenölgeschwärzter wurde Lohengrin, was ihn nicht zu stören schien, denn sein Appetit und seine gute Laune waren ungebrochen.
Anfang März, als das Eis unter den ersten zaghaften Sonnenstrahlen wich, bekam ich die Aufgabe, Lohengrin zu säubern. Ich …
Jetzt ist Schluss mit dieser verdammten Fliege. Mir reicht's! Jetzt hole ich die Fliegenklatsche! Ich bin ein gutmütiger Mensch, aber wenn mich jemand ununterbrochen stört, noch dazu beim Denken, dann kann ich saugrob werden, jawohl! Wo ist sie denn? Ach da. Na, dann setz dich doch mal hin, damit ich zuschlagen

Schwebfliegen, Buckelfliegen, Bienenläuse, Dickkopffliegen, Taufliegen, Eigentliche Fliegen und Vollfliegen

kann. Nein, nicht auf meine Farben, du Biest. Du glaubst doch nicht, dass ich darauf hereinfalle und meine Farbtöpfe umschmeiße, nur um dich totzuschlagen. Husch, flieg ans Fenster! Jetzt hat sie sich auf den roten Farbtopf gesetzt. Wahrscheinlich ist Rot ihre Lieblingsfarbe. Ach Quatsch, ich glaube, Fliegen sind farbenblind, oder?
Ich gebe ihr eine Galgenfrist und schaue im Lexikon nach: »Flick«, »Flieder«, »Fliegen« gehören wie die Mücken zur Ordnung der Zweiflügler. Zu den Fliegen im engeren Sinne gehören Schwebfliegen, Buckelfliegen, Bienenläuse, Dickkopffliegen, Taufliegen. Eigentliche Fliegen sind Vollfliegen (Stubenfliegen, Steckfliegen und Fleischfliegen).
Ich höre meinen alten Biologielehrer nuscheln: »Und nun kommen wir zu den Würmern. Die Würmer kann man einteilen in Ringelwürmer, Bandwürmer und Würmer ohne Leibeshöhle.« Er macht eine kleine Kunstpause, auf den Zehenspitzen wippend, um dann fortzufahren: »Na, ist das nicht interessant, Heine?«
»Jawoll, Herr Oberstudienrat«, höre ich mich antworten, »und angeln kann man auch damit.«
Doch davon wollte er nichts wissen.
Als ich zur Schreibmaschine zurückgehe, traue ich meinen Augen nicht. Über die ganze Manuskriptseite sind rote Klekse, Farbreste, Fußspuren einer Fliege verstreut, die in meine rote Aquarellfarbe gefallen war. Unübersehbar wie ein roter Marienkäfer sitzt sie seelenruhig auf meinem besten Dachshaarpinsel und putzt sich die Flügel, so als ob nichts passiert sei.
Ich denke an das Lexikon und muss lachen. Das ist eine »Vollfliege«, voller rosaroter Farbe. Vielleicht kann sie Gedanken lesen und wollte sich mir vorstellen: »Gestatten, Rosa.«
Rosa macht mich neugierig. Ich schiebe die Schreibmaschine zur Seite und beobachte sie. Sie würdigt mich keines Blickes. Typisch Mädchen, sobald sie merken, dass man sich für sie interessiert, tun sie so, als ob man Luft sei.

Vorsichtig nähere ich mich ihr. Zentimeter um Zentimeter schiebe ich meine Hand vor, richte sie langsam auf, um Rosa darin zu fangen.

Als Rosa es bemerkt, fliegt sie auf und brummt drei langsame Runden um meinen Kopf, bevor sie sich auf meiner Nasenspitze niederlässt. Obwohl es kitzelt, halte ich still und schiele sie an. Komisch, denke ich, gestern hat sie wahrscheinlich noch auf einem Misthaufen gesessen, die Nacht im Schlafzimmer des Bürgermeisters verbracht, und zum Frühstück ist sie vielleicht ins Strandcafé geflogen und knöcheltief in der Sahne herumgelatscht. Jetzt hat sie sich der Kunst hingegeben. Was für ein Leben!

Sie ist im Gefängnis genauso zu Hause wie im Banktresor. Kein Sicherheitsschloss, keine Alarmanlage kann sie aufhalten. Sie fährt kostenlos mit der Eisenbahn und im Jumbo-Jet. Sie kennt keine Grenzen und hat vor niemandem Angst. Selbst einen Atomkrieg braucht sie nicht zu fürchten. Wir Menschen und alle großen und kleinen Säugetiere würden sterben, nur die Insekten hätten eine Überlebenschance.

Die Welt, die Zukunft gehört Rosa.

Vielleicht genügt ihr deshalb eine Lebensdauer von nur zwei bis drei Monaten. In dieser scheinbar so kurzen Zeit besitzt sie so viel Freiheit, sammelt sie so viel Erfahrung, wie es nur wenige Menschen in siebzig Jahren schaffen.

Rosa hebt von meiner Nase ab, freudig brummend setzt sie sich auf den alten Apfel, der auf dem Fensterbrett liegt. Der Schimmel scheint ihr nichts auszumachen. Liebevoll fährt sie ihren Rüssel aus und schnüffelt und nascht genießerisch. Wie ein kleiner Elefant sieht sie aus, nur dass sie sechs Beine hat und vier Flügel und rosarot leuchtet und Eier legt. Ungefähr achtzig Stück, habe ich irgendwo gelesen. Und nach gut einer Woche sind das ausgewachsene Fliegen, die wiederum achtzig Eier legen. Das macht 6400. Nach einer weiteren Woche macht das … Ich beginne zu rechnen, erst im Kopf, dann mit meinem Taschenrechner.

Die Zahlen werden so groß, dass mein Taschenrechner nicht mehr mitmacht. Am Ende komme ich auf eine Trillion Fliegenkinder. Das ist eine Zahl mit achtzehn Nullen.
In meinem Kopf summt es, als ob Rosa darin herumfliegt. Bewundernd schaue ich sie an, wie sie auf meinem Schreibpapier sitzt. Eine Trillion Fliegenkinder könnten in einem Sommer durch sie entstehen. Schaudernd lege ich die Fliegenklatsche zurück in die Schublade. Beinahe hätte ich sie damit getötet. Rosa ist für mich nicht mehr eine Fliege, sondern die Stammmutter aller Fliegen. Sie ist wie Eva im Paradies, nur dass das Paradies mein Atelier ist und ich der Herr bin.
Darf ich sie aus diesem Paradies vertreiben?
Habe ich das Recht dazu?
Ich bitte sie um Verzeihung, erlaube ihr, sich überall niederzulassen, auf der Schreibmaschine, meinem Kaffeesatz, meinem kostbaren Dachshaarpinsel, der Gardinenstange; nur in die Farbe darf sie sich nie mehr setzen, sonst …
Leise schließe ich die Ateliertür hinter mir, um Rosa nicht zu erschrecken, die kopfüber an der Decke spazierengeht.
Am nächsten Morgen finde ich sie tot in meiner roten Farbe schwimmend.
jetzt habe ich Zeit und Ruhe, meine Geschichte mit dem Schwan Lohengrin zu Ende zu erzählen, der immer noch darauf wartet, von mir gebadet zu werden.
Nachdem ich ihm einen Kohlensack über den Kopf gestülpt habe, trage ich ihn ins Badezimmer, setze ihn in die Badewanne und dusche und seife ihn so lange, bis er so weiß wie eine Kirschblüte in der Frühlingssonne leuchtet.
Zu erwähnen bleibt, dass Lohengrin um ein Haar ersoffen wäre, wenn ich ihn nicht aus dem Wehrgraben gezogen hätte. Ich hatte ihm nämlich das gesamte Fett aus seinem Federkleid herausgewaschen, das sich ohne diese Schutzschicht sofort voll Wasser saugte und ihn zum Nichtschwimmer machte.

Josef Guggenmos

Hummel, gib Acht!

Hummel, gib Acht!
die Spinne hat ein Netz gemacht.
An Engelwurz und Baldrian
knüpfte sie es voll Arglist an.
Sie hat es gesponnen aus Seide fein,
um dich zu kriegen.
Sie will dich fesseln an deinem Bein
und verschnabulieren.
Es geht um dein Leben.

Drum,
dicke Hummel, flieg mit Gebrumm
weit, weit, weit um das Netz herum.

Sei klug!
Es ist auch daneben
für dich Hummel-Brummel noch Platz genug.

Josef Guggenmos

Die Grille

Höre,
was ich dir sagen muss:
Von der Grille
einen schönen Gruß!
Von der Grille, der schwarzen,
du kennst sie doch –
am sonnigen Wiesenhang
hat sie ihr Loch.
Das Loch ist ihr liebes Grillenhaus.
Da sitzt sie davor und geigt
und geigt mit den anderen Grillen im Chor.

Doch wagt sich die Grille
ein Stücklein fort,
gleich ruft sie aus: »Du liebe Zeit,
jetzt bin ich schon zehn Zentimeter weit!«
Und geschwind
rennt sie auf ihren sechs Beinen wieder heim,
in ihr Grillenloch hinein,
dass ja kein anderer flitzen kann
in ihr hübsches Haus
unter Augentrost und Thymian!

Wolfdietrich Schnurre

Die Prinzessin kommt um vier

Ein Käfig.
Auf, ab, trottet es darin, auf, ab;
zerfranst, gestreift: die Hyäne.
Mein Gott, wie sie stinkt!

Und Triefaugen hat sie, die Ärmste!
Wie kann man mit derart grindigen Blicken überhaupt noch was sehen?

Jetzt kommt sie ans Gitter,
ihr Pestatem trifft mich am Ohr.
»Glauben Sie mir?«
»Aufs Wort«, sage ich fest.
Sie legt die Pfote ans Maul:
»Ich bin nämlich verzaubert.«
»Was Sie nicht sagen: richtig verzaubert?«
Sie nickt. »In Wirklichkeit nämlich –«
»In Wirklichkeit nämlich –?«
»– Bin ich eine Prinzessin«, haucht sie bekümmert.
»Ja, aber um Himmels willen!«, rufe ich. »Kann Ihnen denn da keiner helfen?«
»Doch«, flüstert sie; »die Sache ist so: jemand müsste mich einladen.«
Ich überschlage im Geist meine Vorräte; es ließe sich machen.
»Und Sie würden sich tatsächlich verwandeln?«
»Auf Ehre.«
»Also gut«, sage ich. »dann seien Sie heute zum Kaffee mein Gast.«

Ich gehe nach Hause und ziehe mich um.
Ich koche Kaffee und decke den Tisch.
Rosen noch aus dem Garten,
die Cornedbeefbüchse spendiert,
nun kann sie kommen.

Pünktlich um vier geht die Glocke.
Ich öffne, es ist die Hyäne.
»Guten Tag«, sagt sie scheu; »Sie sehen, da bin ich.«
Ich biete ihr den Arm, und wir gehen zum Tisch.
Tränen laufen ihr über die zottigen Wangen.
»Blumen –«, schluchzt sie, »oje!«
»Bitte«, sage ich, »nehmen Sie Platz, greifen Sie zu.«

Sie setzt sich geziert und streicht sich geifernd ein Brötchen.
»Wohl bekomm's«, nicke ich.
»Danke«, stößt sie kauend hervor.
Man kann Angst bekommen, was sie verschlingt. Brötchen auf Brötchen verschwindet; auch die Cornedbeefbüchse ist leer.
Dazwischen schlürft sie schmatzend den Kaffee und lässt erst zu, dass ich ihr neuen eingieße, wenn sie den Rest herausgeschleckt hat.
»Na –?«, frage ich. »Schmeckt es?«
»Sehr«, keucht sie rülpsend.
Doch dann wird sie unruhig.

»Was ist denn?«, erkundige ich mich.
Sie stößt abermals auf und blickt vor sich nieder. Aasgeruch hängt ihr im Fell, rötliche Zecken kriechen ihr über die kahlen Stellen hinter den Ohren.
»Nun –?«, ermutige ich sie.
Sie schluchzt.

»Ich habe Sie belogen«, röchelt sie heiser und dreht hilflos einen Rosenstiel zwischen den Krallen; »ich – ich bin gar keine Prinzessin.«

»Schon gut«, sage ich; »ich wusste es längst.«

Cornelia Funke

Tiger und Leo

Jans Hund hieß Tiger. Sein bester Freund Max fand, dass das ein alberner Name war für einen kleinen schwarzen Hund, aber der hatte sowieso immer was zu meckern.
Tiger war faul und verfressen, bellte den Briefträger und die Mülleimerleute an, bis er heiser war, lag auf dem Sofa, obwohl Mama es verboten hatte, und war für Jan der wunderbarste Hund, den er sich vorstellen konnte. Wenn er Schularbeiten machte, legte Tiger sich auf seine Füße. Und wenn er morgens aufstehen musste, zog Tiger ihm die Decke weg und leckte ihm so lange die Nase, bis er die Beine aus dem Bett streckte.
Jan und Tiger waren sehr glücklich miteinander. Bis Oma sich das Bein brach. Ja, damit fing der ganze Ärger an. Oma hatte einen dicken Kater namens Leo und der konnte natürlich nicht allein bleiben, während Oma mit ihrem Gipsbein im Krankenhaus lag. Was machte Mama also? Obwohl sie genau wusste, dass Tiger Katzen nicht leiden konnte? Dass er ganz verrückt wurde, wenn er eine sah?
»Wir nehmen Leo«, sagte sie. »Das wird schon klappen.«
Gar nichts klappte!
Papa musste dauernd niesen, weil er die Katzenhaare nicht vertrug, und Tiger – Tiger hatte den ganzen Tag nichts anderes mehr im Kopf als den Kater.

Am ersten Tag lag Leo nur auf dem Wohnzimmerschrank und schlief. Das heißt, er tat so, als ob er schlief. In Wirklichkeit blinzelte er zu Tiger hinunter, der stundenlang vor dem Schrank saß und zu Leo hinaufsah. Wenn der Kater fauchte, wedelte Tiger mit dem Schwanz. Und wenn der Kater das orangefarbene Fell sträubte, bellte Tiger. Stundenlang vertrieben die beiden sich so die Zeit. Nicht ein einziges Mal legte Tiger sich auf Jans Füße.
Am nächsten Morgen wurde Jan wie immer davon wach, dass jemand seine Nase leckte. Aber irgendwie fühlte die Zunge sich rauer an als sonst.
Verschlafen hob Jan den Kopf – und guckte in Leos bernsteinfarbene Augen. Dick und fett saß der Kater auf seiner Brust und schnurrte.
Die Zimmertür war zu und keine Spur von Tiger.
Können Kater Türen zumachen?
Leo schnurrte, grub seine Krallen ins Bett und rieb seinen dicken Kopf an Jans Kinn. Nett fühlte sich das an. Sehr nett. Obwohl Jan Katzen eigentlich nicht mochte.
Als Jan Leo hinter den Ohren kraulte, schnurrte der, als wäre ein kleiner Motor in seinem Bauch.
»Jan?« Mama machte die Tür auf. »Hast du Tiger ausgesperrt?«
Eine schwarze Fellkugel schoss durch Mamas Beine. Mit lautem Gebell sprang Tiger auf Jans Bett und fletschte die kleinen Zähne. Fauchend fuhr Leo hoch, machte einen Buckel und rettete sich mit einem Riesensatz auf den Schreibtisch. Dann jagte Tiger Leo durch die Wohnung.
Mama und Jan konnten nur dastehen und sich die Ohren zuhalten. Bellend und fauchend rasten Hund und Kater vom Wohnzimmer in den Flur, vom Flur in die Küche und von der Küche zurück ins Wohnzimmer, wo Leo sich endlich mit gesträubtem Fell auf dem Schrank in Sicherheit brachte.
»O nein!«, stöhnte Mama. »Nun sieh dir das an.«
Die Blumentöpfe waren von den Fensterbrettern gefegt. Der

Wohnzimmertisch war zerkratzt von Leos Krallen und auf dem Küchenfußboden schwammen kaputte Eier in einer Pfütze Gemüsesuppe. Tiger war gerade dabei, sie aufzuschlecken.
»Wie sollen wir denn bloß die nächsten drei Wochen überstehen?«, fragte Mama. »Ich glaub, wir müssen den Kater doch ins Tierheim bringen.«
»Nein!«, rief Jan erschrocken. Er musste an Leos raue Zunge denken, an den Schnurrmotor und seine bernsteinfarbenen Augen. »Ich werd mich um die zwei kümmern, Mama. Heiliges Ehrenwort.«
Und das tat er.
Jan gewöhnte den beiden an, nebeneinander zu fressen. Das war nicht einfach, weil Tiger viel schneller fraß und dann Leos Futter klauen wollte. Er schlief mit Leo auf den Füßen und Tiger auf dem Kissen, auch wenn die zwei sich manchmal auf seinem Bauch rauften. Er legte Tiger eine Decke in seinen Korb, die nach Leo roch, und brachte dem Kater bei, nicht gleich einen Buckel zu machen, wenn Tiger auch auf Jans Schoß wollte.
Es war Schwerstarbeit, aus den beiden Freunde zu machen. Aber Jan schaffte es. Mit Streicheln, bis ihm die Finger prickelten, und vielen, vielen Hunde- und Katzenbrekkies als Bestechungsmittel.
Aber als dann eines Abends beim Fernsehen Leo seinen dicken Kopf auf Jans linkes Knie legte und Tiger seine schwarze Schnauze auf sein rechtes, da wusste Jan, dass sich die Mühe gelohnt hatte.

Gianni Rodari

Die Reise der Affen

Eines Tages beschlossen die Affen im Zoo, eine Bildungsreise zu machen. Nachdem sie eine Weile gegangen waren, blieben sie stehen, und einer fragte:
»Was gibt es zu sehen?«
»Den Löwenkäfig, das Seehundebecken und das Giraffenhaus.«
»Wie groß ist doch die Welt und wie viel lernt man auf Reisen.«
Dann gingen sie wieder weiter, und erst am Mittag blieben sie wieder stehen.
»Was gibt es denn jetzt zu sehen?«
»Den Löwenkäfig, das Giraffenhaus und das Seehundebecken.«
»Wie seltsam ist doch die Welt und wie viel lernt man auf Reisen.«
Sie machten sich wieder auf den Weg, und erst bei Sonnenuntergang blieben sie stehen.
»Was gibt es denn zu sehen?«
»Den Löwenkäfig, das Giraffenhaus und das Seehundebecken.«
»Wie langweilig ist doch die Welt: Immer sieht man dasselbe. Und das Reisen nützt wirklich nichts.«
So reisten und reisten sie zwar, waren aber nie aus ihrem Käfig hinausgekommen.

Norah Burke

Königstiger

Still jetzt – still – *still*!
Das Tigerkind sah seine Mutter erstaunt an und gehorchte brav. Die Beute war erlegt, sie brauchten sich nur darüber herzumachen. Aber offenbar musste man sie genauso vorsichtig angehen wie gestern, als man sie schlug. Der Mond war noch nicht aufgegangen, und die Tigerin umkreiste sie mit der äußersten Vorsicht. Das Tigerkind tat es ihr nach.
Es war ein ganz kleines, verspieltes Jungtier, noch völlig unerfahren. Sein Fell war ein Babyfell, weich und flaumig, der geschmeidige, haarige Glanz und die leuchtende Farbe des ausgewachsenen Tigers fehlten ihm. Mit seinen Milchzähnen konnte es vielleicht ein junges Schwein, ein Eichhörnchen oder einen Pfau töten, aber kein größeres Tier. Später würde es groß und stark sein. Anstelle der Milchzähne würden die Fänge treten und die Muskeln anschwellen, bis der Tiger einen ausgewachsenen Büffel töten und notfalls vier Meilen weit fortschleppen und die Hälfte der Beute dann auf einmal fressen könnte.
Dann würde er ein feuriger König sein, den die höchsten Würden des Dschungels erwarteten. Doch zuerst mussten gefährliche Proben abgelegt werden.
Auf der wilden Ebene, die sich vor ihnen mit strauchbewachsenen struppigen Hügeln entrollte, lagen die zerfetzten Überreste des Büffels, den sie in der vergangenen Nacht gerissen hatten und von dem nur noch Kopf und Schultern übrig waren. Die hatten sie mit Dorngestrüpp und Blättern vor den Schakalen und Aasvögeln verborgen.
Trotzdem hatten sich zwei Schakale eingefunden. Hastig schnappten sie sich ein paar Happen, immer gewärtig, dass der rechtmäßige Besitzer auftauche. Plötzlich hielt der eine

wie erstarrt inne, er hatte die Tiger bemerkt. Seine Nackenhaare sträubten sich. – Wie der Blitz schossen die beiden Schakale davon, und im nächsten Augenblick hallte der Dschungel von ihren Alarmschreien wider.
»Fiau!« machten sie. »Fiau! Fiau!«
Eine Hyäne, das Fell verunreinigt von dem übelriechenden Loch, in dem sie hauste, hatte auf der anderen Seite der Beute gierig gelauert. Nun besann sie sich schleunigst eines Besseren und schlich davon. Vielleicht gäbe es später noch was zu holen, und wenn es nur ein stinkender Knochen wäre.
Zornig, weil sie bemerkt und ihre Anwesenheit gemeldet worden war, ließ sich die Tigerin ins Gras sinken, um abzuwarten, bis sich die Aufregung legte. Ihr Junges kauerte sich neben sie.
Nach stundenlangem lautlosem Umherstreifen auf den Waldpfaden – die Tigerin konnte in einer Nacht zwanzig Meilen zurücklegen – waren die beiden in der vergangenen Nacht auf diesen Büffel gestoßen, dort, wo ein Holzweg und eine breite Schneise, die als Sicherung gegen Waldbrände geschlagen worden war, sich kreuzten – ein guter Jagdplatz für Tiger. Sie töteten ihn. Und nun wollten sie ihre zweite Mahlzeit halten.

Das Tigerkind spürte, dass seine Mutter unsicher und ängstlich war. In der zweiten Nacht drohte stets Gefahr. Trotzdem wollte sie nicht auf die Beute verzichten. – Nach langem Zögern glitt sie auf die Büffelreste zu, das Junge folgte ihr.
Es war immer noch stockfinster, als die beiden zu fressen begannen, nicht mehr lautlos jetzt. In großen Bissen schlangen sie Haut, Haare und Knochen hinunter, zerknackten und zermalmten die Knochen, verschluckten die spärlichen harten schwarzen Haare. Der kleine Tiger schlang hastig. Ach, das köstliche, schmackhafte Fleisch, die splitternden Knochen, die alle ein wenig Mark enthielten.
Nach einer Weile begab er sich zu einem nahen Tümpel, um zu saufen.
Der Mond stieg gerade hinter den Baumkronen hoch, als plötzlich die Nacht von einem Büchsenknall und dem gewaltigen Gebrüll der Tigerin zerrissen wurde.
Das Tigerjunge machte vor Schrecken einen Riesensatz, dann jagte es in den Dschungel zurück.
Dort wartete es darauf, dass seine Mutter käme oder es rufen würde, aber sie kam nicht.
Es wartete zwei Nächte und zwei Tage.
Dann meldete sich der Hunger.
In der dritten Nacht trieb das Verlangen nach Fressen den kleinen Tiger trotz all seiner Angst zurück an die Stelle, wo er seine Mutter das letzte Mal gesehen hatte. Er fand keine Spur mehr von ihr.
Der Schädel und die Hörner des Büffels und ein paar große Knochen lagen noch herum, säuberlich abgenagt, zu weiß und trocken, um noch Geruch zu geben. Die Hyäne war zu ihrer Mahlzeit gekommen, die Schakale waren satt geworden, und auch die Würmer und die kleinen Aasvögel. Die Geier hatten sich um eine solche Kleinigkeit nicht gekümmert.
Der kleine Tiger schweifte durch den Dschungel, und jetzt peinigte ihn der Hunger so sehr, dass er irgend etwas zu fres-

sen finden musste, wenn er auch nicht wusste, wie. Jetzt musste er für sich selber sorgen und alles *allein* erlernen.

Er entsann sich der Frösche in dem Tümpel, aus dem er getrunken hatte. Der wimmelte von Fröschen, die quakten und im Schlamm herumpatschten, und es fiel ihm leicht, sie zu fangen. Jeder Frosch war nicht mehr als ein Schluck kalten Schleims, aber es war doch immerhin etwas zu fressen.

Eine Zeitlang lebte er in der Nähe des Tümpels und ernährte sich von Fröschen, aber sie konnten den gewaltigen Hunger nicht stillen, der in seinen mageren Flanken bohrte. Er musste zu Fleisch kommen.

Wenn die Nacht anbrach, machte er sich zu stundenlangen Streifzügen durch den Dschungel auf. Wie er es mit seiner Mutter getan hatte. Durch vertrocknete Flussbetten, durch Schneisen und über Waldpfade, auf Wegen, die der Mensch angelegt hatte.

Eines Tages sah er plötzlich eine Herde gefleckten Rotwilds in der Morgenfrühe auf einer Lichtung äsen.

Der junge Tiger starrte sie unverwandt an, jede Faser seines Körpers verzehrte sich nach ihnen in schmerzender Begierde. Er duckte sich und schlich durch das Unterholz so nah an sie heran, wie er es, ohne seine Deckung zu verlassen, nur irgend konnte.

Auf einmal stellte eine Hindin ihre großen Ohren, die die ganze Zeit über in Bewegung waren, um die Fliegen zu vertreiben und nach allen Seiten zu lauschen, in seine Richtung und beäugte ihn ausgiebig. Sie stampfte mit den Hufen, und dieses Signal alarmierte die ganze Herde.

Aber bald darauf beruhigten sich die Tiere wieder und begannen von neuem zu äsen. Und der kleine Tiger kroch langsam näher und näher, bis er das Zupfen und Malmen des grasenden Wilds hören konnte.

Als er den äußersten Rand der Deckung erreicht hatte, richtete er sich halb auf, wiegte sich ein paar Mal hin und her, um sein Ziel anzuvisieren und Kraft zu sammeln, dann schnellte er wie ein Pfeil aus dem Gebüsch und galoppierte auf die Herde los.

Sie bemerkten ihn erst, als er sie schon fast erreicht hatte. Im nächsten Augenblick stürmten sie in wilder Flucht davon, ihre kleinen Hufe trommelten auf dem harten Boden, er sah ihr geflecktes Fell noch ein paar Mal zwischen den Bäumen aufleuchten, sie waren ihm ohne große Mühe entkommen.

Sein Galopp verlangsamte sich zum Trab, zum Schritt. Dann blieb er stehen und knurrte vor Enttäuschung.

Da flatterte eine aufgescheuchte Krähe aus dem nahen Unterholz, landete auf einem Baum und wischte ihren Schnabel am Ast ab.

Sofort begab sich der junge Tiger dorthin, wo der Vogel gefressen haben musste. Schon bald witterte er Aasgeruch – die Überreste eines Sambarhirsches, die ein anderer Tiger hier zurückgelassen hatte.

Er war zu hungrig, um wählerisch zu sein, legte sich nieder und verschlang gierig das verfaulte, von Würmern wimmelnde Fleisch. Dann erhob er sich mit dem angenehmen Gefühl des Gesättigtseins und machte sich auf die Suche nach Wasser. Unterwegs reinigte er seine Klauen, indem er sich aufrichtete und an der Borke eines Baums entlangkratzte. Die Spuren, die er hinterließ, würden noch lange Zeit sichtbar sein. Zwischen großen Steinen entdeckte er einen schon etwas ausgetrockneten Tümpel, doch an der Einlaufstelle konnte er noch Wasser rieseln hören. Im tiefen Schatten eines Felsvorsprungs zitterten Farnkräuter.

Er warf sich mit einem Plumps ins Wasser, sodass es über den Fels lappte. Es war erfrischend und kühl, gerade angenehm. Schwer schnaufend lag er da, ein paar Fliegen stellten sich ein und belästigten ihn, die Augen fielen ihm zu, er riss sie wieder auf und schloss sie abermals, bis er sie endlich nicht mehr aufbrachte und einschlummerte.

Der Tag nahm zu, schläfrig summten die Fliegen, im Wald flötete ein goldfarbener Pirol.
Nach einer Weile wachte der junge Tiger auf, triefend tapste er auf den Sand, wo er sich schüttelte und trocknen ließ, um dann noch ein wenig im feuchten Schatten weiterzuschlafen.
Die nächsten zwei, drei Tage brauchte er nicht zu fressen, aber dann kam unerbittlich der Augenblick, wo er wieder durch den Dschungel strich, unerfahren und vom Hunger geplagt. Die Affen und die Vögel des Dschungels erspähten ihn von ihren Baumwipfeln und verbreiteten die Nachricht von seinem Kommen. Und kaum wusste man von seiner Anwesenheit, war auch schon alles auf der Hut.
In freiem, niedrig bewachsenem Gelände am Rand des Dschungels, durch das die Tiger so gern streifen, gab es Pfauen. Trotz ihrer leuchtenden Farben verwechselte er sie manchmal von fern mit einem Baumstumpf. Die Pfauen haben von allen Tieren die schärfsten Augen, aber der junge Tiger hatte sich in den Kopf gesetzt, einen Pfau zu erbeuten, und sprang aus dem Gras auf sein Opfer los.
Mit einem schrillen Schrei erhob sich der große Vogel kurz vor des kleinen Tigers Nase, der sprang noch einmal und erwischte die Schleppe und spürte, wie die schönen, langen, harten, wunderbaren Federn in seinen Fängen zerrten.
Schimmernde blaue und grüne Federn flogen nach allen Seiten auf, und das Gras wurde niedergeweht vom Wind, den die großen schlagenden Schwingen gaben, als der Pfau sich kreischend zu befreien versuchte und dabei den kleinen Tiger über den Boden schleifte.
Dann sank der Vogel nieder.
Sporenbewehrte Klauen schlugen nach dem Tiger, aber der erwischte den Vogel am Kopf und tötete ihn.
Dann fraß er, wobei er immer wieder einen Knäuel Federn ausspucken musste. Die splitterigen Vogelknochen brach er und verschlang sie, sie schadeten ihm nichts.

Der Pfau war seine erste selbsterlegte Beute, und er erhob sich von seiner Mahlzeit mit einem Gefühl von Macht. Mit schweren Schritten ging er von dannen, eine Menge saphirblauer Federn hinter sich lassend, und gab seine satte Zufriedenheit in lautem Brüllen kund.

Danach kam eine lahme Kuh von den Weidegründen an die Reihe, dann ein oder zwei Büffelkälber.

Unvermeidlich wurde er zu einem Ärgernis der umliegenden Dörfer, zumal er stark und groß wurde und schließlich ein ausgewachsener Prachttiger war, dem der ganze Dschungel offenstand. Da er als Tigerbaby gelernt hatte, dass man niemals zu seiner Beute zurückkehren soll, hatte er gute Aussichten, sehr alt zu werden. Aber das hieß auch, dass er viel häufiger töten musste, als er es sonst getan hätte, und verlaufene Rinder waren eine leichtere Beute als der Sambarhirsch der Wälder, das wilde Schwein und das Stachelschwein und die großen Antilopen aus dem Busch.

Schließlich sannen die empörten Büffelhirten auf Rache. Sie wussten, dass der Tiger, wenn er seine Beute erlegt hatte, im dichten Gras zu ruhen pflegte, und so trieben sie ihre Büffel hinein, damit sie den Tiger zu Tode trampeln und mit ihren Hörnern zerfetzen sollten.

Der Tiger hörte das laute, zornige Schnauben der Tiere, als sie seine Witterung aufnahmen, und er erhob sich mit einem ersten prickelnden Gefühl der Angst in seinem Leib. Mit einem Gefühl, als leere sich sein Magen angesichts des wie unabwendbar nahenden Todes.

Nun sollte es zur Kraftprobe zwischen ihm und dem Menschen kommen.

Einen Augenblick lang stand er mit hochgerecktem Kopf sprungbereit da und überlegte. Dann glitt er lautlos durch das hohe Gras fort von seinen Widersachern, ohne dass auch nur das leiseste Flüstern der dicken, hohen, dürren Halme, durch die er strich, zu hören war.

Doch da, vor ihm, waren schon wieder Büffel. Sie hatten ihn noch nicht gewittert, weil sie den Wind im Rücken hatten. Doch jetzt hörten sie die anderen auf seiner Spur, und auch sie fingen an zu schnauben und mit den Hufen den Boden zu stampfen und auf den Tiger loszustürmen, wobei sie das drei Meter hohe Gras niederlegten.
Der Tiger setzte sich seitwärts ab.
Noch mehr Büffel.
Er war umzingelt.
Unentschlossen stand er da. Senkte seinen dicken Kopf und stieß ein schreckliches Knurren aus, das im weiten Umkreis zu vernehmen war.
Auf diesen Laut hin trat eine kurze Stille ein, dann ertönte ein Schrei aus menschlichen Kehlen, und die Büffel stürmten los. Der Tiger war ihr Feind, und nun war endlich der Augenblick gekommen, da sie ihn zur Strecke bringen konnten.
In großen Sätzen wich er ihnen aus, schlug Haken, lief auf und ab, hierhin und dorthin, und der Kreis wurde auf bedrohliche Weise immer enger.
Überall aus dem hohen Gras brachen die gewaltigen gebogenen Hörner, die aneinanderschlugen, die dröhnenden Hufe, die nach ihm zielten.
Der eingekesselte Tiger duckte sich, brüllte in rasendem Zorn. Eine Flut von stoßenden Hörnern, weißen Augen, heißem Atem kam auf ihn zu.
Als die Büffel heran waren, sprang er mit einem Brüllen drei Meter hoch in die Luft, direkt in den Rachen des Todes hinein, über die vordersten Köpfe, über die erste Reihe der langgestreckten, knochigen, schwarzen Rücken hinweg, auf die tobenden, drängenden Tiere hinauf.
Er landete auf ihren Rücken. Wanderdünen brüllender Büffel unter seinen Tatzen, sprang und galoppierte er über sie hinweg, über die grausamen Hörner und die gefährlichen Klüfte, die sich zwischen den einzelnen Tieren auftaten, in die er

stürzen sollte, um unter die Hufe zu geraten. Hinüber und noch einmal hinüber sprang er brüllend, schnellte sich vom letzten Tierrücken ab und jagte auf den Dschungel zu.

Er zog in ferne Wälder, die Höhen des Himalaja hinauf, fast bis zur Schneegrenze, wo Eichen und Kiefern wuchsen und Goldrute und Farne. Dort lebte er und nahm an Schönheit, Kraft und Schläue zu. Dort erjagte er seine natürliche Nahrung und wurde größer als die meisten Tiger – herrlich und königlich. Sein Nackenhaar glich beinah einer Mähne, und sein riesiger gestreifter Körper leuchtete schwarz und golden zwischen den Stämmen der Wälder. Er nahm sich eine Gefährtin und zeugte Söhne. Und die Sonne schien und der Regen fiel und das Mondlicht leuchtete auf diesen Tiger, eines der letzten großen Raubtiere, deren Tage gezählt sind – und die doch seit Urzeiten die Erde bewohnt haben.

Jürg Schubiger

Muh und Meh

Viele Tiere haben ihre Lieblingswörter. Wenn sie diese Wörter einmal können, kommen sie nicht mehr davon los. Die Kuh brüllt Muh. Sie brüllt nicht Mah oder Mih, und Maus oder Mus schon gar nicht. Und sie *brüllt* es immer, nie flüstert oder murmelt sie es. Ihre Sprache ist also leicht zu lernen. Die Sprachen anderer Tiere auch.
Muh heißt »mehr Ruh«. Kühe lieben die Stille. Darum brüllen sie.
Der Hahn kräht Kikeriki. Und das heißt »Jetzt oder nie!« Damit redet der Hahn sich Mut zu. Mut zu was? Einfach Mut, Mut zu allem.
Der Hund bellt Waf. Und zwar, weil er das S nicht aussprechen kann. Waf bedeutet »Was?«, oder »Was ist denn schon wieder los?« Der Hund bellt so lange, bis er eine Antwort hat. Auch der Frosch stellte eine Frage. Sein Qua-qua ist Lateinisch und bedeutet »Wo?, Wo?«
Der Frosch sucht etwas, und zwar seit zweitausend Jahren. Damals sprach man noch Latein.
Die Katze schreit Miau. Sie kann weder das R noch das Ch aussprechen. Miau heißt »Mir auch«. Büchsenfleisch, frische Leber, ein Gang durch den Garten: Das alles steht mir zu wie anderen Katzen auch.
Das Schwein grunzt Chrrr. Es kann also das Ch *und* das R aussprechen. Damit hat es sich aber. Chrrr bedeutet bloß Chrrr und nichts darüber hinaus.
Das Pferd wiehert. Sein Wihihihi ist ein aufgeregtes »Wie«: Wie weit, diese Wiese!, ruft es. Wie eng, dieses Zaumzeug! Der Esel schreit I-a. Und das bedeutet natürlich »ja«. Am liebsten möchte der Esel aber nein schreien, denn er ist im Grunde dagegen. I-a heißt also nicht ja, sondern nein.

Das Schaf blökt Meh. Und das heißt nicht etwa »mehr«, mehr Gras, mehr Heu, mehr Wasser. Meh heißt »Meer«. Das Schaf ruft das Meer herbei, doch das Meer kommt nicht.
Die Meise pfeift Ziwitt, was »zu dritt« bedeutet. Was sie damit meint, bleibt ein Rätsel.
Die Türkentaube gurrt Gu-guh-gu: »Gut gurrst du.« Das ruft sie einer anderen Türkentaube zu und ermuntert sie so zum Gurren und gurrt dabei selber auch.

Es gibt Tiersprachen, die schwieriger sind. Um die Sprache der Ameisen, eine Duftsprache, zu lernen, müsste man ein ganzes Jahr in einem Ameisenhaufen zubringen. Und wer will das schon!
Die Sprache der Fische können noch nicht einmal die Fische ganz. Sie können erst die Pausen zwischen den Wörtern. Die sind schon so ruhig und schön, dass man auf die Wörter gespannt ist.
Die Sprache der Regenwürmer tönt wie der Regen. Da diese Würmer nur reden, wenn es regnet, weiß man nie, ob man die Würmer hört oder den Regen.

Manfred Kyber

Das patentierte Krokodil

Es war eine Wüste, und in der Wüste war ein Fluss, und in dem Fluss war ein Krokodil. Es tut mir leid, es zu sagen, aber Krokodile sind nicht beliebt. Nein. Das kommt nicht etwa daher, weil ihre Toilette meist schlammig und salopp ist oder weil sie unleugbar einen etwas unsympathischen Zug um den Mund haben; denn das sind schließlich Äußerlichkeiten. Die Unbeliebtheit kommt vom Appetit. Das ist in der ganzen Welt so: je größer der Appetit, um so kleiner die Beliebtheit. Liebe und Freundschaft gedeihen nur unter Ausschluss des Appetits, und man versteigt sich sogar so weit, die harmloseste Konversation nur einzugehen unter der engherzigen Bedingung, dass man nicht gefressen oder auch nur angeknabbert wird. Es ist gewiss einseitig, aber auch begreiflich, denn niemand will, kaum dass ein paar verbindliche Worte gewechselt sind, gleich ohne Hände oder Beine dasitzen, die er doch anderweit benötigt und die ihm schließlich auch gehören. Und so ist man bei jedem, den man verschlucken will, unbeliebt. Da nun das Krokodil auf alles Appetit hat und alles verschlucken will, so ist es auch bei allen unbeliebt. Es schluckt Missionare, Frösche, Neger, Affen und selbst die eigenen Familienangehörigen – alles aus Appetit. Es bekommt ihm auch alles – Gott sei Dank –, und es verdaut auch alles, sogar seine Verwandten.

Das Krokodil lag also in dem Fluss, der in der Wüste war, hatte Appetit und war böse. Böse war es nicht, weil es Appetit hatte, sondern weil nichts da war für den Appetit, und da ist jeder böse, nicht nur ein Krokodil, sondern auch die zarteste Dame.

»Wie schön wäre jetzt ein Weißer!«, sagte das Krokodil und blinzelte in die Morgensonne. »Weiße sind zum Frühstück am besten, Neger sind besser zum Mittagessen, sie sind öliger und halten länger vor. Es ist ein Unterschied wie zwischen Huhn und Ente. Pikant sind Weinreisende, sie haben Wildgeschmack durch den Alkoholgenuss und sind meist gut im Stande.«

Das Krokodil lächelte wehmütig, wodurch sich der unangenehme Zug um den Mund noch verschärfte, so leid es mir tut, das zu sagen.

»Nicht mal einheimische Küche ist zu haben«, fuhr das Krokodil fort und schluckte heißhungrig, »ich wäre schon mit Hausmannskost zufrieden, mit einem Neffen oder einer Nichte. Aber einen Teil hab' ich gegessen, die anderen sind flussabwärts geschwommen, man hat gar kein verwandtschaftliches Gefühl mehr heutzutage. Was nützt da der Appetit?!«
Und das Krokodil bettete seinen hungrigen Magen tiefer in den nassen Schlamm, machte die Augen resigniert zu und gähnte. Dabei hielt es nicht mal die Vordertatze vor den Mund; denn der Mund ist sowieso zu groß, und dann gibt das Krokodil überhaupt nicht viel auf Manieren.

Ich werde dösen, dachte es – und es döste.

Oben auf dem Dattelbaum botanisierte emsig und leise gurrend ein kleiner Makako. Es war ein sehr fröhliches Äffchen, und es freute sich permanent darüber, dass es ein Äffchen war und dass es überhaupt da war. Dazwischen turnte es ein wenig nach der Methode ›Mein System‹ oder ›Wie bekomme ich den schönsten Schwanz, die längsten Arme und die kürzesten Beine?‹. Dann setzte es sich auf einen Ast und suchte mit größter Aufmerksamkeit nach lästigen Ausländern in seinem Fell und exmittierte sie ohne Unterschied, Männer, Frauen und selbst zarte Kinder. Es war eine mühselige, aber ertragreiche und dankbare Arbeit.

»An drei Stellen zugleich kann ich mich kratzen«, sagte der kleine Makako und grinste selbstzufrieden, »mit dem Schwanz und dem einen Bein halte ich mich, was übrig ist,

das kratzt. Wie weise ist doch die Natur!« Der kleine Makako war eben ein sonniges und bescheidenes Gemüt. Mitten in dieser Prüfung seiner Garderobe wurde er jedoch durch das etwas heisere Organ des Krokodils gestört. Das Krokodil hatte nach oben gesehen und das Äffchen bemerkt. »Pst, Sie«, rief es, »kommen Sie runter, ich will Sie fressen.« Es sagte »fressen«, denn das Krokodil hat keine feine Ausdrucksweise. Der kleine Makako erschrak furchtbar. »Nein, keinesfalls!«, sagte er weinerlich, und sein Fell sträubte sich vor Angst, sodass die lästigen Ausländer ganz verstört umherliefen. »Sie wollen also nicht«, fauchte das Krokodil hämisch und pustete bösartig durch die Nasenlöcher. »Gut, ich werde warten, bis der Appetit Sie vom Baum treibt, wenn nichts mehr da ist. Alles im Leben ist Appetit. Ich weiß das.«
Der kleine Makako sagte gar nichts mehr, er nahm ein Dattelblatt und schluchzte fassungslos hinein. Wo war nun die Weisheit der Natur, was nützten einem nun die langen Arme und die kurzen Beine, die man durch ›Mein System‹ erzielte, wenn sie verschluckt werden sollten?
»Arroganter Kerl«, knurrte das Krokodil und räusperte sich gehässig, »ziert sich, als wäre er ein besonderer Leckerbissen, dabei ist Affenfleisch ganz kommun.«
Der kleine Makako war aber gar nicht arrogant, er hatte bloß schreckliche Angst, weil er gefressen werden sollte, und er dachte an Papa und Mama und an des Makako-Nachbars älteste Tochter, von deren lächelndem Mäulchen er den ersten Kuss bekommen, weil er ihr galant und ritterlich das zarte Fell abgesucht hatte. Und bei solchen Gedanken ist das ganz gleich, ob es ein großer Mensch ist oder eine kleine, zitternde Affenseele – und bei vielem anderen übrigens auch. Aber es gibt etwas auf der Welt, das sich dazwischen armer, geängstigter Geschöpfe erbarmt, und es erbarmte sich auch des kleinen Äffchens. Grad als der Makako zum zweiten Dattelblatt griff und hineinheulte, war ihm, als umschlänge ihn ein

Affenschwanz, und eine Stimme flüsterte ihm einen Gedanken zu – es konnte Mama oder Papa sein oder des Nachbars Älteste. Der Gedanke war so schön, dass der kleine Makako sofort aufhörte zu heulen, sein Fell legte sich wieder, und sein Frätzchen nahm den Ausdruck unsagbarer Heiterkeit an, der Heiterkeit, die so besonders hübsch ist, wenn sie ein hässliches Gesicht verklärt.
»Pst, Sie«, äffte der kleine Makako das Krokodil nach und warf ihm Dattelkerne auf den Kopf. »Sind Sie denn auch patentiert?«
Wie viele sind so! Kaum geht's ihnen gut, so schmeißen sie mit Dattelkernen. Das ist menschlich, und die Affen haben ja so etwas Menschliches.
»Wieso patentiert?«, fragte das Krokodil misstrauisch, »ich will Sie fressen, und das werde ich auch tun.«
Das Äffchen kreuzte die langen Arme über der Brust und sah überlegen auf das Krokodil herab. »Alle anständigen Leute in der Wüste werden jetzt patentiert«, sagte es, »sonst ist man nicht fair. Aber man muss was haben, was andere nicht haben.«
Dich will ich bald haben, dachte das Krokodil ärgerlich; aber die Sache ging ihm im Kopf herum, denn es wollte gern fair sein. Da ein Krokodilgehirn nicht groß ist – je größer das Maul, um so kleiner das Gehirn –, war seine Denkkraft bald erschöpft. »Wo kann man denn patentiert werden?«, fragte es.
»Beim Wüstenpatentkomitee. Das ist ein Büro.«
Das Krokodil besann sich. »Wie komme ich da am besten hin?«, erkundigte es sich, »vorausgesetzt, dass es nicht weit ist und dass Sie hier warten. Darauf muss ich mich verlassen können.«
»Sicher«, sagte das Äffchen und rieb sich die Hände vor Vergnügen, »das Büro ist, wie alle Büros, in der Wüste. Guten Erfolg, hoffentlich reüssieren Sie!« Das Krokodil krabbelte ans Ufer und trottete langsam in die Wüste hinein. Nach einer

Weile kam es an eine Bretterbude, da dachte das Krokodil: Aha. Wie viele haben schon »Aha« gedacht, aber es war nichts dahinter. Diesmal aber war es doch richtig, denn auf der Bude stand in großen Lettern: Wüstenpatentkomitee G.m.b.H. (Gesellschaft mit besondrer Hinterpfote). Eben verließ das Rhinozeros mit freundlichem Kopfnicken das Lokal, und das Krokodil trat ein und stand vor dem Komitee.

Das Komitee bestand aus dem Kamel, dem Marabu und dem Panther. Das Kamel hatte die Akten zu führen und sonstige Schreiberdienste zu verrichten, es ließ mit subalterner Miene die Unterlippe hängen und trug das allgemeine Wüstenehrenzeichen um den Hals, eine kleine Tretmühle in den Landesfarben. Der Marabu hatte keine Haare auf dem Kopf und war juristischer Beirat, und der Panther als Vertreter der Behörde saß an einem Tisch und maniküre seine Pfoten.

Als das Krokodil sah, dass das ganze Komitee essbar war, klappte es vor Appetit mit den Kinnbacken.

»Hören Sie doch auf zu klappen!«, schrie der Panther gereizt, »macht einen ja nervös!«

Das Krokodil ärgerte sich, aber es wollte gern ein Patent haben, und so legte es bescheiden und leise die obere Kinnlade auf die untere.

»Was wünschen Sie?«, fragte das Kamel und schob die subalterne Unterlippe nach oben.

»Ich will patentiert werden.«

»Und woraufhin?«

»Das ist mir ganz egal. Auf meinen Appetit.«

»Lachhaft«, murmelte der Panther, »haben ja alle.«

»Dann auf mein großes Maul«, sagte das Krokodil eingeschüchtert und sperrte den Rachen empfehlend auf.

»Ihr pp. Maul ist recht groß, wie wir es hier in loco sehen«, meinte der Marabu als juristischer Beirat, »aber damit stehen Sie nicht allein da. Die meisten Menschen haben ein viel größeres.«

Das Krokodil weinte zwei von den bekannten Krokodilstränen und glotzte ratlos und dösig auf das essbare Komitee. Schließlich wurde es aber böse und schlug den Schuppenschwanz erregt hin und her. »Ich will aber patentiert werden!«, schnappte es asthmatisch vor Ärger.
»Ruhe! Sonst werden Sie rausgeschmissen!«, brüllte der Panther und schlug mit der Pfote auf den Tisch.
»Jawohl, Ruhe!«, blökte das Kamel und ließ die subalterne Unterlippe devot hängen, indem es diensteifrig nach dem Panther schielte.
»Wenn ich Ihnen einen Rat geben darf«, kakelte der Marabu höflich und beschwichtigend, »so würde ich Ihr Gebiss patentieren lassen. Soweit ich es übersehen konnte, als Sie Ihr wertes Maul öffneten, ist es von achtbaren Dimensionen und jedenfalls einzig in seiner Art. Es ließe sich als Fleischhackmaschine registrieren.«
»Also dalli«, sagte der Panther, zum Kamel gewandt, und strich sich die Schnauze, »lesen Sie das Register vor!« Das Kamel las eintönig, mit blökender Stimme, da es der Meinung war, es käme einem Unterbeamten nicht zu, ein Wort eigenmächtig besonders zu betonen. »Patent Nr. 1. Der Brillenschlange für eine Brillenzeichnung auf dem Kopfe. Abteilung optische Artikel. Patent Nr. 2. Dem Känguru für eine Beuteltasche auf dem Magen. Abteilung Galanteriewaren. Patent Nr. 3. Dem Rhinozeros für ein Horn auf der Nase. Abteilung Bijouterie.«
»Sie können nun zwischen einem englischen und einem deutschen Patent wählen«, wandte sich der Marabu an das Krokodil, »auf dem englischen steht drauf ›made in Germany‹ und auf dem deutschen ›façon de Paris‹.«
»Welches ist denn besser?«, fragte das Krokodil misstrauisch.
»Das ist lediglich Geschmackssache«, sagte der Marabu, »das Känguru zum Beispiel wählte das englische Patent mit Rücksicht auf die politischen und gesellschaftlichen Verhältnisse

Australiens, während das Rhinozeros, das nur auf Schick etwas gibt, sich ohne Besinnen für façon de Paris entschieden hat.«

»Ich will alle beide haben«, sagte das Krokodil.

»Das geht nicht«, meinte der Marabu und zuckte bedauernd die Flügel, »aber ich würde Ihnen, da es sich um eine Fleischhackmaschine handelt, zum englischen Patent raten …«

»Also Schluss!«, brüllte der Panther, »schreiben Sie: Patent Nr. 4. Dem Krokodil für eine Fleischhackmaschine – im Maul – äh – Abteilung Küchengeräte. Guten Morgen!«

Mit diesen Worten stand der Panther auf, nahm den Schwanz vorschriftsmäßig über die Pfoten und verließ schnurrend das Lokal; die Bürostunden waren zu Ende.

Das Kamel fertigte das Diplom aus, und der Marabu übergab es dem Krokodil mit einigen ermahnenden Worten. »Seien Sie recht vorsichtig«, sagte er, »Diplome sind etwas rein Dekoratives, sie sind auf sogenanntem autosuggestivem Wege aus dem überaus zähen und gänzlich unverdaulichen Stoff der Tradition hergestellt – ein übrigens internationales Verfahren –, also verschlucken Sie es ja nicht! Ich empfehle mich Ihnen.« Und der juristische Beirat frühstückte einen langen Wurm, den ihm seine Frau in Butterbrotpapier eingewickelt hatte. Marabus lebten in der Nähe einer europäischen Niederlassung und waren schwer kultiviert. Daher das Butterbrotpapier und die juristischen Kenntnisse.

Als das Krokodil den juristischen Beirat frühstücken sah, wurde ihm ganz schwach. Es nahm behutsam sein Diplom zwischen die Zähne und trottete eiligst ab, dem Flussufer zu, um den kleinen Makako zu fressen. Aber das Äffchen war nicht mehr da.

Wie unzuverlässig doch heutzutage die Leute sind! dachte das Krokodil, kein Wunder, dass man das Alte und Gute patentiert. Und es blies sich ganz dick auf vor Stolz und kroch mitten in den Schlamm hinein.

So lag es Stunden. Indes war es Abend geworden, und es sammelte sich viel Publikum im Fluss und an den Ufern, um Abendbrot einzufangen.

»Warum speisen Sie nichts, Herr Kollege?«, fragte ein kleiner Alligator das Krokodil im Vorbeischwimmen. Er sah satt und zufrieden aus und schluckte mit jovialer Miene an den Resten eines Angehörigen.

Das Krokodil konnte schwer sprechen. »Ich bin patentiert«, lispelte es hochmütig, »ich kann nicht essen, ich habe mein Diplom im Maul. Dafür bin ich jetzt fair.«

»Ich für mein Teil bin lieber satt«, meinte der kleine Alligator, »aber Sie sehen ja aus, als hätten Sie seit heute früh nichts mehr zu sich genommen. Das gesunde Grün Ihrer Gesichtsfarbe ist förmlich grau geworden. Legen Sie doch Ihr Diplom ans Ufer und speisen Sie zu Abend!«

Das Krokodil kämpfte innerlich – der Appetit war furchtbar. »Nein«, lispelte es schließlich mühsam, »am Ufer stehlen es mir die Affen.«

»Dann spucken Sie's einfach aus!«, sagte der kleine Alligator frech, »wozu brauchen Sie denn ein Diplom? Wenn man ein Diplom nur immer im Maul haben kann, soll man lieber darauf verzichten, sonst kann man nichts mehr fressen und wird zum Schluss selbst gefressen und noch dazu ausgelacht.« Das ist eine große Lebensweisheit, aber sie bezieht sich natürlich nur auf Krokodile.

Das Krokodil blieb unbeweglich. Es behielt sein Diplom im Maul und glotzte den Vetter böse und hungrig an.

»Wenn Sie denn schon Ihr Diplom im Maul behalten«, fuhr der Alligator fort, »so gestatten Sie vielleicht, dass ich Ihre Hintertatze zum Nachtisch esse.«

Das Krokodil drehte sich vor Angst und Wut um sich selbst herum, und in dieser Angst und Wut verschluckte es sein Diplom. Da wurde ihm sehr übel, so übel, wie ihm noch nie gewesen war – und in tiefer Ohnmacht schwamm es flussabwärts, wobei es vom Alligator und anderen teilnehmenden Verwandten aufgegessen wurde. Damit endet diese traurige Geschichte.

Nur eine Familienanzeige habe ich noch hinzuzufügen: der kleine Makako hatte sich inzwischen mit des Nachbars Ältester verlobt. Sie waren ein glückliches Brautpaar und hatten gleich am Tage darauf eine garden-party im Kreise der Angehörigen unternommen, natürlich begleitet von einer Ehrenäffin, denn die Affen haben etwas sehr Menschliches, wie jeder weiß. Dabei erfuhren sie den Tod des patentierten Krokodils. Ein ganz alter Affe meldete ihn, und er sagte »ja, ja« dazu. Das sagte er immer, und darum galt er für sehr klug. Der kleine Makako freilich wusste mehr davon; denn er hatte ja das verblichene Krokodil persönlich gekannt, so persönlich, dass es ihn fast gefressen hätte. Und das ist die persönlichste Bekanntschaft, die man machen kann. Und da die dame d'honneur gerade auf einen Dattelbaum geklettert war und fraß – sie fühlte keine Liebe mehr und fraß daher doppelt –, so erzählte der kleine Makako seiner Liebsten die ganze grässliche Geschichte.

»Lass dich ja niemals patentieren, Makchen!«, sagte die Kleine und umschlang ihn mit ihrem Schwanz.

»Nein, niemals«, sagte Makchen und suchte liebevoll und emsig im Fell seiner Braut.

Jules Verne

Riesenkraken

Einige Tage lang entfernte sich die »Nautilus« immer weiter von der amerikanischen Küste. Offenbar wollte sie nicht in den Golf von Mexiko oder zu den Antillen fahren.
Seit sechs Monaten waren wir Gefangene an Bord der »Nautilus«. Wir hatten siebzehntausend Meilen zurückgelegt, und, wie Ned Land sagte, es bestand keine Aussicht, dass die Reise ein Ende nehmen werde. Er machte mir daher den Vorschlag, Kapitän Nemo kategorisch zu fragen, ob er im Sinne habe, uns ewig an Bord festzuhalten.
Ein solcher Schritt missfiel mir. Meiner Ansicht nach konnte er nicht zum Ziel führen. Wir durften nicht auf den Kapitän der »Nautilus« hoffen, sondern nur auf uns selbst. Übrigens wurde dieser Mann seit einiger Zeit düsterer und weniger gesellig. Er schien mich zu meiden; ich sah ihn nur selten. Welche Veränderung war mit ihm vorgegangen? Weshalb? Ich hatte mir nichts vorzuwerfen. Vielleicht war ihm unsere Anwesenheit an Bord lästig? Ich glaubte jedoch nicht, dass er uns die Freiheit wiedergeben würde.
Ich wollte meine so merkwürdigen und so neuen Studien nicht mit mir ins Grab nehmen. Jetzt war ich wahrhaftig berechtigt, ein Buch über das Meer zu schreiben, und ich wünschte, dass dieses Buch eher früher als später erscheine.
Am 20. April schwammen wir in einer Tiefe von durchschnittlich fünfhundert Metern. Das nächste Land war damals der Archipel der Bahamas. Steile Felsen ragten hoch unter dem Meere empor, dazwischen waren schwarze Löcher, in die unsere elektrischen Strahlen nicht dringen konnten.
Diese Felsen waren mit Gebüsch überzogen, einem riesenhaften Spalier von Wasserpflanzen, als ob sie aus einer Welt der Riesen stammten.

Diese kolossalen Pflanzen führten unser Gespräch auf die riesigen Tiere des Meeres.

Etwa um elf Uhr machte mich Ned Land auf ein fürchterliches Wimmeln in den Tangmassen aufmerksam.

»Nun«, sagte ich, »da sind ja richtige Krakenhöhlen, und es würde mich nicht wundern, wenn wir einige dieser Ungeheuer zu sehen bekämen.«

»Wie?«, fragte Conseil, »bloß Tintenfische aus der Klasse der Kopffüßler?«

»Nein«, sagte ich, »Kraken von riesenhafter Größe. Einer meiner Freunde, der Kapitän Paul Bos aus Le Havre, hat mir oft versichert, er habe im Indischen Ozean ein solches Ungeheuer von kolossaler Größe gesehen. Man hat auch vorgeschlagen, diesen Tintenfisch Kalmar Bouguer zu nennen.«

»Maß es nicht etwa sechs Meter?«, sagte Conseil, der, am Fenster stehend, wiederholt die Spalten der Küstenwand betrachtete.

»Gerade so viel«, erwiderte ich.

»Waren nicht an seinem Kopf«, fuhr Conseil fort, »acht Arme, die sich wie eine Brut Schlangen bewegten?«

»Gerade so.«

»Waren nicht seine vorstehenden Augen von ansehnlicher Größe?«

»Ja, Conseil.«

»Glich nicht sein Maul einem Papageienschnabel, aber einem furchtbaren?«

»Wirklich, Conseil.«

»Nun denn, wenn's meinem Herrn beliebt«, versetzte Conseil ruhig, »ist da, wenn nicht der Kalmar Bouguer selbst, so doch ein Bruder von ihm.«

Ich sah Conseil an. Ned Land stürzte ans Fenster.

»Ein fürchterliches Tier!«, rief er aus.

Es war ein Krake von kolossaler Größe, acht Meter lang. Er bewegte sich äußerst schnell rückwärts auf die »Nautilus« zu, die er mit starrem Blick aus enorm großen Augen von graugrü-

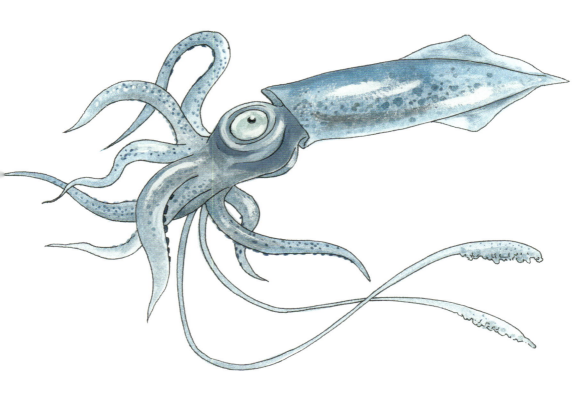

ner Farbe betrachtete. Seine acht Arme, oder vielmehr Füße, befanden sich am Kopf – weshalb man dieser Gattung den Namen Kopffüßler gegeben hat – und waren doppelt so groß wie der Rumpf. Sie ringelten sich wie die Schlangen auf den Häuptern der Furien. Deutlich konnte man an die zweihundert schröpfkopfartige Warzen erkennen, die an der inneren Fläche der Fangarme in Form von halbrunden Kapseln saßen. Diese saugten sich mitunter am Fensterglas an, sodass sie einen luftleeren Raum bildeten. Das Maul des Ungeheuers – ein hörnerner Papageienschnabel – öffnete und schloss sich wie eine Blechschere. Aus ihm streckte sich eine Zunge aus Hornsubstanz, die mit mehreren Reihen spitzer Zähne besetzt war. Ein Tintenfisch mit Vogelschnabel! Sein spindelförmiger, in der Mitte aufgedunsener Leib bildete eine fleischige Masse, die zwanzig bis fünfundzwanzig Tonnen wiegen musste. Die Farbe des Tieres blieb sich nicht gleich und wechselte äußerst schnell, wenn es gereizt war, wobei sie vom Grauschwarzblau ins Rötlichbraune überging.

Worüber geriet die Molluske in Zorn? Ohne Zweifel über die Anwesenheit der »Nautilus«, die stärker war und der seine saugenden Arme oder seine Kinnladen nichts anhaben konnten. Und doch, was für Ungeheuer sind solche Polypen, welche Lebenskraft besitzen sie, denn sie haben drei Herzen!
Der Zufall hatte mich mit diesem Kraken zusammengeführt, und ich wollte die Gelegenheit nicht vorüber lassen, dieses Prachtexemplar von einem Kopffüßler sorgfältig zu studieren. Ich überwand den Ekel, den sein Anblick in mir erregte, ergriff einen Bleistift und fing an zu zeichnen.
Wirklich zeigten sich andere Tiere dieser Art vor dem Fenster. Ich zählte ihrer sieben. Sie gaben der »Nautilus« das Geleit, und ich hörte, wie sie mit dem Schnabel am eisernen Schiffsrumpf kratzten.
Ich setzte meine Arbeit fort. Die Ungetüme blieben nicht zurück, zudem fuhren wir langsamer.
Plötzlich stand die »Nautilus« still. Ein Stoß ließ sie in allen Fugen erzittern.
»Sind wir gestrandet?«, fragte ich.
Die »Nautilus« war ohne Zweifel flott, fuhr aber nicht. Die Schraube drehte sich nicht. Nach ein paar Minuten trat Kapitän Nemo in Begleitung seines Ersten Offiziers in den Salon. Ich war ihm seit einiger Zeit nicht begegnet; er sah verdrießlich aus. Ohne ein Wort zu reden, vielleicht ohne uns zu sehen, trat er ans Fenster, besah sich die Tintenfische und sagte einige Worte zu seinem Ersten Offizier.
Dieser ging hinaus. Bald darauf wurden die Läden geschlossen und der Salon von oben beleuchtet. Ich trat zum Kapitän.
»Eine merkwürdige Sammlung von Tintenfischen«, sagte ich zu ihm im unbefangenen Ton eines Aquarienbetrachters.
»Es ist wahr, Herr Naturforscher«, erwiderte er, »und wir sind im Begriff, ihnen zu Leibe zu gehen.«
Ich blickte den Kapitän an, da ich glaubte, ihn nicht recht verstanden zu haben.

»In offenem Kampf?« wiederholte ich.

»Ja, mein Herr, die Schraube steht still. Ich vermute, dass der Schnabel eines Kraken zwischen ihren Schaufeln steckt.«

»Und was wollen Sie tun?«

»Zur Oberfläche aufsteigen und die ganze Brut vertilgen.«

»Das ist schwierig.«

»Allerdings. Die elektrischen Kugeln sind unwirksam gegen dieses weiche Fleisch, und sie finden nicht Widerstand genug, sodass sie nicht platzen. Aber wir greifen sie mit dem Beil an.«

»Und mit der Harpune, mein Herr«, sagte der Kanadier, »wenn Sie meinen Beistand nicht abweisen.«

»Ich nehme ihn an, Meister Land.«

»Wir wollen Sie begleiten«, sagte ich, und wir gingen in Gesellschaft des Kapitäns zur Mittelstiege.

Hier standen zehn Mann mit Enterbeilen bewaffnet, zum Angriff bereit. Auch Conseil und ich ergriffen Beile. Ned Land nahm eine Harpune in die Hand.

Die »Nautilus« befand sich auf der Wasseroberfläche. Einer der Matrosen stand auf der obersten Sprosse und schraubte den Deckel auf. Aber die Schrauben waren kaum los, als der Deckel mit äußerster Gewalt emporgehoben wurde, offenbar von einem Polypenarm mit seinen Schröpfköpfen.

Schon glitt einer dieser langen Arme wie eine Schlange durch die Öffnung, und zwanzig andere ringelten sich oben. Kapitän Nemo hieb mit einem Beil den fürchterlichen Arm entzwei, der, sich krümmend, über die Treppenstufen rutschte. Gerade als wir uns drängten, auf die Plattform zu kommen, senkten sich zwei andere Arme auf den vor Kapitän Nemo stehenden Mann herab und hoben ihn mit unwiderstehlicher Gewalt in die Höhe.

Der Kapitän schrie laut auf und schwang sich hinaus. Wir stürzten ihm nach.

Der unglückliche Matrose, von den Greifarmen umschlungen und von den Saugwarzen festgehalten, wurde wie ein Ball hin und her geworfen. Röchelnd und erstickend rief er um Hilfe. Dieser Angstruf in französischer Sprache bestürzte mich. Also hatte ich einen Landsmann an Bord, mehrere vielleicht! Diese herzzerreißenden Schreie werde ich mein Lebtag hören!

Der Unglückliche war verloren. Wer vermochte ihn dieser erdrückenden Umschlingung zu entreißen? Inzwischen hatte sich Kapitän Nemo auf das Ungetüm gestürzt und ihm noch einen Arm mit dem Beil abgehauen. Der Erste Offizier kämpfte wütend gegen andere Ungeheuer an den Seiten der »Nautilus«. Auch der Kanadier, Conseil und ich hieben auf die Fleischmassen ein. Ein starker Moschusgeruch durchdrang die Atmosphäre. Es war schrecklich.

Wir fielen nun wütend über die Ungeheuer her. Zehn bis zwölf Kraken hatten die Plattform und den Rumpf der »Nautilus« überfallen. Wir stürzten durcheinander inmitten der verstümmelten Schlangen. Es schien, als wüchsen die klebrigen Arme wie die Köpfe der Hydra wieder nach.

Plötzlich wurde Ned Land von den Armen eines Ungeheuers, denen er nicht ausweichen konnte, zu Boden geworfen. Schon öffnete sich der fürchterliche Schnabel des Tieres über Ned Land, um den Unglücklichen zu zerreißen. Ich stürzte hinzu. Aber Kapitän Nemo war mir zuvorgekommen. Sein Beil verschwand zwischen den enormen Kinnbacken, und der Kanadier, wie durch ein Wunder gerettet, richtete sich auf und tauchte seine Harpune tief bis ins dreifache Herz des Polypen.

»Diese Revanche war ich mir schuldig!«, sagte Kapitän Nemo zu dem Kanadier.

Ned verbeugte sich, ohne zu antworten.

Der Kampf hatte eine Viertelstunde lang gedauert. Die Ungeheuer, überwältigt, verstümmelt, zu Tode getroffen, räumten uns endlich den Platz und verschwanden in den Wellen. Kapitän Nemo stand blutbedeckt neben der Schiffslaterne und sah erschüttert aufs Meer hinaus, das einen seiner Gefährten verschlungen hatte.

James Krüss

Sardinen

Sardinen gibt es massenhaft.
Man sieht sie nur gemeinsam.
Sie leben in der Hundertschaft
Und äußerst selten einsam.

Gemeinsam sind sie voller Wut,
Gemeinsam voll Verlangen,
Gemeinsam voller Übermut,
Gemeinsam voller Bangen.

Im Schwarm sein ist Sardinenbrauch,
Bei Alten wie bei Jungen.
Gemeinsam werden sie dann auch
Von einem Wal verschlungen.

Und stößt kein Wal auf sie herab,
Dann gehn die Ahnungslosen
Gemeinsam in das Massengrab,
In die Sardinendosen.

Und die Moral, die sich ergibt,
Sei keineswegs verschwiegen:
Wer das Sardinenleben liebt,
Wird einst in Dosen liegen.

Unbekannt

Die großmäulige Schildkröte

Es wohnten einmal zwei Reiher und eine kleine Schildkröte an einem Teiche, und sie waren gute Freunde. Täglich spielten sie miteinander, sonnten sich auf der Sandbank oder schwammen auf dem Teiche. Sie waren sehr glücklich und mochten sich keinen Tag voneinander trennen.
Eines Jahres herrschte eine große Dürre im Lande. Fünf Monate lang, vom März bis zum August, fiel kein einziger Tropfen Wasser vom Himmel, sodass Flüsse und Bäche völlig austrockneten und sich auf dem ausgedorrten Boden viele große und kleine Risse zeigten. Auch den Teich ereilte das gleiche Schicksal. Tag für Tag verlor auch er an Wasser. Die zwei Reiher und die Schildkröte zogen lange Gesichter und seufzten, denn sie wussten sich keinen Ausweg. Eines Tages flogen die beiden Reiher los, um sich einmal umzuschauen. Den ganzen Tag flogen sie und kamen erst am Abend zurück. Dann sagten sie zur Schildkröte: »Bruder Schildkröte, alles zieht um nach dem Himmelsee, sogar die Feldmäuse machen sich auf den Weg. Auch wir sollten rechtzeitig losziehen, damit wir hier nicht verdursten und verhungern.«
Als die Schildkröte das hörte, schloss sie ihre kleinen Augen und jammerte: »Ihr zwei könnt fliegen und rennen. Schon morgen werdet ihr am Himmelsee sein. Ich aber kann weder fliegen noch schnell laufen. In weniger als drei Tagen würde ich umkommen. Wir sind doch gut befreundet, und nun wollt ihr mich im Stich lassen. Das hätte ich nicht von euch gedacht …« Die Schildkröte weinte so kläglich, dass die beiden Reiher auch Tränen vergossen und es nicht übers Herz bringen konnten, die Schildkröte zurückzulassen. Sie beschlossen also, vorläufig nicht umzuziehen. Vielleicht würde es in den nächsten Tagen doch noch regnen.

Nach einigen Tagen aber war das Wetter noch immer das gleiche. Am Abend standen Tausende von Sternen am Himmel, am Tage brannte die Sonne. Der Teich war dem Austrocknen nahe. Die Reiher sprachen wieder vom Umzug, und die Schildkröte wusste, dass man sie nicht mehr von ihrem Vorhaben zurückhalten könne. Also sagte sie: »Wir sind alte, gute Freunde, ihr müsst versuchen, mich mitzunehmen.«
Nun überlegten die drei lange hin und her. Schließlich sagten die Reiher zur Schildkröte: »Bruder Schildkröte, wir haben eine Lösung gefunden, aber wir wissen nicht, ob das …«
Bevor die Reiher noch ihre Worte beenden konnten, fragte die Schildkröte schon ungeduldig: »Was für eine Lösung? Was für eine Lösung?«
»Mit unseren Schnäbeln halten wir beide zwei Enden eines Stockes, und du beißt dich in der Mitte fest. So können wir dich im Fluge mitnehmen. Nun, was meinst du dazu?«
Die kleine Schildkröte sprang beinahe hoch vor Freude und rief: »Das geht! Das geht bestimmt! Machen wir uns gleich auf den Weg!«
Die Reiher willigten freudig ein. Bevor sie aber abflogen, sagten sie noch zur Schildkröte: »Vergiss nicht, dass du unterwegs nicht sprechen darfst! Vom Himmel herunterfallen ist keine Spielerei!«
»Ich mache auf keinen Fall das Maul auf, nicht einmal, wenn man's mit Messern öffnen wollte!«, entgegnete sie.
Nachdem sie sich so miteinander besprochen hatten, nahmen sie ein reichliches letztes Abendessen ein. Am nächsten Morgen nahmen sie Abschied von ihrer Heimat. Gemeinsam packten sie alle drei einen Stock – die Reiher an den beiden Enden, die Schildkröte in der Mitte – und los ging es. Sie flogen und flogen über dunkle Wälder, über weiße, schneebedeckte Berge, über goldglänzende Tempel, über unübersehbar weite Steppen, unaufhaltsam …
Unten auf der Erde standen einige Bauern, die auf dem Feld

ihre Wasserräder antrieben. Die zeigten mit dem Finger hoch und riefen: »Seht nur, wie klug die Schildkröte ist! Sie hält sich am Stocke fest und lässt sich von den Reihern tragen.« Die Reiher hörten das, aber sie gaben darauf keine Antwort, sondern flogen unbeirrt weiter. Der Schildkröte aber hüpfte das Herz vor Freude, weil man sie so lobte.
Sie flogen immer weiter. Einige Knaben, die auf einem Berg das Vieh hüteten, erblickten sie und riefen laut: »Seht bloß, wie klug diese beiden Reiher sind! Sie halten den Stock an beiden Enden und tragen eine Schildkröte durch die Luft!« Auch diesmal antworteten die Reiher nichts, sondern flogen unbeirrt ihrem Ziel zu. Aber die kleine Schildkröte ärgerte sich und dachte: Dumme Gören, warum sagt ihr, dass ich von anderen durch die Luft getragen werde! Das ist wirklich unerhört! Diese Lösung stammt beinahe von mir! Wartet mal, ich will euch schon beweisen, wer hier der Kluge ist! – Von Jähzorn ergriffen, raffte sie alle ihre Kraft zusammen und schrie den Hirtenknaben zu: »Hallo …«
Doch das war schon ihr letztes Wort, denn sobald sie ihr Maul geöffnet hatte, fiel sie rücklings herab und zerschellte auf einem Granitfelsen.

Alexei N. Tolstoi

Das Hähnchen und das Hühnchen

Ein Hühnchen und ein Hähnchen kamen einmal in den Wald, um Nüsse zu suchen. Das Hähnchen flog auf den Haselbusch, die Nüsse zu pflücken, das Hühnchen blieb unten, sie aufzulesen.

Das Hähnchen also warf die Nüsse hinab, und das Hühnchen, das las sie auf. Da wirft das Hähnchen ein Nüsslein und trifft das Hühnchen ins Auge. Das Hühnchen läuft weg und weint. Da kommen Bojaren des Wegs gefahren, die fragen: »Hühnchen, Hühnchen! Warum weinst du?«

»Hähnchen hat mir ein Äuglein ausgeschlagen.«

»Hähnchen, Hähnchen! Warum hast du dem Hühnchen das Äuglein ausgeschlagen?«

»Der Haselbusch hat mir die Hosen zerrissen.«

»Haselbusch, Haselbusch! Warum hast du dem Hähnchen die Hosen zerrissen?«

»Die Ziegen haben mich angenagt.«

»Ziegen, Ziegen! Warum habt ihr den Haselbusch angenagt?«

»Die Hirten haben auf uns nicht aufgepasst.«

»Hirten, Hirten! Warum habt ihr auf die Ziegen nicht aufgepasst?«

»Die Frau gibt uns keine Plinsen zu essen.«

»Frau, Frau! Warum gibst du den Hirten keine Plinsen zu essen?«

»Das Schwein hat mir das Hefestück ausgekippt.«

»Schwein, Schwein! Warum hast du der Frau das Hefestück ausgekippt?«

»Der Wolf hat mir ein Ferkelchen genommen.«

»Wolf, Wolf! Warum hast du dem Schwein ein Ferkelchen genommen?«

»Weil ich Hunger hatte.«

Leo Tolstoi

Das gute und das böse Tier

Ein Mäuschen kam ins Freie, spazierenzugehen. Es tummelte sich auf dem Hof und kehrte dann wieder zur Mutter zurück. »Weißt du, Mütterlein, ich habe zwei Tiere gesehen. Ein grimmiges und ein gutmütiges.«

Die Mutter fragte: »Wie sehen sie denn aus, diese Tiere?«

Das Mäuschen antwortete: »Das grimmige Tier ging auf dem Hof hin und her und hatte schwarze Füße, einen roten Schopf, Glotzaugen und eine gebogene Nase. Als ich an ihm vorbeikam, riss es den Rachen auf, erhob ein Bein und schrie so laut, dass ich vor Angst nicht wusste, wo ich bleiben sollte.«

»Das war ein Hahn«, erklärte die alte Maus. »Der tut niemand was zuleide, vor ihm brauchst du keine Angst zu haben. Nun, und das andere Tier?«

»Das andere lag in der Sonne und wärmte sich. Es hatte einen weißen Hals, graue, glatte Pfötchen, beleckte seine weiße Brust und bewegte nur ein bisschen das Schwänzchen, als es mich sah.«

Die alte Maus sagte: »Ach, du Närrin, du Närrin! Das war doch die Katze.«

Emil Kolozsvári Grandpierre

Das Ferkelchen und der Wolf

Es waren einmal jenseits des kleinen Flusses und diesseits des großen Flusses drei kleine Ferkel. Das eine hieß Pummelchen, das andere Knödelchen, das dritte aber hieß Schlauköpfchen. Die beiden ersten fraßen und tranken und lagen den ganzen Tag herum, sie wurden auch hübsch rund davon.
Das dritte verdiente sich seinen Namen dadurch, dass es nicht nur fraß und trank, sondern auch dachte, und zwar recht schlau. Darum ist aus ihm das berühmteste Ferkel der Welt geworden.
Diese drei Ferkelchen lebten in einem Heuschober. Richtiger gesagt, gingen sie tagsüber herum nach Nahrung, zur Nachtruhe kehrten sie aber zurück zum Heuschober. So würden sie vielleicht noch heute leben, wenn nicht eines Tages ein ausgehungerter Wolf vorbeigekommen wäre. Der hungrige Wolf stöberte das Versteck der Ferkelchen auf, überfiel sie in der Nacht und fraß Pummelchen, das dickste von den dreien, mit gutem Appetit auf.
Knödelchen und Schlauköpfchen rannten davon. Vor Schreck rannten sie durch drei Dörfer. Am Rande des dritten Dorfes erblickte Knödelchen einen Heuschober.
»Hier finden wir ein gutes Quartier«, sagte es, »lass uns ruhen.«
»Das ist kein gutes Quartier«, antwortete Schlauköpfchen, »ein Schober schützt uns nicht vor dem Wolf. Wir wollen lieber ein Haus bauen.«
Bald darauf trafen sie einen Mann, der ein großes Bündel Holz auf dem Rücken trug. Schlauköpfchen grüßte wohlerzogen und fragte den Mann: »Würdet Ihr uns etwas Holz geben, Onkel, damit wir uns ein Haus bauen können?«
»Ja, gern«, antwortete der Mann.

Die beiden Ferkelchen gingen an die Arbeit und bauten sich ein hübsches Häuschen. Sie hatten es noch nicht eingerichtet, da klopfte es an der Tür, und nicht etwa freundlich, sondern zornig.
»Wer bist du? Was willst du?«, fragten die Ferkelchen.
»Ich bin's, der Wolf! Lasst mich hinein, es bläst ein kalter Wind, es regnet und schneit, ich komme um vor Kälte.«
»Wir lassen dich nicht herein.«
»Lasst mich gutwillig hinein, sonst steige ich euch auf das Dach und reiße es ein.« Knödelchen erschrak so sehr, dass es schon bereit war, den Wolf hereinzulassen, Schlauköpfchen aber ließ es nicht zu. Der Wolf stieg auf das Dach, kratzte und scharrte so lange, bis es einriss.
»Wärme dich, Gevatter Wolf, sagte Knödelchen freundlich. Der Wolf aber wollte sich nicht wärmen, sondern sich satt fressen. All seine Höflichkeit half Knödelchen nicht, es wurde aufgefressen. Schlauköpfchen war klüger. Als es sah, dass das Dach nachgab, rannte es davon.
Schlauköpfchen rannte, was es konnte, rannte durch drei Dörfer. Am Rande des vierten Dorfes begegnete es einem Mann, der Ziegel auf seinem Wagen fuhr. Schlauköpfchen grüßte höflich und sagte: »Gib mir doch ein paar Ziegel, Onkel.«
»Ein Ferkel braucht Kleie und keine Ziegel.«
»Doch, doch, ich brauche Ziegel«, erklärte Schlauköpfchen, »ich möchte mir nämlich ein Häuschen bauen. Zwei von meinen Geschwistern hat der Wolf schon aufgefressen, und ich will nicht, dass es mir wie ihnen ergeht.«
Nun sah der Mann, dass er es mit einem klugen Ferkel zu tun hatte, gab ihm also Ziegel, genug für ein Häuschen. Schlauköpfchen verlor keine Zeit, denn es wusste ja, dass der Wolf früher oder später wieder Hunger haben würde. Wenn der aber einmal hungrig war, machte er sich auf den Weg, und wenn der sich einmal auf den Weg gemacht hatte, schnüffelte er, und wenn er schnüffelte, fand er auch, was er suchte.

Drum baute Schlauköpfchen, so eifrig es konnte, an seinem Haus. Als es den letzten Nagel einschlug, klopfte jemand an der Tür. Es war der Wolf.
»Lass mich ein, Ferkelchen, lass mich ein, ich bin krank und schwach, ich möchte mich ausruhen.«
»Ich lass dich nicht herein, weder dich noch sonst jemanden von deiner Sippe.«
Eine Weile bettelte der Wolf mit sanften Worten, schließlich aber drohte er: »Lass mich ein, sonst steige ich dir auf das Dach und reiße es ein!«
»Tu's, wenn du Lust dazu hast«, redete ihm das Ferkelchen zu. Der Wolf stieg auf das Dach, trampelte bald hier, bald dort, scharrte und drückte, doch mit dem Ziegelhaus konnte er nicht fertig werden. Wenn es mit Gewalt nicht geht, dachte er, wird es mit List glücken. Er sprang also vom Dach und versteckte sich in einem Gebüsch. Er rechnete damit, dass nicht nur er, sondern auch das Ferkelchen einmal Hunger haben würde. Hatte es aber Hunger, musste es aus dem Haus heraus, kam es aber einmal heraus, dann gab es kein Entrinnen, und er hatte sein Mahl. Darüber geriet der hungrige Wolf in große Freude, und vor lauter Freude schlief er schließlich ein. Im Traum kaute und schnalzte er aber so laut, dass das Ferkelchen es hörte. Schlauköpfchen kam weder an diesem Tag noch am nächsten aus seinem Haus heraus. Am dritten Tag aber konnte es vor Hunger kaum mehr aus den Augen gucken, und wenn es nicht eines traurigen Todes sterben wollte, musste es etwas zu seiner Rettung erfinden. Bald fand Schlauköpfchen auch das Richtige.
»Gevatter Wolf, Gevatter Wolf!«, schrie es aus dem Fenster.
»Ja, was ist los, Gevatter Ferkel?«, antwortete der Wolf.
»So geht das nicht, Gevatter Wolf.«
»Nein, wirklich nicht.«
»Nicht wahr«, fuhr das Ferkelchen fort, »du kommst draußen um vor Hunger und ich hier drinnen. Besser wär's, wenn wir einander helfen würden.«

218

»Lass mich ein, dann werde ich dir schon helfen.«
»Nein, so wie du meinst, sollst du mir nicht helfen«, erklärte das Ferkelchen, »sondern so, wie ich es will. Ich weiß einen Ort, wo es furchtbar viel zu fressen gibt. Komm morgen früh um vier Uhr her, dann bringe ich dich dahin, und wenn du nicht genug zu fressen findest, dann kannst du meinetwegen mich auffressen.«
Der Wolf hatte schon schrecklichen Hunger und ging daher auf das Angebot ein. Um die Zeit nicht unnütz zu verbringen, strolchte er in der Gegend herum, vielleicht würde sich etwas zu beißen finden. Das war es grade, worauf das Ferkelchen seinen Plan aufgebaut hatte.
Gleich als der Wolf fort war, nahm es einen Sack, ging auf den Markt und kaufte sich Mais, Rüben, Kartoffeln, so viel es nur schleppen konnte und noch mehr, fast hätte es sich einen Bruch gehoben, so schwer war die Last. Es schlug sich den Wanst voll, legte sich dann in sein Bett und blätterte in der Zeitung, denn die Ereignisse in der Welt interessierten Schlauköpfchen sehr. Als es alles erfahren hatte, drehte es sich zur Wand und schlief sanft ein. Es wachte erst auf, als der Wolf klopfte.
»Was wünschest du, Gevatter Wolf?«, fragte das Ferkelchen.
»Du hast doch gestern gesagt, ich soll heute mit dir dahin gehen, wo es viel Futter gibt. Da bin ich, komm schnell, ich bin sehr hungrig.«
Der Wolf sagte die Wahrheit, denn wenn er nur an Fressen dachte, lief ihm schon das Wasser im Mund zusammen.
»Sei nicht böse, Gevatter Wolf, aber ich bin so satt, dass ich mich kaum rühren kann. Gehen wir lieber morgen.«
»Bis morgen halte ich es nicht aus«, klagte der Wolf.
»Das wäre ja nun kein großes Unglück«, meinte Schlauköpfchen, »da gäbe es eben einen Friedensstörer weniger.« Damit drehte sich das Ferkelchen wieder zur Wand und schlief noch ein Endchen.

Der Wolf war hungrig und zornig. Er hätte selbst nicht sagen können, ob ihm der Hunger oder der Zorn darüber, dass so ein kleines Ferkel ihn an der Nase herumführte, ärger zusetzte. Und er nahm sich fest vor, Schlauköpfchen zu fressen. Nur wusste er nun nicht mehr genau, ob er es vor Hunger oder vor Zorn fressen wollte. Fressen aber wollte er es unbedingt, und er zerbrach sich während der ganzen Nacht den Kopf, wie er das anstellen könnte. Als der Morgen graute, wusste er, was er zu tun hatte. Er schleppte sich mühsam bis an die Tür von Schlauköpfchens Behausung und klopfte leise an.
»Wer ist da?«, rief das Ferkelchen.
»Ich bin's, der arme Wolf«, antwortete er weinerlich.
»Was willst du, armer Wolf?«
»Hast du denn nicht gestern gesagt, wir wollten heute auf die Futtersuche gehen?«
»Wozu sollte ich das tun, wo doch bei mir Keller und Kammer mit Vorräten angefüllt sind.«
»An mich denkst du nicht?«
»Natürlich denke ich an dich! Du hast doch meine Geschwister aufgefressen! Das werde ich dir nie verzeihen!«
»Man soll nicht rachsüchtig sein«, sagte der Wolf, »sondern barmherzig und hilfsbereit. Soll ich denn hier vor deinen Augen zusammenbrechen, ich bin ja schon so schwach, dass ich mich nicht einmal mehr weiterschleppen kann.«
So sprach der Wolf, taumelte hin und her, brach schließlich zusammen, ließ die Zunge aus der Schnauze hängen und lag wie verendet auf der Erde.
Schlauköpfchen war die Sache verdächtig. Es guckte eine Weile durch das Schlüsselloch, ob sich der Wolf rühre. Dann beschloss es, den Wolf auf die Probe zu stellen. Es hatte ein Stück Fleisch im Haus, das warf es zum Fenster hinaus, genau vor die Nase des Wolfes. Der Wolf lag mit geschlossenen Augen da, wie es zu seinem Plan gehörte, die Nasenlöcher aber konnte er nicht schließen. Das Stück Fleisch duftete, und

dem Wolf lief das Wasser im Munde zusammen. Es sammelte sich immer mehr Speichel, so viel, dass die Erde rings um seinen Kopf sich dunkel färbte. Daran erkannte das Ferkelchen, dass der Wolf ihm eine Falle gestellt hatte.
»Hör mal zu, Gevatter Wolf«, schrie es aus dem Fenster, »so viel Grips hast du noch lange nicht, mich reinlegen zu können. Es ist schon besser, wenn du dich davonscherst; denn sooft du auch deine Künste spielen lässt, immer wirst du der Gelackmeierte sein.«
Mit einem Satz sprang da der Wolf auf und stürzte sich auf das Fenster, doch Schlauköpfchen schlug ihm den Flügel vor der Nase zu. Da begann der Wolf fürchterlich mit den Zähnen zu knirschen und gelobte hoch und heilig, weder zu ruhen noch zu rasten, bis er Schlauköpfchen gefressen habe.
»So werde ich dich zermalmen«, sagte er und verschlang das Stück Fleisch.
»Jetzt wirst du etwas von mir hören«, erklärte Schlauköpfchen, »was noch kein Wolf von einem Ferkel zu hören bekommen hat.«
»Na, was kann das schon sein.«
»Nichts weiter als dies: Wenn du dich nicht davonscherst, werde *ich dich* auffressen. Und alle Tiere der Welt werden dich auslachen.«
Da brach nun der Wolf in ein Gelächter aus, es klang so fürchterlich, dass alle Vögel in der Umgebung plötzlich verstummten. Dann legte er sich neben dem Häuschen auf die Lauer, und sooft Schlauköpfchen die Tür öffnete, sprang er sofort herbei.
Schlauköpfchen aber machte die Tür wohl zehnmal am Tage auf, nur um den Wolf zu ärgern.
Schließlich aber wurde es dem Ferkelchen doch zu dumm, sein Haus nie verlassen zu können. Auch dachte Schlauköpfchen daran, dass es an der Zeit sei, sich eine Braut ins Haus zu holen. Denn das einsame Leben war ihm zu traurig. Doch

konnte es weder auf Brautschau noch spazieren gehen, denn wenn das Schloss an der Tür knarrte, sprang der Wolf herzu. Und auch der Vorrat in der Kammer ging zur Neige. Schlauköpfchen sah ein, dass ihm nichts anderes übrigbliebe, als sein Wort einzulösen. Denn wenn es den Wolf nicht fraß, würde es von ihm gefressen werden. Und da nun einmal gewählt werden musste, so war es ihm lieber, Wolffleisch zu fressen, als den Magen des Wolfes mit seinem eigenen Fleisch zu füllen. So nahm denn Schlauköpfchen einen großen Kessel, den füllte es zu dreiviertel Teilen mit Wasser, setzte ihn auf den Herd und zündete das Feuer an. Als das Wasser zu brodeln begann, kletterte Schlauköpfchen in den Schornstein und lockerte einige Ziegel. Dann stieg es durch den Schornstein auf das Dach und sprang dort so lange herum, bis der Wolf es bemerkte. Dann quietschte es erschrocken und kletterte durch den Schornstein wieder ins Haus. Da trampelte aber der Wolf auch schon auf dem Dach herum.

»Jetzt aber fress ich dich, du falsches Ferkel. Ich fresse dein Fleisch, zermalme deine Knochen, nicht ein Bissen wird von dir übrigbleiben.« Und er begann mit großem Eifer an dem Schornstein zu kratzen. Erst fiel ein Ziegel heraus, dann noch einer und schließlich ein dritter. Mit einem Ruck sprang der Wolf in den Schornstein und fiel geradewegs in den Kessel mit dem kochenden Wasser. Bevor er noch böse werden konnte, war er schon gargekocht.

Das Ferkelchen aber enthäutete ihn und fraß ihn auf. Hätte es den Wolf nicht gefressen, wäre das Märchen noch nicht zu Ende.

Ludvik Askenazy

Babubu

Babubu war ein junger Elefant und lebte in Afrika. Er hatte schwarze Augen, einen etwas rosafarbenen Rüssel und war sehr beliebt.

Er war ein sehr beschäftigter Elefant, aber unglaublich vergesslich. Und bei vergesslichen Elefanten gibt es nur ein Mittel: Sie machen einen Knoten in ihren Rüssel.

Das zeigt jede Elefantenmutter schon ihrem Baby, weil sie nicht weiß, ob es ein vergesslicher Elefant wird oder nicht.

Es gibt so vergessliche – aber das ist eine Seltenheit –, dass sie sieben Knoten auf einmal in ihren Rüssel machen müssen.

Das war bei Babubu der Fall. Er machte sieben Knoten.

Den ersten fürs Baden.

Den zweiten fürs Duschespielen.

Den dritten fürs Bambusstäbeschleppen.

Den vierten für den Elefantengesangschor.

Den fünften für Volleyball.

Den sechsten fürs Zirkustraining.

Den siebten für ein Eichhörnchen, das ihm beim Knotenaufmachen half.

Manchmal ging Babubu im Dorf herum und fragte die Kinder: »Kinder, wisst ihr vielleicht noch, wozu ich den vierten oder den siebten oder den zweiten Knoten gemacht habe?«

Die Kinder wussten das natürlich auch nicht.

Sie sagten dann ganz unmögliche Sachen, wie zum Beispiel: »Den vierten Knoten hast du, damit du das Prusten nicht vergisst.«

Babubu hatte es bestimmt nicht leicht – besonders wenn er seine Knoten zu fest gemacht hatte.

Aber eines wusste er sicher, nämlich dass der letzte Knoten für das Eichhörnchen war, das alle Knoten auflöste.

Denn wenn er gar nicht mehr wusste, wohin und woher und zu was und wozu, ging er zum Eichhörnchen und sagte: »Bitte die heutigen Knoten aufmachen.«
Da kletterte das Eichhörnchen auf den obersten Knoten. Es hüpfte von einem zum anderen den Rüssel hinunter und kitzelte den Elefanten mit seinem buschigen Schwanz.
Da musste Babubu gewaltig niesen, und das Eichhörnchen wurde nur so durch die Luft gejagt.
Selbstverständlich haben sich dabei die Knoten aufgelöst.
Wenn noch einer oder zwei übriggeblieben waren, musste das Eichhörnchen das Ganze wiederholen.
Dann sagte Babubu dem Eichhörnchen Dankeschön und Aufwiedersehen und Biszumnächstenmal und zahlte: ein Knoten – eine Erdnuss.
Aber manchmal blieb im Rüssel doch noch ein hartnäckiger Knoten hängen.
Da schlief Babubu die ganze Nacht nicht und sagte mit seiner tiefen Stimme: »Warum hab ich denn nur den Knoten gemacht? Warum, warum?«
Er war vergesslich, aber pflichtbewusst.
Und er freute sich, dass er morgen das Eichhörnchen wiedersehen würde.

Theodor Fontane

Der Kranich

Rau ging der Wind, der Regen troff,
Schon war ich nass und kalt;
Ich macht auf einem Bauerhof
Im Schutz des Zaunes Halt.

Mit abgestutzten Flügeln schritt
Ein Kranich drin umher,
Nur seine Sehnsucht trug ihn mit
Den Brüdern übers Meer;

Mit seinen Brüdern, deren Zug
Jetzt hoch in Lüften stockt,
Und deren Schrei auch ihn zum Flug
In fernen Süden lockt.

Und sieh, er hat sich aufgerafft,
Es gilt erneutes Glück;
Umsonst, der Schwinge fehlt die Kraft,
Und ach, er sinkt zurück.

Und Huhn und Hahn und Hühnchen auch
Umgackern ihn voll Freud –
Das ist so alter Hühner-Brauch
Bei eines Kranichs Leid.

Christoph Hein

Wie der Falsche Prinz
und Kleine Adlerfeder ein Wildpferd einfingen

Katinka hatte einen Traum.
Natürlich träumte sie jede Nacht einen anderen Traum, aber eigentlich war es immer der gleiche. Sie träumte ihn nicht nur, wenn sie schlief, nein, auch am helllichten Tage. Wenn es draußen regnete und Katinka am Fenster saß und hinaussah, oder wenn sie mit einem Buch in der Ecke hockte, aber nicht las, sondern in die Luft starrte, dann wussten alle, Katinka träumt ihren Traum. Und ihr Traum war ein Pferd. Manchmal, wenn sie am Fenster saß, seufzte sie und sagte: »Ach, wenn ich doch ein Pferd hätte!«
Und wenn sie in die Luft starrte, meinte sie: »Es könnte ja ein kleines Pferd sein, ein winzig kleines.« Und dann seufzte sie wieder und träumte.
Katinka wusste alles über Pferde. Sie hatte jedes Buch darüber gelesen. Sie kannte die verschiedenen Rassen und wusste, was sie fressen und wie man sie striegeln und tränken muss. Über ihrem Bett, dem roten Sofa, war die Wand mit Pferdefotos bedeckt. In allen Größen und Farben konnte man sie da erblicken. Auf einem Bord neben dem Bett stand ihre Pferdesammlung. Da gab es Pferde aus Glas und Keramik, aus Gips und aus Messing. Sogar ein japanisches Papierpferd war da zu sehen. Es gab dort springende, galoppierende und tänzelnde Pferde, kräftige Apfelschimmel und schlanke, feurige Rappen, Zirkuspferde mit geschmücktem Zaumzeug, winzige Ponys und Ackergäule, die einen Wagen zogen. Und Katinka hatte für jede Figur einen anderen Namen. Sie träumte Tag und Nacht davon, ein Pferd zu besitzen. Jakob Borg hatte gesagt: »Sei vernünftig, Katinka. Was sollen wir hier mit einem Pferd! Ein Zimmer ist kein Pferdestall.«

Das sah Katinka auch ein, aber im Stillen sagte sie sich, dass es trotzdem schön wäre.

Zu ihrem Geburtstag bekam sie – wie in jedem Jahr – kleine Pferdefiguren geschenkt. Sogar Schnauz der Esel brachte ihr ein Pferdchen, das er selber aus Knete angefertigt hatte. Für einen Esel ist das recht schwer, denn wenn man keine Finger, sondern Hufe besitzt, hat man viel Mühe beim Kneten. Sein Geschenk sollte ein wieherndes Pferd darstellen, erinnerte aber mehr an ein Spiegelei, das auf einer Straßenpfütze schwamm. Als Schnauz es ihr überreichte, sagte er: »Ein frohes Geburtstagsfest für dich. Das Pferdchen hab ich selbst geknetet.«

»Danke, Schnauz, vielen, vielen Dank«, sagte Katinka. Und dann brach sie plötzlich in Tränen aus.

Der Esel war bestürzt. »Wein doch nicht, Katinka. Es ist mir etwas verunglückt, ich weiß. Aber als es fertig war, schien die Sonne so stark, dass es ein wenig zusammengelaufen ist. Ach ja. Ach ja.«

»Nein, Schnauz, es ist sehr schön. Darum weine ich gar nicht. Es ist doch nur, weil ich so gerne ein Pferd, ein richtiges Pferd haben möchte«, sagte Katinka, und dann weinte sie wieder. Die Freunde waren bedrückt, und keiner wusste so recht, wie man sie trösten konnte.

Die Geburtstagsfeier wurde noch sehr schön, wenn auch Katinka den ganzen Tag etwas verweinte Augen hatte. Am Nachmittag gab es Kuchen, und bis zum Abend spielte man Blindekuh und Topfschlagen, wobei man Luftballons und Bleistiftspitzer gewinnen konnte. Vor dem Schlafengehen zogen sie mit Lampions dreimal um das Haus. Es war sehr spät, als endlich alle im Bett waren.

Trotzdem konnte der Falsche Prinz nicht einschlafen. Zu Kleiner Adlerfeder sagte er: »Ich muss immerzu an Katinka denken. Ich mache mir ihretwegen Sorgen.«

»Ja, das ist schrecklich. Wenn ich mir vorstelle, dass ich an

meinem Geburtstag weinen muss, wird mir jetzt schon traurig zumute«, flüsterte Kleine Adlerfeder und schniefte einmal.
»Wir müssen ihr helfen, Kleine Adlerfeder.«
»Das ist eine gute Idee. Was schlägst du vor?«
»Wir müssen ihr ein Pferd besorgen.«
Kleine Adlerfeder richtete sich erschrocken auf.
»Ein Pferd?«
»Psst!«, machte der Falsche Prinz, da Kleine Adlerfeder vor Schreck vergessen hatte, dass die anderen bereits schliefen.
»Ja, wir müssen ihr ein Pferd besorgen. Ein richtiges Pferd.«
»Und wie?«
»Das weiß ich auch nicht«, sagte der Falsche Prinz bekümmert.
Kleine Adlerfeder überlegte: »Vielleicht kann man es in einem Laden kaufen.«
»Unsinn«, mischte sich Panadel der Clochard in das Gespräch ein. Er schlief auch noch nicht. »Unsinn. Pferde kauft man nicht in einem Laden. Ein Pferd muss man stehlen.«
»Stehlen?«
»Selbstverständlich. Habt ihr nie davon gehört? Man geht zu einem Pferdedieb und sagt zu ihm: Lieber Pferdedieb, die Sache ist so und so, bitte stiehl mir ein Pferd. Und eins, zwei, hast du nicht gesehn, steht dein Pferd da. So einfach ist das.«
»Ich glaube nicht, dass Katinka sich ein gestohlenes Pferd wünscht.«
»Wir brauchen es ihr ja nicht zu erzählen, dass es gestohlen ist«, schlug Panadel vor. »Sagen wir einfach, es sei vom Himmel gefallen.«
»Nein, ein gestohlenes Pferd und eine Lüge dazu, das wird Katinka nicht gefallen. Und mir auch nicht«, entschied unwiderruflich der Falsche Prinz. Der Clochard war gekränkt.
»Ich bin, potz Blitz, ein Kerl, mit dem man Pferde stehlen kann. Aber wenn ihr nicht wollt, können wir die Konferenz gleich beenden.«
»Welche Konferenz?«, erkundigte sich Kleine Adlerfeder.

»Das sagt man so«, brummte Panadel, drehte sich um und schloss die Augen.
Die beiden Freunde grübelten und grübelten, wie sie zu einem Pferd kommen könnten. Schließlich erklärte der Falsche Prinz: »Wir werden für Katinka ein Wildpferd einfangen.«
»Ein Wildpferd!« Kleiner Adlerfeder verschlug es den Atem. Natürlich, ein Wildpferd! Nichts einfacher als das. Warum war ihm das nicht eingefallen? »Wir werden gleich morgen früh in das Blabberholz ziehen und es einfangen. – Warum sagst du nichts, Kleine Adlerfeder?«
»Oh, ich – ich – ich denke, über ein Wildpferd wird sich Katinka sicher freuen.«
»Das meine ich auch«, sagte der Falsche Prinz zufrieden und schloss erleichtert die Augen. Er schlief gleich ein und träumte, wie er eine Herde von Wildpferden einfing und sie alle Katinka schenkte.
Katinka war sehr glücklich. In seinem Traum legte sie einen Arm um ihn und sagte, er sei der beste Freund, den sie habe. Und dann saßen sie den ganzen Tag Hand in Hand auf der Wiese und sahen ihren Wildpferden zu, die übermütig um sie herumsprangen.
Kleine Adlerfeder konnte noch lange nicht einschlafen. Ihn beschäftigten viele Fragen. »Ein Wildpferd, warum ist mir das nicht eingefallen? Warum fällt mir überhaupt alles erst ein, wenn es einem anderen schon eingefallen ist? Es wäre doch schön, wenn alle sagten: Oh, das Wildpferd, das ist eine Idee der Kleinen Adlerfeder. Er hat immer so gute Einfälle.«
Aber auch andere Probleme hatte er zu überlegen. »Wie sieht so ein Wildpferd überhaupt aus? Ob es aus seinem Maul Feuer speit? Und wie viel Köpfe hat so ein Wildpferd? Und was wird es dazu sagen, wenn wir es einfangen?«
Am nächsten Morgen, nachdem Jakob Borg in die Schule gegangen war, sprachen die beiden Freunde mit Katinka.

»Katinka, wir haben beschlossen, ein Wildpferd für dich einzufangen.«

»Ein Wildpferd? Für mich?«, fragte Katinka glücklich und wurde rot vor Freude.

»Ja. Gestern Abend hatten wir diesen Einfall«, fügte Kleine Adlerfeder nachlässig hinzu.

Katinka war so glücklich, dass sie nicht wusste, was sie antworten sollte. Sie strahlte die beiden Freunde an und sagte nur: »Oh!«

»Die Schwierigkeit ist nur, dass wir nicht wissen, wie so ein Wildpferd aussieht«, murmelte der Falsche Prinz verlegen, und Kleine Adlerfeder fügte hinzu: »Wir haben nämlich noch nie ein richtiges Pferd gesehen, und schon gar kein Wildpferd.«

»Wenn's weiter nichts ist«, unterbrach ihn Katinka und gab den beiden die genaue Beschreibung eines Wildpferdes: »Ihr müsst wissen, es hat einen wunderschönen Kopf mit zwei wunderschönen Augen. Sein Fell ist wunderbar weich. Und sein Schwanz, den man Schweif nennt, ist wie ein Wunder. Und dann hat es noch vier Beine, vier wunderschöne Beine.«

Sie überreichte den beiden ein kleines Wildpferd aus gelbem Glas. Sogar ein Halfter aus rosa Wolle gab sie ihnen mit, das sie selbst gestrickt hatte.

Der Falsche Prinz und Kleine Adlerfeder machten sich auf den Weg. Den ganzen Vormittag streiften sie durch das Blabberholz, ohne die Spur eines Wildpferdes zu sehen. Mehrmals liefen sie den Fluss auf und ab, aber auch dort war kein Wildpferd. Sie entdeckten Schlangen und Frösche, Eidechsen, einen Maulwurf und ein Reh. Jedes der Tiere betrachteten sie aufmerksam und von allen Seiten, aber keins sah so aus wie die gelbe Glasfigur. Ein Wildpferd einzufangen, war eine schwierige Aufgabe.

Erschöpft ließen sich die beiden am Waldrand nieder.

»Vielleicht gibt es im Blabberholz keine Wildpferde.«

»Ich fürchte, du hast recht«, seufzte der Falsche Prinz. »Vielleicht ist es mit den Wildpferden wie mit den Pilzen. Es gibt Wälder, wo Pilze wachsen, und es gibt Wälder, wo keine Pilze zu finden sind.«

»So wird es sein«, sagte der Falsche Prinz bedrückt, und dann fügte er hinzu: »Was sollen wir bloß Katinka sagen!«

Die beiden lagen im Gras und hingen ihren Gedanken nach. Über ihnen schaukelten träge ein paar Hummeln, und um sie herum krabbelten geschäftig die Ameisen. Der Falsche Prinz träumte davon, wie er in einen Wildpferd-Wald kam. Dort schossen die Wildpferde wie die Pilze aus dem Boden, und er konnte sie körbeweise einsammeln.

Kleine Adlerfeder dachte an Jakob Borg und überlegte, was er an seiner Stelle machen würde.

Der Falsche Prinz pflückte gerade den vierten Korb mit Wildpferden voll, als ihn Kleine Adlerfeder aufgeregt anstieß.

Falscher Prinz setzte sich auf und da sah er – da sah er: »Ein Wildpferd! Ein Wildpferd!«, flüsterte er tonlos.

Kleine Adlerfeder war blass geworden und nickte nur. Beide starrten wortlos auf das Tier, das vor ihnen stand und sie ansah.

Es musste ein Wildpferd sein, es gab gar keine Zweifel. Langsam holten sie die gelbe Glasfigur aus der Tasche und verglichen sie mit dem Tier.

»Sie sind sich zum Verwechseln ähnlich«, flüsterte der Falsche Prinz.

»Ja, sie haben die gleiche Farbe.«

Die beiden Freunde und das Wildpferd betrachteten sich eine Weile gegenseitig, ohne sich zu rühren.

»Ich dachte, Wildpferde seien eigentlich etwas größer«, bemerkte Kleine Adlerfeder dann zweifelnd. Aber der Falsche Prinz beruhigte ihn: »Es ist ein kleines Wildpferd, aber es wird wachsen, du wirst sehen.«

Er streckte seine Hand aus, und das Wildpferd kam näher. Es

schmiegte sich an ihn und stupste ihn mit der Schnauze an.
»Hol schnell das Halfter heraus«, flüsterte der Falsche Prinz.
Und vorsichtig, sehr, sehr vorsichtig holte Kleine Adlerfeder das rosa Wollhalfter aus der Tasche und legte es dem Wildpferd um. Er fürchtete, das Wildpferd könnte ihn beißen oder mit seinen Hufen ausschlagen. Doch es blieb still stehen und ließ es sich gefallen.
»Es hat wirklich einen wunderschönen Kopf und zwei wunderschöne Augen.«
»Ja, und ein wunderbar weiches Fell, so wie Katinka es beschrieben hat.«
»Und einen so schönen Schweif habe ich auch noch nie gesehen.«
Die beiden machten sich mit ihrem eingefangenen Wildpferd auf den Heimweg.
Das Wildpferd lief brav hinter ihnen her. Manchmal blieb es stehen und ließ seinen langen Schweif durch die Luft gleiten. Dann blieben auch die beiden Freunde stehen und warteten, bis das kleine Wildpferd sich bequemte, weiterzulaufen. Sie wollten es nicht verärgern, denn man wusste nicht, was ein ärgerliches Wildpferd anstellen würde.
Zu Hause angekommen, brachten sie es gleich zu Katinka. Sie waren gespannt, was sie sagen würde. Katinka betrachtete das Wildpferd lange und sagte zweifelnd: »Seid ihr auch sicher, dass dies ein Wildpferd ist?«
»Natürlich, Katinka, es ist so, wie du es beschrieben hast.«
»Und es ist auch so gelb wie dein Glaswildpferd.«
»Ich dachte nur, dass Wildpferde ein wenig größer sind«, wandte Katinka ein.
Der Falsche Prinz erklärte ihr: »Es gibt große und kleine Wildpferde. Und unseres gehört eben zu den kleinen.«
»Es wird schon noch wachsen, Katinka, wenn du es gut fütterst«, tröstete Kleine Adlerfeder sie. Das sah Katinka ein, und sie überlegten, was ein Wildpferd frisst. »Eigentlich fressen

Wildpferde Hafer. Aber meins ist ja noch soo klein. Es will sicher noch Milch trinken.«

Sie holte eine Schüssel mit Milch aus der Küche und stellte diese auf den Fußboden. Das Wildpferd stürzte sich über die Milch und leckte und schleckte die Schüssel aus.

Kleine Adlerfeder staunte: »Das hat aber Hunger.«

»Alle Fohlen haben Hunger. Sie müssen ja noch wachsen. Sie müssen noch groß werden«, erwiderte Katinka.

Sie holte noch mehr Milch für das Wildpferd, und das Wildpferd schmatzte auch die zweite Schüssel leer. Dann sah es zu Katinka, aber Katinka schüttelte den Kopf: »Nein, mehr bekommst du nicht, mein kleines Wildpferd. Jetzt müssen wir dich zähmen, verstehst du, weil du ja so furchtbar wild bist.«

Sie bauten im Kinderzimmer den Tisch und die Stühle so um, dass viele kleine Hürden entstanden. »Spring, mein Wildpferd, spring!«

Das Wildpferd dachte jedoch gar nicht daran zu springen. Es legte sich auf den Teppich und ließ seinen Schweif durch die Luft segeln und kümmerte sich überhaupt nicht um die drei.

»Spring endlich!«, rief der Falsche Prinz ärgerlich und stieß es an.

Da aber drehte das Wildpferd den Kopf zum Falschen Prinzen um und fauchte ihn so wütend an, dass der erschrocken zurückfuhr.

»Pass auf, dass es dich nicht mit seinen Hufen schlägt!«, warnte Katinka.

Doch das Wildpferd dachte offenbar überhaupt nicht daran, auszuschlagen. Es erhob sich langsam und beroch die aufgestellten Hürden. Dann lief es zur Milchschüssel, leckte ein wenig daran und zog sich hinter den Kachelofen zurück.

Jetzt war guter Rat teuer. Die Freunde lagen vor dem Kachelofen und baten und bettelten. Aber es war umsonst. Das Wildpferd blinzelte nur müde und dachte gar nicht daran, hervorzukommen.

Als Jakob Borg aus der Schule kam, lagen Katinka, der Falsche Prinz und Kleine Adlerfeder noch immer vor dem Ofen und versuchten, das Wildpferd hervorzulocken.
»Komm, Wildpferd. Liebes, kleines Wildpferd, komm hervor.«
»Was macht ihr da?«, erkundigte sich Jakob Borg.
Der Falsche Prinz erklärte verlegen: »Ach, nichts weiter. Wir versuchen, das Wildpferd unter dem Ofen hervorzulocken.«
»Ein Wildpferd? Unter dem Kachelofen?«, fragte Jakob Borg ungläubig.
»Ja, es hat sich dort versteckt, weil es nicht gezähmt werden will«, erklärte Katinka.
Jakob Borg legte sich nun auch vor den Ofen und starrte darunter. Er sah zwei gelb leuchtende Augen, die ihn anblitzten. Vorsichtig streckte er seine Hand aus.
»Pass auf! Es schlägt mit den Hufen!«, rief Katinka.
Aber es war zu spät. »Au! Es hat mich gekratzt«, schrie Jakob Borg auf und zog schnell seine Hand hervor.
Quer über den Handrücken hatte er eine blutige Schramme. Kleine Adlerfeder betrachtete sie entsetzt. »Es ist noch ein sehr wildes Wildpferd.«
»Ja, wir haben es noch nicht gezähmt. Wir müssen alle nett zu ihm sein, damit es merkt, dass wir seine Freunde sind«, sagte Katinka entschuldigend. Jakob Borg wollte davon aber nichts hören. Er holte einen Besen aus der Küche und stocherte so lange damit hinter dem Ofen herum, bis das Wildpferd hervorschoss, die aufgebauten Hürden umrannte und auf das Fensterbrett sprang.
Da stand es nun und fauchte die Freunde an. Kleine Adlerfeder war starr vor Schreck. Ängstlich griff er nach der Hand von Jakob Borg und sagte atemlos zu ihm: »Du musst keine Angst haben, Jakob, wir zähmen es bald.«
Jakob Borg betrachtete erstaunt das Wildpferd auf dem Fensterbrett. »Ich fürchte, das ist kein Wildpferd, was ihr da eingefangen habt.«

»Kein Wildpferd?« Der Falsche Prinz war erstaunt. »Meinst du, es ist schon gezähmt?«
»Ich weiß nicht, ob es gezähmt ist oder nicht. Jedenfalls ist es kein Pferd und ein Wildpferd auch nicht.«
»Woher willst du das wissen?«, erkundigte sich ungläubig der Falsche Prinz.
»Weil es eine Katze ist«, erklärte Jakob Borg. Kleine Adlerfeder und der Falsche Prinz blickten betroffen zu dem Wildpferd, das auf dem Fensterbrett saß und plötzlich eine Katze sein sollte. »Ich hatte mir auch schon so etwas gedacht«, bemerkte Katinka, »besonders, weil dieses Wildpferd einen Katzenschnurrbart trägt.«
Das war natürlich eine unangenehme Überraschung für die zwei Wildpferd-Jäger. Verlegen sagte der Falsche Prinz zu Katinka: »Ich fürchte, wir haben da etwas verwechselt, Katinka …«
Doch Katinka unterbrach ihn. »Ach, weißt du, vielleicht ist ein Pferd für unser Zimmer doch etwas zu groß. Und ob ich eine Katze zähme oder ein Wildpferd, das ist eigentlich kein großer Unterschied.«
Der Falsche Prinz nickte erleichtert. So groß ist der Unterschied zwischen einem Wildpferd und einer Katze ja wirklich nicht.
Katinka aber saß neben der gelben Katze und streichelte ihr Fell. Sie war ein bisschen traurig und ein bisschen froh. Sie freute sich, dass sie nun eine eigene Katze besaß. Und gleichzeitig war sie unglücklich, weil ihr Traum von einem Pferd ein Traum geblieben war. Aber ein Traum, sagte sie sich dann, ist auch etwas Schönes. Wann immer ich will, kann ich von meinem Pferd träumen. Ein Traum ist nie zu groß, er passt überall rein, selbst ins kleinste Kinderzimmer. Er gehört mir allein, und ich werde ihn nie verlieren.
So saß Katinka neben ihrer Katze, drückte sie fest an sich und träumte von ihrem Pferd.

Franz Hohler

Der kluge Bär

Ein Mädchen wohnte einmal, das ist lange her, ganz allein im Wald. Wie es dazu kam, dass niemand sonst bei ihm war, weiß ich nicht, ich weiß nur, dass es recht gefährlich war, gerade früher, als es noch Räuber, Geister und wilde Tiere gab.
Das Mädchen bekam das auch zu spüren.
Jeden Tag wenn es wegging, schlich ein böser Zwerg in sein Häuschen und stürzte Tisch, Bett und Stühle um, zerschlug auch alles Geschirr, das er erreichen konnte, und richtete überhaupt eine entsetzliche Unordnung an. Das Mädchen hatte es zuerst mit Güte versucht und dem Zwerg ein Breilein hingestellt oder ein neues Jäckchen gestrickt, aber es erntete nur Hohn und ärgere Verwüstungen, jetzt lag sogar der ausgeleerte Abfallkübel unter der Bettdecke.
Da bastelte es eine Zwergenfalle, doch der Zwerg war viel zu schlau, um hineinzutreten. Das Mädchen dachte schon daran, sein Waldhäuschen für immer zu verlassen, da klopfte eines Abends ein Bär an seine Türe. Es machte ihm auf und teilte mit ihm sein Abendessen, und das traf sich sehr gut, denn es gab Honigbrote. Der Bär strich sich nachher mit der Pfote über die Schnauze und sagte:
»Mädchen, Mädchen süß und weich, Schwimm am Morgen in dem Teich!«
Dann legte er sich gleich hinter die Haustüre und begann zu schlafen.
Am andern Morgen war der Bär verschwunden, aber das Mädchen erinnerte sich an seine Worte und dachte: »Vielleicht ist da etwas dran.«
Es ging zum Waldteich, der in der Nähe seines Häuschens war, legte seine Kleider unter eine alte Eiche und schwamm

zum Seeroseninselchen hinaus. Kaum hatte es ein paar Züge gemacht, flitzte der Zwerg aus einem Baumspalt und nahm mit einen hässlichen Lachen die Kleider des Mädchens unter den Arm. Darauf hatte der Bär gewartet, der sich hinter dem Eichenbaum versteckt hielt. Mit einem kräftigen Prankenschlag tötete er den bösen Zwerg und gab dem Mädchen seine Kleider zurück.

Das Mädchen war sehr glücklich. Es dankte dem Bären und sagte zu ihm: »Sicher bist du ein verzauberter Prinz. Sag mir. wie ich dich erlösen kann.«

»I wo«, sagte der Bär, »ich bin ein Bär und fühle mich wohl. Als Mensch käme ich mir schön blöd vor.«

Trotzdem kam er von jetzt an jeden Abend in das Häuschen des Mädchens zum Nachtessen, schlief die Nacht hinter der Haustüre und ging beim Morgengrauen wieder fort, und die beiden blieben gute Freunde ihr Leben lang.

Josef Guggenmos

Das Einhorn

Unversehns
in Urgestalt
stand es vor mir
im Tagtraumwald.

War wie ein Hauch,
war wie ein Held,
war donnergrau.
War eine Welt.

Da war ein Busch.
Da stand es vorn
mit seinem einen
Silberhorn.

Sein rechtes Ohr
bewegt' es leis.
Was dachte es?
Gott weiß. Gott weiß.

Dann schwand es,
war es nicht mehr da.
Es blieb der Busch
und ich, der's sah.

Wolf Erlbruch

Das Bärenwunder

Draußen vor der Bärenhöhle waren die Vögel schon eifrig mit Singen und Mückenfangen beschäftigt. Die jungen Birken hatten noch keine Blätter, aber der Wind, der mit ihren Zweigen spielte und ab und zu ihre dünnen Zweige ein wenig verbog, war schon ein richtiger Frühlingswind.
Der Bär war aus dem Winterschlaf erwacht und sein Magen knurrte gewaltig; denn wenn man fast ein halbes Jahr geschlafen hat, wacht man sehr hungrig auf.
Schon bald hatte er sich wieder dick und rund gefressen. An sonnigen Nachmittagen dachte er jetzt drüber nach, was für ein großer, starker Bärenvater er doch sein könnte.
Was man allerdings tun musste, um ein Bärenvater zu werden, – sosehr er auch darüber nachdachte – es wollte ihm nicht einfallen. Am nächsten Morgen nahm er all seinen Mut zusammen und rief, so laut er konnte, in den Wald hinein:
»Kann mir jemand sagen, wie ich ein Kind bekomme?«
Wie aus dem Nichts tauchte der Hase vor ihm auf. »Wie bitte?«, fragte er den Bären erstaunt und noch etwas außer Atem. Das weißt du nicht? Die Kinder, mein Bester, wachsen auf Rübenfeldern, immer zwischen zwei besonders kleinen Rüben. Wenn die Ohren weit genug aus der Erde gucken, kann man sie daran herausziehen. – Ganz vorsichtig, natürlich.« Bevor er weitersauste, sagte er noch: »Es ist schon ein kleines Wunder, oder?«
Obwohl der Bär die Geschichte nicht so recht glauben konnte (schon wegen der Ohren), schaute er am nächsten Morgen ganz früh auf dem Rübenfeld nach.
»Zwischen zwei besonders kleinen Rüben?«, fragte die Elster entsetzt. »Dabei ist es so wunderbar einfach: Man legt ein Ei und brütet es aus.«

Das war dem Bären auch nicht ganz geheuer, trotzdem machte er, nachdem er eine geeignete Stelle gefunden hatte, einen wild entschlossenen Versuch.
Kurz darauf fragte er den Lachs, so gut es unter Wasser ging. Der Lachs lächelte verschmitzt und sagte: »Man streut Zucker auf die Fensterbank und wartet auf den Storch.«
Nun wusste der Bär nicht, was eine Fensterbank ist, wohl aber, wo der Storch zu finden war. »Ein für alle Mal«, sagte der, etwas entnervt, »ich fange Frösche, wie du vielleicht siehst, und den Winter über bin ich in Afrika. Sonst nichts!«
Jetzt war der Bär richtig ein bisschen verzweifelt, als eine komische Wolke an ihm vorbeisegelte. Da fiel ihm plötzlich die Geschichte von der Bären-Wunder-Wolke ein, auf der die Bärenkinder herumtoben, bevor sie auf die Welt kommen. Seine Mutter hatte sie ihm früher immer erzählt und er hatte sie völlig vergessen.
»Wünschst du dir auch so sehr ein Bärenkind?«, brummte es

zart direkt neben seinem Ohr. Zuerst erschrak der Bär ein bisschen, aber als er sich umdrehte, schaute er einer reizenden Bärenfrau direkt in die Augen.
»Woher weißt du das?«, fragte er sie völlig verblüfft.
»Weil du die Wolke so sonderbar ansiehst«, lächelte sie und rückte ein Stückchen näher.
»Glaubst du die Geschichte?«, fragt er sie.
Die Bärenfrau schüttelte nur sanft den Kopf. Als sie dann aber sah, dass der Bär ganz unglücklich guckte, sagte sie schnell: »Wenn du nur ein bisschen mitmachst, könnten wir im nächsten Frühjahr ganz hübsche Bärenkinder haben.«
Und sie suchten sich ein weiches Plätzchen, irgendwo auf einer Lichtung, im hohen, hohen Gras.

Peter Maiwald

Als mein Bruder das Pferd brachte

Mein Bruder brachte Leben ins Haus. Schuld daran war Brehms Tierleben, eines der wenigen Bücher, die wir im Haus harten. Mein Bruder las keine Bücher, aber Brehms Tierleben hatte Bilder.

Mein Bruder hat klein angefangen. Erst waren es Spinnen und Regenwürmer. Dann Maikäfer und Mäuse. Dann eine Schildkröte (geschenkt) und ein Kaninchen (ebenfalls). Eine Katze wurde von meiner Mutter zu den Vorbesitzern zurückgebracht. Mein Bruder hatte in der Zwischenzeit Kanarienvögel besorgt. Mein Vater ließ den dritten Hund schließlich im Haus, weil er umsonst war und es uns ermöglichte, beim Metzger »etwas für den Hund« zu verlangen, was auch etwas für uns abwarf.

In dieser Zeit fiel die Neigung meines Bruders auf Fische. Der erste Fisch, den er mitbrachte, schwamm in einer bauchigen

Kristallvase meiner Mutter. Er hatte keine Zukunft. Danach beschäftigte sich meine Familie wochenlang mit der Frage, wie man kostenlos Aquarien beschaffen könnte. Mein Bruder sorgte für den Nachschub, weil er neben seiner Lehre als Bahnarbeiter noch in einer Tierhandlung kostenlos, aber für Fische arbeitete.

Nachdem wir es auf an die hundert Südseefische und drei Aquarien (gebrauchte) gebracht hatten, begann mein Bruder Vögel zu lieben. Der erste war eine Taube, die meinem Bruder zugelaufen war, auf einem Bein hinkte und mangels Käfig am ersten Tag unsere Küche vollschiss. Danach kamen alle Arten von Kleinpapageien, bis mein Vater meinem Bruder den Umgang mit der Tierhandlung verbot.

An dem Tag, an dem mein Bruder das Pferd brachte, herrschte Sommerwetter und mein Vater mähte den Rasen vor dem Haus mit einem Rasenmäher. Der Rasenmäher war mechanisch und machte nicht sehr viel Lärm. So konnte mein Vater hören, wie die Leute klatschten und pfiffen und riefen: »Da kommt ein Ritter!« Mein Vater kümmerte sich nicht um das Gelärm und die Nachbarn, weil beide ihm nicht den Rasen mähten.

Dann kam mein Bruder. Auf einem Pferd. Es war das älteste Pferd, das ich jemals gesehen hatte. Es zog ein Bein nach, und jedes Mal, wenn es das tat, wackelte mein Bruder. Mein Bruder sprang von dem Pferd herunter und band es an der Garagentür fest. Mein Vater hörte auf zu mähen.

»Was soll das?«, sagte mein Vater.

»Das ist mein Pferd«, sagte mein Bruder.

Dann begann mein Vater zu schreien. Er schrie, wie ich noch nie meinen Vater habe schreien hören. Ich weiß nicht, was mein Vater schrie. Es war unverständlich. Mein Bruder band das Pferd von der Garagentür los und führte es weg. Mein Bruder weinte. Ich glaube, das Pferd weinte auch. Ich weiß es nicht. Ich habe es nicht so sehr mit Tieren.

Erwin Strittmatter

Die Strickbremse

Im Pferdestand lag eine dicke Matte aus Sägespänen. Es duftete wie im Zirkus. Die Ziege Minna meckerte dem neuen Stallgefährten ihr Willkommen zu. Pedro stand steif vor der Tür. Er nahm eine Nase voll Stallduft und wendete sich zur Seite.

Meine Frau holte ein Handtuch. Wie gute Frauen so sind – sogar ein sauberes Handtuch. Mit dem Handtuch band Christa Pedro die Augen zu. Pedro wurde als »Blindekuh« im Hofe herumgeführt. Wir wollten ihn verwirren. Er sollte vergessen, wo die Stalltür war. Er vergaß es nicht. Seine Nase hatte das Sehen übernommen. Unsere Minna schien ihm nicht so gut zu duften wie der Bock in seinem Heimatstall. Oder war die Stallschwelle zu hoch?

Wir breiteten Stroh über die Stallstufe. Pedro beschnupperte das frische Stroh. Er naschte davon und ging doch nicht in den Stall.

Wir nahmen Pedro die Augenbinde ab und schaufelten Erde über die Schwelle. Pedro beschnupperte die Erde und

schnarchte. Auch unsere Erde gefiel ihm nicht. Also sollte er rückwärts in den Stall wie vor Tagen in den Bahnwaggon. Auch diese List versagte. Pedro hatte gelernt. Er steuerte mit dem Hinterteil an der Stalltür vorbei gegen die Wand. Meine Geduld ging zur Neige.
Wir legten Pedro einen Strick ums Hinterteil. Die Frauen packten den Strick und stellten sich an Pedros Flanken auf. Ich stand im Stalleingang und lockte das widersetzliche Hengstlein mit einer Scheibe Brot.
Da, da, da! Pedro setzte das rechte Vorderbein in den Stall. Ich trat mit meinem Lockbrot zurück. Pedro war enttäuscht. Er wollte zurück in den Hof, aber da hielt ihn die Strickbremse der Frauen. Hinten Bremse, vorn Brot. Pedros Fressgier siegte. Er setzte das linke Vorderbein in den Stall. Mir fiel der Schlachtruf der Schildbürger ein, die ihren Ochsen zum Abweiden zweier Grashalme aufs strohgedeckte Scheunendach zogen: »Zieht, zieht, er leckt schon!« Die Frauen treckten. Wumps! Pedro war im Stall. Er zermalmte die Brotscheibe und stürzte sich dann aufs bereitgestellte Futter.
Konnte man Pedro die Widersetzlichkeit verübeln? Gibt's nicht auch Menschen, die störrisch vor neuen Verhältnissen stehn wie das Tier vor dem neuen Stall? Muss man nicht auch manchen Zeitgenossen mit Überredung oder sanfter Gewalt an sein Glück heranzerren?

Erwin Strittmatter

Pferdenarren

Der Sommer öffnete noch ein Sonnentor. Im Garten schaukelten dicke Äpfel an den Baumzweigen. Am Waldrand röteten sich die Berberitzen. Der Storch zog mit seinen flüggen Jungen durch das Wiesental. Wir waren fröhlich. Wo wir uns im Hause, auf dem Hofe oder im Garten bei der Arbeit trafen, lächelten wir uns zu. Das Lächeln hieß: Wir haben ein Pferdchen im Stall.
Christa klopfte sanft an meine Stubentür. Meine Gedanken sträubten sich wie die Federn eines Vogels, den man beim Brüten stört. Ich scharrte in meinen Manuskriptblättern. Christa klopfte wieder. »Vater, Pedro hat geschnauft.«
»Hat er geschnauft? Dann passt ihm etwas nicht.«
»Die Ziege Minna will von seinem Futter naschen.«
Eine Weile kann ich schreiben, dann klopft meine Frau.
»Vater, Pedro hat gewiehert.«
»Hat er gewiehert? Dann wird er Heimweh haben.«
»Ich hab ihm das Heimweh mit etwas Brot vertrieben.«
Der Tag war ein Nachsommergeschenk. Ich hatte trotz aller Störungen gut gearbeitet – drinnen und draußen. Der Abend schummerte hernieder. Aus den Rosetten des Rotkrauts lugten die prallen Köpfe. Der Abendtau belegte sie mit dem leisen Grau reifer Pflaumen. Der Garten schenkt uns nicht nur Früchte für unsere Arbeit. Er schenkt uns auch Schönheit.

Wir säuberten unsere Gartengeräte. In der Sauerkirschenhecke zirpten die Heuschrecken: »Pedro, Pedro, Pedro!«
»Vater, Pedro ist noch wach.«
»Du sollst ihn in Ruh lassen!«
»Er wiehert leise, spitzt die Ohren und schaut durch das Stallfenster in den roten Abendhimmel.«
Solang uns der Abend sein Licht ließ, schlichen wir abwechselnd zum Stallfenster, um nach Pedro zu sehen. Jeder fand einen Vorwand. Einer sollte von der Narrheit des anderen nichts wissen. Ich musste nachsehn, ob die Gartenpforte geschlossen wäre. Am Pferdestallfenster traf ich meine Frau. Christa ging nachsehn, ob alle Hühner daheim wären. Am Pferdestallfenster traf sie die Mutter und mich. Oh, ihr Narrwänster, das Leben erhalte euch die Kindlichkeit!
Der helle Mond kam herauf. Pedro hatte das Kinn auf den Fenstersims gelegt. Sein Atem macht die Scheibe blind. Alte Pferde schlafen zuweilen nachts im Stehn. Pedro ist kein altes Pferd. Weshalb legt er sich nicht? Fühlt er sich noch nicht zu Hause?
Vor dem Zubettgehn prüfte ich den Abendhimmel. »Wie wird das Wetter?«
Am Pferdestallfenster traf ich meine Frau. Pedros Kopf war verschwunden. Wir lauschten ins Stalldunkel. Leises Schnarchen kam herauf. In den Kirschbaumzweigen rischelte der Nachtwind. Pedro hatte unsere Liebe wohl doch gespürt und sein neues Zuhause angenommen.

Unbekannt

Viecherei

Anakonda, Löwe, Murmeltier,
Flamingo, Möwe und Tapir.
Antilope, Schnecke, Pinguin,
Salamander, Zecke und Delphin.
Jaguar, Rotfuchs, Kakadu,
Leguan, Luchs und Streifengnu.
Eichelhäher, Hecht, Rhinozeros,
Chamäleon, Specht und Albatros.
Grizzly, Chipmunk, Baribal,
Iltis, Skunk und Nachtigall.
Känguru, Kuh, Wasserhuhn,
Tamandua, Uhu und Racoon.
Ochsenfrosch, Fasan, Goresa-Affe,
Klapperschlange, Pavian und Giraffe.
Zitronenfalter, Seelachs, Rosenkäfer,
Alligator, Dachs und Siebenschläfer.

Friedrich Wolf

Schnurzel, das Neinchen

Purzel und Paolo Dreibein haben ein Kind. Es ist ein seltsames Häschen mit weißem Fell und einigen braunen Streifen. Das Weiße stammt von Purzel, der Mutter, das Braune von Paolo, dem Vater. Wenn Purzel das Häslein sieht, muss sie manchmal an jenen Ostertag in ihrer fernen Heimat denken, da sie mit dem Saft der bunten Wiesenblumen die Ostereier für die Menschenkinder färbte, wobei ihr schneeweißes Fell blaue, rote und grüne Flecke erhielt – ein richtiges »Osterhasenfell«.
Lange ist es her. Und viel ist inzwischen geschehen.

Das Kind von Purzel und Paolo hieß in der Hasenkolonie allgemein »Schnurzel«. Damit hatte es folgende Bewandtnis: Das Häschen besaß den festen Sinn – um nicht zu sagen den Eigensinn – seiner Mutter. Wenn nun seine Spielkameraden es zu etwas mit aller Gewalt zwingen wollten oder wenn die alten Hasen ihm mit Strafen drohten, dann sagte das Purzelkind: »Mir ist alles schnurzwurzpiepe!« Deshalb hieß es nach der ersten Silbe einfach »Schnurzel«.
Wie gesagt, Schnurzel war ein richtiger Trotzkopf. Rief man ihn: »Schnurzel, du musst jetzt dieses oder jenes tun!«, so erwiderte es stets, ohne lange zu überlegen, mit dem einen Wort: »Nein!« Deshalb hatte es auch noch den Spitznamen das »Neinchen«. Weiß der Himmel, woher das ewige »Nein« kam! Die älteren Hasen nannten Schnurzel »ein schwieriges Kind«, das man einsperren und kurzhalten müsse. Die jungen Hasen aber hänselten Schnurzel, indem sie sagten: »Du musst zwanzigmal den Sandhügel kopfüber herunterrollen, oder wir beißen dir die Ohren ab.« Vater Dreibein setzte wegen seines Trotzes Schnurzels Abendfutter oft auf die Hälfte herab und

sperrte das Söhnchen tags in den dunklen Erdbau. All das half nichts. Fragte man nach solch einem Dunkelarrest: »Willst du das nächste Mal gehorchen?«, so antwortete Schnurzel sofort: »Nein!«

Die Mutter war darüber sehr betrübt. Sie versuchte es mit Güte. Wenn sie leise bat: »Rupfe draußen doch junge Grasspitzen für den Abendsalat«, so sagte in diesem Falle Schnurzel zwar nicht »Nein«; aber es stand da, steif wie ein Stock. Es war einfach wie gelähmt. Am nächsten Abend ging es dann freiwillig die Grasspitzen holen, der Mutter zuliebe. Aber da hatte die Mutter es schon selbst besorgt.

Darüber war nun das »Neinchen« traurig. Es hatte ein gutes Herz und tollte oft auch fröhlich mit seinen Kameraden. Aber es konnte einfach nicht »über seinen eigenen Schatten springen«, wie man so sagt.

Als Schnurzel, das »Neinchen«, älter wurde, meinte Vater Dreibein, man müsse nun mit ihm zum Ziele kommen. Er hatte beobachtet, wie Schnurzel die zarten., aber bitteren Spitzen

der Aloepflanze, die im Frühjahr der guten Verdauung wegen dem Salat beigemischt wurden, stets ausspuckte. Vater Dreibein tat nun absichtlich etwas mehr Aloespitzen in das Abendessen. Wie er sah, dass Schnurzel an dem Salat herummäkelte und jede kleine Aloespitze heraussuchte, da befahl er: »Der Salat wird gegessen, wie er angemacht ist! Ich zähle bis drei!«

Die Mutter trat rasch zwischen beide und sagte sanft: »Paolo, bitte!« Doch Vater Dreibein schob sie zornig beiseite, stellte sich neben sein Söhnchen und kommandierte: »Eins! Zwei …« Schnurzel rührte sich nicht.

»Drei!« Vater Dreibein stupste Schnurzels Kopf mit aller Kraft in den Salat. »Wirst du es endlich begreifen!«

In diesem Augenblick feuerte Schnurzel mit seinen Hinterläufen aus, sodass der ganze Salat mit den Aloespitzen dem Vater ins Gesicht flog und in seinem Bart hängenblieb. Nur dadurch, dass Mutter Purzel zwischen die beiden sprang, wurde Schlimmeres verhütet.

Ein andermal hatte der Vater seinen Krückstock, den er wegen seines fehlenden Hinterbeins im Alter benutzte, irgendwo draußen stehengelassen. Es war schon Nacht. Vater Dreibein befahl Schnurzel: »Gehe hinaus und hole mir den Stock!« Schnurzel erwiderte prompt: »Nein!« Der Vater, der die Sache diesmal nicht auf die Spitze treiben wollte, verspottete Schnurzel: »Entschuldige, ich vergaß, es ist draußen Vollmond! Da jagen die Wölfe ringsum!«

»Das ist mir schnurzwurzpiepe«, entgegnete Schnurzel ruppig, obwohl es ihm leidtat, den Vater zu kränken.

»Schon gut, mein Kind«, sagte die Mutter, »bleibe hier! Ich gehe!«

»Nein, lass mich!«, wehrte ihr Schnurzel. Wie der Blitz war es zur Tür hinaus und kam alsbald mit dem Krückstock zurück.

Hierdurch fand die Purzelmutter den Weg, mit ihrem Kind

umzugehen. Sie sagte stets das Gegenteil von dem, was Schnurzel eigentlich tun sollte. Und da Schnurzel seinerseits stets das Gegenteil von dem tat, was man von ihm forderte, so tat er genau das, was die Mutter wollte. Das heißt: aus zwei »Nein« wurde ein »Ja«. Zum Beispiel, wollte die Mutter, dass Schnurzel nach dem Regen die frischen Maisspitzen bei der Menschensiedlung sammele, so sagte sie bloß: »Heute haben wir noch alte Maisblätter im Bau. Du brauchst keine neuen zu holen; es regnet noch.«
»Ist mir schnurzwurzpiepe!«, entgegnete Schnurzel, sprang hinaus, sammelte die frischen Maisspitzen und brachte sie schleunigst heim.
Die Mutter verriet Vater Dreibein ihr Geheimnis nicht, weil sie fürchtete, er könne wieder alles verderben. Sie flüsterte künftig dem Söhnchen ihre Wünsche ins Ohr. Vater Dreibein und die anderen Hasen sagten: »Sie verhext ihn!« und ließen es geschehen.
Das ging so eine ganze Weile. Aber die klügste Rechnung hat oft ein Loch.

Eines Tages wollte Mutter Purzel die Tante Pepita in der Nachbarhasenkolonie jenseits des großen Sandhügels besuchen. Diese Tante hatte ihr Heilkräuter versprochen gegen das schlimme Gliederreißen von Vater Dreibein. Mutter Purzel wünschte nun, dass ihr Sohn Schnurzel mit dem Vater zu Hause blieb, weil in der Vollmondnacht wieder ein Wolfsrudel in der Gegend jagte. Deshalb flüsterte sie dem Söhnchen ins Ohr: »Schnurzel, hole mich vor dem Abend ab! In der Vollmondnacht streifen die Wölfe.«
»Es wird dich keiner fressen«, erwiderte Schnurzel. Das sagte er, obschon es ihm sofort leidtat; denn er liebte die Mutter über alles. Doch er konnte ja nicht anders.
Die Mutter aber war mit der abschlägigen Antwort des Söhnchens wohl zufrieden. Sie wusste, dass Schnurzel jetzt zu

Hause blieb. Sie selbst würde bis zum hellen Morgen bei der Tante Pepita sich ausruhen und dann bei Tage heimkehren. So zog sie los.

Wie es nun Abend wurde, überfiel Schnurzel eine immer größere Unruhe. Er hockte gegenüber dem Vater und aß kaum etwas. Auch Vater Dreibein saß schweigend da. Bald räumte Schnurzel in der kleinen Erdhöhle die Speisen weg und hopste vor den Bau. Der Mond stieg groß und rot am Steppenrand empor. Fern begann jetzt ein Wolf zu heulen. Bald antwortete ein zweiter. Und jetzt ein dritter. Die Rufe kamen von verschiedenen Seiten. Das Rudel sammelte sich zur Jagd.
Um was hatte die Mutter ihn doch gebeten? Er solle sie vor Abend abholen. Das war unmöglich! Denn er musste ja genau das Gegenteil tun von dem, um was man ihn bat … also hierbleiben!
»Nein, ich werde nicht gehen!«, sagte er zu sich selbst. »Was muss sie auch zur Zeit der Vollmondnächte, da die Wölfe jagen, wegrennen? Mir ist das alles schnurzwurzpiepe!« Er schlüpfte also wieder in den Bau, wo Vater Dreibein auf dem trockenen, leicht duftenden Gras schon ein Schnarchkonzert begonnen hatte.
Aber Schnurzel fand keine Ruhe. Immer wieder fuhr er hoch, wenn draußen das Jagdgeheul der Wölfe ertönte. Wo die Mutter jetzt sein mochte? Vielleicht war sie gerade auf dem Heimweg? Vielleicht setzte ein Wolf ihr nach und drängte sie immer weiter von der Hasenkolonie ab, sodass sie überhaupt nicht mehr heimkehren konnte? Vielleicht … Schnurzel wagte diesen Gedanken nicht zu Ende zu denken. Eine furchtbare Angst um die Mutter hatte ihn erfasst. Er erhob sich leise vom Lager und kroch hinaus.
Die große gelbe Scheibe des Mondes stand schon hoch am Himmel. Es war ein unheimliches, silbernes Licht, fast so hell wie am Tage. Und immer wieder ertönte das Geheul eines

Wolfes. Schnurzel schien es, als käme der Ruf von den Sandhügeln, über die jetzt die Mutter heimkehren musste.
Was hatte sie ihm doch gesagt? »Schnurzel, hole mich ab!« Nein, das konnte er nicht! Unmöglich!
Aber hatte die Mutter dies wirklich gesagt? Würde sie ihn, ihren Liebling, in der Mondnacht der Gefahr der Wölfe aussetzen? Ebenfalls unmöglich!

Schnurzel machte bereits die ersten Sprünge in der Richtung der Sandhügel. Wahrscheinlich hatte er die Mutter bloß missverstanden? Wahrscheinlich hatte sie ihn aufgefordert, zu Hause zu bleiben? Dann aber musste er nach seiner Natur jetzt das Gegenteil tun: Losrennen! Die Mutter abholen! Und schon rannte Schnurzel in langen Sätzen die Sandhügel hinauf. Herrlich war das in der klaren, hellen Nacht. Er dachte, wie die Mutter sich erschrecken würde, wenn er plötzlich vor ihr auftauchte, und wie sie sich dennoch freuen würde. Da hörte er seitlich von sich ein entsetzliches, wütendes Geheul! Ein Wolf! Schnurzel nahm alle Kraft zusammen! Er raste den Sandhügel hinauf. Aber der Wolf war schon an seiner Seite. Schnurzel schlug einen Haken. Umsonst! Der Wolf sprang über ihn hinweg und stand dicht vor ihm.
Atemlos, voll Entsetzen schaute Schnurzel in den mächtigen, dampfenden Rachen, in dem im Mondlicht die großen weißen Zähne blinkten gleich einer Reihe stählerner Sensen.
Schnurzel schrie: »Nein! Nein!« Die Augen seines dunklen Gegenübers funkelten jetzt wie riesige rote Sterne. Was nutzte da alles »Nein!«? Das war das Ende!
Auf einmal hörte Schnurzel aus dem Rachen des Wolfes ein seltsames gurgelndes Geräusch. Das Ungeheuer kam auf ihn zu, hob seine große Pfote und strich ihm übers Fell. Und da gurgelte es wieder aus seinem Rachen, gar nicht sehr drohend, mehr belustigend. Und jetzt sprach der Wolf: »So ein weißes Fellchen! So ein kleiner Purzelbaum! So ein Tröpfchen

Mondspucke!« Der Wolf lachte. Er lachte, dass es seinen starken Körper schüttelte wie der Sturm einen Baum. »Wo kommst du denn her, du Tröpfchen Mondspucke?«, fragte der Wolf. »Kennst du vielleicht das Häschen Purzel?«
Nein, wollte Schnurzel sagen, aber er flüsterte: »Purzel ist meine Mutter … Ist ja schnurzwurzpiepe«, fügte er noch hinzu.
Wieder strich der Wolf ihm mit seiner großen Pfote vorsichtig über das Fell. »Wohin willst du denn, kleine Mondspucke?«, erkundigte er sich.
»Zur Tante Pepita über den Sandhügel.«
Und schon hatte der Wolf das Häschen im Nacken gepackt – aber so, dass es seine scharfen Zähne kaum spürte – und jagte, es im Maule tragend, über den Hügel bis vor den Bau der Tante. Dort setzte er es nieder, schupste es noch einmal leise mit seiner Schnauze und rannte davon.

Wie erschrak da die Mutter Purzel, als ihr Söhnchen so plötzlich vor ihr und der Tante stand! Sie begriff zuerst nichts von den atemlosen Worten Schnurzels, an dessen Fell noch der furchtbare Geruch des Wolfes hing.
Als aber Schnurzel den Satz des Wolfes wiederholte: »Wo kommst du denn her, du Tröpfchen Mondspucke?«, da weiteten sich auf einmal die Augen der Mutter Purzel. »Du Tröpfchen Mondspucke hat er gesagt?«, fragte sie, und sie schüttelte ihr Söhnchen. »Du Tröpfchen Mondspucke?!«
»Nun ja: Mondspucke! Ich hätte ihm am liebsten dafür eins über die Schnauze gegeben«, erwiderte Schnurzel. »So ein Grobian!«
Die Mutter aber umarmte immer wieder ihr Söhnchen, Zwei Tränen fielen aus ihren Augen auf seine kleine rosa Nase. Und sie lauschte in die Nacht, ob sie nicht doch noch das Geheul des Wolfes höre?

Heinz Erhardt

Der Kabeljau

Das Meer ist weit, das Meer ist blau,
im Wasser schwimmt ein Kabeljau.
Da kömmt ein Hai von ungefähr,
ich glaub' von links, ich weiß nicht mehr,
verschluckt den Fisch mit Haut und Haar,
das ist zwar traurig, aber wahr. ---
Das Meer ist weit, das Meer ist blau,
im Wasser schwimmt kein Kabeljau.

Andreas Schlüter

Falsche Freunde

Irgendwo in einem schönen Rosenbeet in der Stadt saß Norbert, die Nacktschnecke. Er hatte Hunger. Großen Hunger. Trotzdem ließ er die ersten Blätter links liegen. Langsam kroch er den Stängel hinauf. Denn oben in der Nähe der Blüte warteten die zartesten, schönsten Blätter, die man sich vorstellen konnte. Norbert lief schon das Wasser im Mund zusammen.
Er brauchte lange, bis er an die Blüte gelangte. Aber der Weg lohnte sich. Sattsaftiggrün lockte das Rosenblatt. Norbert öffnete sein Maul und wollte gerade herzhaft zubeißen, als ihn eine innere Stimme warnte.
»Der Boden«, warnte sie. »Sieh dir den Boden genau an!«
Norbert sah hinunter auf den Boden und erkannte die furchtbare Gefahr.
Grüne Körner lagen in der feuchten, fruchtbaren Erde des Beetes.
Auf den ersten Blick sahen sie gar nicht so schlecht aus. Beinahe wie getrocknete Blätter in Pillenform. Aber das waren sie natürlich nicht. Die grünen Körner waren von Menschen gemacht. Menschen streuen kein Futter für Schnecken! Und so wusste Norbert wie alle Schnecken, was das für grüne Körner waren. Das pure Gift! Ein einziger Biss genügte und er würde auf der Stelle tot umkippen. Alle Schnecken kannten dieses tödliche Zeug und Norbert würde nie daran denken, an den Körnern zu knabbern. Aber die Menschen kannten in ihrer Mordlust keine Grenzen. Und so hatten sie das Gift weiterentwickelt. Die Tücke dieser Körner lag tiefer verborgen. Die wahre Gefahr lauerte in dem feuchten Boden. In der feuchten Erde lösten sich die grünen Körner langsam auf und das Gift sickerte in die Erde bis zu den Wurzeln der Pflanzen.

Mit den Nährstoffen sogen die Wurzeln das Gift in sich auf. Den Pflanzen schadete es nicht. Sie transportierten es mit Wasser und Nährstoffen in ihre Blätter, wo es sich ablagerte. Von nun an besaß die Pflanze vergiftete Blätter.
Biss eine Schnecke ahnungslos in ein sattsaftiggrünes Blatt, so fraß sie das Gift mit, als hätte sie direkt in eines der Körnchen gebissen. Unvermeidlich stellte sich bald darauf der Tod ein.
Norbert spürte deutlich seinen Hunger. Doch er konnte nichts mehr essen. Weder die zarten Blätter oben an der Blüte noch die älteren, zähen unten am Stängel. Die Rose war vergiftet. Schrecklich knurrte ihm der Magen. Aber es gab nichts mehr zu fressen. Er musste gar nicht nachschauen, um sicher zu sein: Das gesamte, riesige, herrliche Rosenbeet, von dem er sich schon seit Wochen ernährte, war verseucht.
Andere Beete existierten nicht. Nicht auf dieser Seite der Straße.
Norbert hob seinen Kopf und streckte die Fühler aus. Durch die vorbeirasenden, gigantischen Maschinen, die die Menschen Autos nannten, konnte er es kaum wahrnehmen, aber er wusste es: Auf der anderen Seite der Straße gab es Büsche. Und hinter diesen Büschen sollte es Beete geben. Herrliche, duftende Blumenbeete. Das hatte er jedenfalls einmal gehört. Er war noch nie auf der anderen Seite gewesen. Er kannte auch keine andere Schnecke, die jemals dort drüben gewesen wäre. Viel zu lang und gefährlich war der Weg dorthin. Für eine Nacktschnecke.
Doch auf seiner Seite waren alle Pflanzen vergiftet.
Mut oder Tod, lautete die Wahl, die ihm geblieben war. Entweder er würde es wagen, die gewaltige Straße zu überqueren, oder er würde auf dieser Seite vor Hunger sterben. Er musste hinüber auf die andere Seite gelangen.
Vorsichtig, noch langsamer als Schnecken ohnehin schon waren, kroch er aus dem Beet heraus, sah sich ein letztes Mal um, bevor er den nackten Asphalt des Bürgersteigs berührte.

Welch unangenehmes Gefühl! Rau scheuerte die Asphaltdecke an seiner Unterseite. Schon spürte er die Vibration der Straße, hervorgerufen von unzähligen Autos, die viel zu nah an ihm vorbeibrausten. Die großen Füße der Menschen stampften an ihm vorbei, geschützt verschnürt in festen Verpackungen, gefertigt aus der ledernen Haut der von ihnen getöteten Rinder; an der Unterseite mit dicken, gerillten Sohlen versehen, unter denen schon so mancher seiner Artgenossen platt wie ein Rosenblatt gequetscht worden war.
»Oh Gott, oh Gott! Das schaffe ich nie!«, jammerte Norbert. Aber er musste es schaffen. Eine andere Möglichkeit gab es nicht.
So schnell er konnte, machte er sich auf den Weg. Aber so schnell er konnte, das war unendlich langsam. Er war eben nur eine Nacktschnecke, eine unendlich langsame, schleimspurschleichende Nacktschnecke.
»Weg dort! Platz da! Aus dem Weg!«
Norbert rollte sich erschrocken zusammen.
Hinter ihm schoss eine kleine schwarze Spinne aus dem Beet heraus. Sie raste an ihm vorbei und hatte nun beinahe das Ende des Bürgersteigs erreicht.
»Spinnst du?«, rief sie ihm im Vorüberlaufen zu.
»Wieso ich?«, wunderte sich Norbert. »Du bist doch die ...«
»Beeilung, Beeilung«, unterbrach ihn die Spinne. »Es ist gefährlich hier. Siehst du das nicht? Ich glaube, ich spinne!«
Norbert seufzte. Wie gern wäre er auch so schnell wie die Spinne gewesen. Dann müsste er nicht solche Angst haben, die Straße zu überqueren, sondern würde einfach blitzartig hinüberlaufen auf die andere Seite und ...
Zlatsch!
Norbert hielt den Atem an. Er hatte nicht mitbekommen, wie es geschehen war, so schnell war es gegangen. Jetzt lag die pfeilschnelle, kleine Spinne als blutiger Matschfleck vor ihm. Ein Lederfuß mit dicker Sohle hatte sie getroffen!

Norberts Körper zog sich zusammen, seine Fühler zitterten. Panisch schaute er nach links und rechts, sah weitere große, stampfende Lederfüße auf sich zukommen. Fort von hier!, schoss es ihm durch den Kopf. Fort von hier!
Er zog seinen Körper zusammen, um ihn unmittelbar darauf wieder zu strecken. So konnte er sich fortbewegen. Nur so. Er war weder in der Lage zu laufen, weil er keine Beine besaß, noch sich ebenso schnell und geschickt zu schlängeln wie eine Schlange. Er war eine Schnecke und deshalb furchtbar schneckenlangsam.
Sosehr sich Norbert auch mühte und quälte, es ging nicht flinker, als dass er seinen Körper zusammen zoooooog und ihn wieder streeeeeeeeckte, um wenige Zentimeter vooooooorwääääääärts zu gleiiiiiiiiiiiiiiiiiiten, dann wieder den Körper zusammen zoooooooog, ihn abermals streeeeeeeeckte ...
Weiter! Befahl er sich selbst und kämpfte sich Zentimeter für Zentimeter weiter vor. Nach einer Stunde hatte er den Bürgersteig überquert und den Anfang der Straße erreicht.
Der Asphalt bebte, Motoren dröhnten, es hupte, dröhnend rollten riesenhafte Reifen direkt an ihm vorbei. Rote Lichter flammten auf, erloschen wieder, es quietschte und röhrte, stank und qualmte, heulte und krachte, tuckerte und brummte. Der Weg auf die andere Seite führte durch die Hölle!
Aber Norbert kroch weiter. Nicht zurückblicken! Niemals zurück! Immer nur vorwärts. Vor ihm lag die Rettung: Beete, Nahrung, Ruhe. Er musste sein Ziel erreichen. Weiter! Nicht stehenbleiben. Voran! Immer voran!!

Langsam. Sehr langsam. Und doch so schnell er konnte. Er spürte den bebenden, heißen Asphalt unter seinem Bauch. Es krachte und donnerte um ihn herum. Doch Norbert marschierte unermüdlich weiter; er hetzte, kroch, japste, hastete. Warum nur waren Schnecken so langsam? So furchtbar, entsetzlich schlurfschneckenlangsam?
Gleich hatte er es geschafft. Noch zwei Körperlängen. Das Paradies nahte.
Geschafft!
Er hatte die Hölle durchquert, um an diesen wunderbaren Ort zu gelangen.
Nie wieder würde er das Paradies verlassen.
All die Mühen und Qualen hatten sich gelohnt. Er war dem Tod entwischt, hatte alles riskiert und gewonnen. Er hatte es geschafft, die Straße zu überqueren, und würde sich nun an diesem neuen Ort niederlassen, an dem es keine Hungersnot mehr geben würde.
Nur noch eine Körperlänge war er vom Ziel entfernt, den saftiggrün lockenden Büschen.
»Schau mal!«
Norbert sah ein paar Menschenfüße, die vor ihm stehenblieben. Sie waren kleiner als die meisten Menschenfüße, aber immer noch groß genug, um ihm gefährlich werden zu können. Er erschrak und kauerte sich zusammen.
»Eine Schnecke, Mami!«
»Lass sie, Kleines. Wir müssen über die Straße. Es ist grün!«
»Aber die Schnecke ist ganz allein hier, Mami. Jemand könnte auf sie treten oder sie könnte überfahren werden, wenn sie zur Straße kriecht!«
»Komm jetzt, Kleines!«
»Aber das ist gefährlich für die Schnecke, Mami!«
»Dann nimm sie mit, Kleines. Schau mal, dort drüben auf der anderen Straßenseite, dort ist ein Rosenbeet!«

Josef Guggenmos

Wenn Schnecken abreisen

Bei Köln am Rhein, wo's nach Düsseldorf geht,
saßen zwei Schnecken in einem Beet.
Sie saßen im Beet von Frau Habersaat
und waren vergnügt und aßen Salat.

Da sprach die eine zur andern:
»Schwester, wir wollen wandern!
Wir wollen wandern, wir wollen gehn,
bis wir die Türme von Bamberg sehn!«

Drauf rief die andere: »Susewitt,
herzliebe Schwester, ich komme mit!«
Sie zogen hinweg nach diesem Wort –,
und jede nahm ihr Haus mit sich fort.

Nach Bamberg zu kriechen von Köln am Rhein,
hundert Jahre lang querfeldein,
das ist fürwahr eine große Tat!
Was meinen Sie, Frau Habersaat?

»Was ich dazu meine? Ich sage bloß:
Dem Himmel sei Dank! Ich bin sie los!«

Sabine Ludwig

Ein Katerwochenende

Samstag

Dieser Tag hat nicht gut angefangen. Ich bin nämlich aus dem Bett gefallen.
Jetzt sitze ich auf dem Bettvorleger zwischen zwei Pantoffeln, die aussehen wie große Mäuse, aber nicht so riechen, und weiß nicht, was los ist.
Um mich herum lauter unangenehme Geräusche: trampelnde Menschenfüße, knallende Türen, rauschendes Wasser.
»Mama, wo ist mein rosaner Pulli?«, schreit jemand.
»Das heißt nicht ›rosaner Pulli‹, sondern ›rosa Pulli‹!«, kommt es genauso laut zurück.
Wer da seinen rosanen oder rosa Pulli sucht, ist Miriam.
Miriam ist ein Mensch. Ein kleiner Mensch.
Und dieser kleine Mensch hat mich aus dem Bett geschubst, noch dazu ohne Grund! Ich schwöre, dass ich weder an Miriams Ohr geknabbert, noch meine Zähne in ihren Wackelzeh geschlagen habe.
Ich bin ganz unschuldig und zu Recht beleidigt. Aber niemand kommt, um zu sehen, wie beleidigt ich bin.
Na, dann gehe ich eben in die Küche. Bin gespannt, ob jemand an mein Frühstück gedacht hat.
Mein Napf ist leer. Typisch!
Ganz oben im Regal steht mein Futter. Ich klettere die Leiter hoch, die man wohl extra für mich neben das Regal gestellt hat, springe und lande genau zwischen zwei Büchsen. Ich muss niesen, hier oben wird nie richtig saubergemacht. Und in diesem Dreck stehen meine Büchsen. Ich weiß, dass es meine sind, denn es ist eine Katze darauf abgebildet. Ich bin allerdings keine Katze, ich bin ein Kater und das ist ein großer Unterschied.

»Hätten wir uns doch bloß eine Katze angeschafft«, sagt Miriams Mutter oft. »Katzen sind viel ruhiger.«
Dummes Zeug. Katzen sind nicht ruhiger, sie sind einfach nur blöd. Liegen im Winter den ganzen Tag auf der Heizung, im Sommer auf dem Sessel und warten brav darauf, dass ihnen jemand den Fressnapf füllt. Ich nicht! Ich werfe jetzt eine Büchse vom Regal.
»Krawumm!«
Das hat hoffentlich jeder gehört. Nicht, dass ich besonders scharf auf Dosenfutter wäre, aber irgendwie muss man ja auf sich aufmerksam machen.
»Mama, Fritz hat Hunger!«
Endlich.
»Fritz hat immer Hunger, der kann warten.«
Na klar, an mich denken alle zuletzt. Aber jetzt kommt wenigstens Miriam in die Küche. Ich bleibe oben im Regal sitzen und quietsche. O ja, ich kann quietschen wie Miriams Gummiente, die sie immer mit in die Badewanne nimmt. Miriam weiß, was sie tun muss, wenn ich quietsche. Sie hebt die verbeulte Büchse auf und schon ertönt das beruhigende Surren des elektrischen Dosenöffners. Zeit, vom Regal zu springen und ein wenig um Miriams Beine zu streichen. Ich mag Miriam, besonders, wenn sie mir was zu fressen gibt.

Aber was ist das denn? Das riecht ja ekelhaft. Ich bleibe in gebührendem Abstand vor dem Napf stehen und niese noch einmal. Diesmal vor Abscheu.
»Mama, Fritz mag das neue Billigfutter nicht!«, ruft Miriam.
»Es muss noch eine Büchse von dem alten dasein«, ertönt es.
Wieder wird eine Dose geöffnet, aber das Zeug riecht auch nicht viel besser.
»Warum frisst du denn nicht, Fritzilein? Das ist Huhn in zarten Stückchen!«
Zarte Stückchen, von wegen! Zähe Brocken. Aber sie lassen sich wunderbar über den Boden rollen und an die Wand werfen, wo sie klebenbleiben.
Miriam ist schon wieder weg, sie sucht immer noch ihren Pulli. Dafür tauchen zwei blauweiß gestreifte Säulen in der Küchentür auf. Die Beine von Miriams Vater. Er gähnt und fährt sich durch sein strubbeliges Haar. Bei den Menschen sind die Männchen nicht halb so gepflegt wie bei den Katzen.
Ich lecke in meinem leeren Napf herum und schon fährt mir eine riesige Hand über den Kopf.
»Armer Fritz, hat dir noch keiner was gegeben?«
Ich mauze kläglich. Und es funktioniert besser als gedacht.
Denn ich bekomme nicht etwa einen Nachschlag Dosenpamps, sondern eine große Portion Katzenleckerli.
Vielleicht doch kein ganz so schlechter Tag.
Da ich fast satt bin, kann ich gelassen dabei zusehen, wie jetzt die Familie frühstückt. Es ist sowieso nichts dabei, das einen Kater interessieren könnte. Grünzeug und Haferflocken. Ich bin doch kein Hamster!
Nach dem Frühstück sind plötzlich alle verschwunden und ich mache einen Kontrollgang durch die Küche, auf dem Boden finde ich ein Stückchen Käserinde. Mal kurz schnuppern ... Nein danke, die ist ja schon halb verschimmelt.
An meinem Ohr brummt es etwas. Das ist die große weiße Futterbüchse der Menschen, auch Kühlschrank genannt. Lei-

der weiß ich nicht, wie man sie öffnet. Miriam und ihre Eltern benutzen dafür auch keinen Büchsenöffner, sondern ziehen eine Tür auf. Dummerweise hat diese Tür aber keine Klinke. Türen mit Klinke kann ich nämlich öffnen, das ist katzenleicht. Man springt hoch, hängt sich an die Klinke, und schon ist die Tür auf.
Höchste Zeit für ein kleines Verdauungsschläfchen. Mein Bett, in dem ich netterweise nachts auch Miriam schlafen lasse, ist warm und weich. Ich kuschele mich in die Kissen, schließe die Augen und ...
Hilfe, die Welt geht unter! Mein Bett wackelt, der Lärm ist ohrenbetäubend. Miriams Mutter fuhrwerkt mit einer Höllenmaschine unter dem Bett herum. Nichts wie weg!
Was sehe ich da in der Küche? Einkaufstaschen. Prall gefüllt

noch dazu. Ich sehe gespannt dabei zu, wie Miriams Vater sie auspackt. Katzenfutterbüchsen kommen zum Vorschein, eine lange grüne Stange, ein Beutel mit harten braunen Bällen, die meine Menschen Kartoffeln nennen und die absolut ungenießbar sind.

Aber was liegt denn da jetzt auf dem Tisch? Es ist groß und rund und ziemlich blass. Es sieht nicht gerade hübsch aus, aber es riecht … es riecht verführerisch. Ich beiße hinein.

»Fritz!«, ruft Miriam. »Lass das Huhn in Ruhe!«

Ich gucke in die Luft und verstehe nicht, warum sie sich so aufregt, man wird doch wohl noch mal probieren dürfen.

Das Huhn verschwindet im Kühlschrank, die Tür macht unfreundlich »Klack«, als sie zugeschlagen wird.

»Nicht, dass Fritz noch unseren Sonntagsbraten auffrisst«, sagt Miriams Vater.

Immer sind sie alle gegen mich! Ich springe aufs Fensterbrett und sehe den dummen Vögeln zu, wie sie hektisch hin und her flattern und sich gegenseitig ankreischen. Die können von Glück sagen, dass ich nicht zu ihnen rauskann …

Langsam kehrt Ruhe ein. Miriam liegt auf meinem Bett, im Ohr hat sie kleine Stöpsel mit Strippen dran. Ihre Mutter sitzt auf dem Sofa und hält sich frisches Zeitungspapier vors Gesicht. Miriams Vater hat sich in seinem Zimmer versteckt. In der Küche ist also kein Mensch, aber gleich ein Kater. Und der streicht um die große weiße Futterbüchse herum, springt daran hoch, rutscht ab, versucht es noch einmal, nichts! Das Ding bleibt verschlossen. Überall riecht es nach diesem Huhn, mir wird ganz schwindlig. Ich folge dem Geruch dahin, wo er am stärksten ist, zum Mülleimer.

Den Kopf unter den Deckel geschoben und ihn hochgehoben. Hm, dieser Duft! In der Mülltüte liegt eine weiße Schale, die zwar keine Ähnlichkeit hat mit dem Huhn von vorhin, aber genauso riecht. Ich ziehe sie heraus, schlage meine Zähne hinein und beginne zu kauen.

»Mama, Papa, kommt schnell! Fritz hat die Verpackung vom Huhn gefressen!«

Ich lasse das pappige Ding fallen, schmeckte eh nicht gut, und laufe schnell aus der Küche. Ich höre noch, wie Miriams Vater sagt: »Na, dem wird bestimmt schlecht werden.«

Und mir wird schlecht. Sehr schlecht sogar. In meinem Bauch zwickt und zwackt es, dann würgt es mich im Hals, einmal, zweimal ...

»Mama, Papa, Fritz hat auf den Teppich gekotzt!«

Miriams Mutter kommt mit einem Lappen angerannt, Miriams Vater mit einer Bürste. Und Miriam? Die nimmt mich auf den Arm, trägt mich in ihr Zimmer und legt mich in ihre Puppenwiege.

»Armes Fritzilein, du bist so krank, aber ich mach dich wieder gesund.« Sie schaukelt mich ein wenig und mir wird wieder schlecht.

Am Abend geht es mir besser, immerhin so gut, dass ich unbemerkt eine Scheibe Kalbsbraten vom Abendbrottisch stibitze. Allerdings weniger, weil ich hungrig bin, sondern um nicht aus der Übung zu kommen.

Nach dem Essen will Miriam mit mir spielen. Sie wirft mir einen Ball zu, die Quietschente und ihren Hausschuh mit den Mäuseohren. Mit dem kämpfe ich sonst immer, weil Miriam das so lustig findet, aber mir ist jetzt nicht nach albernen Spielchen zumute. Ich verziehe mich ins Arbeitszimmer, setze mich auf den Schreibtisch unter die warme Lampe und raschele ein wenig in den Papieren herum, die nacheinander auf den Boden segeln.

»Fritz, du Satanskater, Pfoten weg von der Steuererklärung! Jetzt muss ich alle Belege neu sortieren!«

Unsanft schiebt mich Miriams Vater vom Tisch. Ich mache einen Buckel, drehe ihm den Hintern zu und marschiere mit hocherhobenem Schwanz zur Tür hinaus.

Mir reicht's für heute!

Sonntag
Dieser Tag hat schon mal gut angefangen. Niemand wirft mich aus dem Bett, und ich kann in aller Ruhe meine Morgentoilette machen. Ich lecke meine rechte Vorderpfote und fahre damit über die Ohren, ich hebe das linke Hinterbein und zupfe das Fell an meinem Bauch glatt. So, das wär's. Ich bin jetzt wach, sauber und hungrig.
Wenn ich am Morgen so viel Zeit für meine Schönheitspflege habe, dann bedeutet das, dass der Klingelautomat, den meine Menschen Wecker nennen, mal wieder kaputt ist. Da muss wohl oder übel ich dafür sorgen, dass alle pünktlich wach werden.
Bei Miriam fange ich an. Zuerst zerre ich an der Decke. Miriam grunzt und dreht sich zur Wand. Ich stupse sie mit der Pfote an der Nase, sie zieht sich grummelnd das Kissen übers Gesicht. Ich fahre mit den Krallen durch ihre Haare, da schießt sie hoch und schreit: »Fritz, hau endlich ab!«
Das ist nicht sehr freundlich, aber jetzt ist sie wenigstens wach. Ich gehe zum Schlafzimmer und kratze an der verschlossenen Tür. Nichts passiert. Ein kühner Sprung, ich hänge an der Klinke, die Tür geht auf. Ich miaue laut, aber der große geblümte Berg im Bett bewegt sich nicht. Ich krieche unter die Decke und da bewegt sich doch etwas. Ein Zeh. Ich tue so, als hielte ich ihn für eine Maus und beiße hinein.
»Verschwinde, Fritz!«, brummt Miriams Mutter. Ich ziehe auch sie ein wenig an den Haaren, da packt sie mich im Nacken und wirft mich auf den Boden. Ich gehe um das Bett herum und springe an der anderen Seite hinein, wieder kommt eine Hand, die mich wegschubst.
»Fritz, raus mit dir!« Miriams Vater ist also auch wach, na endlich. Das war ja mal wieder Schwerstarbeit, aber dankt mir das einer?
Ewigkeiten hocke ich nun schon in der Küche und warte auf mein Frühstück.

»Ich will ein Schoko-Croissant!«, ruft Miriam aus dem Badezimmer.
»Und für mich bitte Rührei mit Schinken!« Das ist Miriams Mutter.
Mich fragt natürlich keiner, dabei läuft mir bei dem Wort Schinken schon das Wasser im Mund zusammen.
Jetzt schlurft Miriams Vater in die Küche. An den Tagen, an denen dieser Wecker nicht funktioniert – und die sie Sonntage nennen, obwohl es meistens regnet –, macht nämlich Miriams Vater das Frühstück. Dabei braucht er viel länger dafür als Miriams Mutter. Aber er stellt auch interessantere Sachen auf den Tisch. Es riecht sehr verlockend nach gebratenem Speck. Als Miriams Vater die große weiße Futterbüchse öffnet, erhasche ich einen Blick auf das Huhn. Es sieht fast noch schöner aus als gestern, und ich weiß nur eins: Irgendwie muss es in meinen Magen!
Um schon mal Platz dafür zu lassen, esse ich kaum etwas von meinem Futter. Außerdem soll nur ja keiner denken, ich wäre wieder ganz gesund.
Natürlich hat nur Miriam Mitleid mit mir. Ich sitze unter ihrem Stuhl und ab und zu lässt sie etwas auf den Boden fallen: Fettränder vom Schinken, etwas Ei, einen Klacks Quark.
»Miriam! Du sollst doch Fritz am Tisch nichts geben. Er bettelt dann dauernd.«
Betteln! So eine Unverschämtheit. Dabei will ich nur das, was mir als Herrn im Haus zusteht, mehr nicht. Ich will das Huhn! Und ich werde es bekommen.
Als alle aus dem Haus sind – sie nennen das »Sonntagsausflug« und ich frage mich, ob sie wirklich dabei fliegen wie die Vögel –, mache ich mich an die Arbeit.
Normalerweise nutze ich die Abwesenheit meiner Menschen, um mir Krallen an der Tapete oder am Sessel zu schärfen, lege mich auch gern mal in den Wäschekorb, alles Dinge, bei denen ich sonst durch lautes Gekreische gestört werde. Aber

dafür habe ich jetzt keine Zeit, denn auf mich wartet eine wichtige Aufgabe.

Ich setze mich vor den Kühlschrank und denke nach. Dann quetsche ich mich in den Spalt zwischen Wand und Kühlschrank. Vielleicht kommt man ja durch die Hintertür rein. Ich hab schon mal ein Bratwürstchen aus einer Pfanne geholt, die Miriams Mutter in die Schublade unter den Herd gestellt hatte, der Herd ist nämlich hinten offen. Miriams Mutter hat vielleicht dumm geguckt, als das Würstchen weg war, und dann mit Miriam geschimpft, dabei hatte ich es verputzt. Aber jetzt habe ich Pech, auch von hinten kommt man in die große weiße Büchse nicht rein.

Ich versuche es noch einmal von vorn, lege mich auf den Rücken, zerre an dem Gummi, drücke mit den Hinterpfoten nach, es gibt einen Ruck und plötzlich öffnet sich die Tür ein Stück! Ich bin so verblüfft, dass sie wieder zufällt, bevor ich mir das Huhn schnappen kann.

Das muss ich gleich noch einmal versuchen. Mit mehr Kraft. Jetzt schwingt die Tür weit auf. Da ist mein Huhn! Hell beleuchtet thront es auf einer Platte. An dem Anblick kann ich mir gar nicht sattsehen. Und erst der Duft! Er macht mich ganz benommen ... und hungrig!

Ich schlage meine Krallen in das gute Stück und schon liegt es vor mir auf dem Boden. Vorsichtig tippe ich es mit der Pfote an. Nein, es ist keine Pappschale mit Hühnerduft, es ist ein richtiges Huhn.

Und wie ein richtiges Huhn hat es mir auch geschmeckt, vielleicht eine Spur zu kalt. Aber in gebratenem Zustand hätte ich wieder nur den Bürzel abgekriegt, das kenne ich schon.

Ach, was bin ich herrlich satt und rund! Ich wische noch einmal mit der Pfote über meinen Schnurrbart und lecke einen Rest Hühnerfett ab. Nun muss ich aber dringend eine Ruhepause einlegen.

Ich verlasse die Küche, krieche in den großen Schrank im

Flur, in dem es immer ein wenig scharf nach Mottenpulver riecht, und mache es mir zwischen den Winterpullovern gemütlich.
Leider nicht lange, denn lautes Geschrei reißt mich aus meinen Huhn-Verdauungsträumen.
»Mama! Papa! Fritz hat den Kühlschrank aufgemacht!«
»Wo ist das Huhn?«
»Weg!«
Aufgescheucht laufen meine Menschen durch die Wohnung und suchen ein Huhn, das es nicht mehr gibt.
»Unterm Tisch liegt ein Gerippe«, höre ich Miriam. »Es ist sogar noch etwas Fleisch dran.«
»Wo ist der verfluchte Kater!«, brüllt ihr Vater.
»Was für ein Trara. Ich rolle mich zusammen, mache mich klein und noch kleiner, zu spät! Plötzlich wird es hell, ich werde gepackt und geschüttelt.
»Was hast du bloß wieder angestellt, Fritz!«
Ich miaue herzzerreißend.
»Lass ihn doch, Papa, er weiß doch gar nicht, dass man nicht stehlen darf.«
Miriam ist wirklich lieb, aber ihr Vater und ihre Mutter sind es leider nicht. Um mich vor ihnen in Sicherheit zu bringen, verkrieche ich mich unter meinem Bett.
Erst als ich am Abend Geschirrklappern höre, verlasse ich mein Versteck, laufe in die Küche und postiere mich vor meinem Napf. Aber der bleibt leer.
Miriam und ihre Eltern sitzen am Küchentisch und sehen nicht sehr freundlich auf mich herab.
»Du bekommst nichts zu fressen, Fritz«, sagt Miriams Mutter.
»Du hast für mindestens eine Woche genug.«
»Wegen dir müssen wir statt eines Sonntagsbratens trockene Nudeln essen«, sagt Miriams Vater.
Ich singe das Lied eines verhungernden Katers, es hat 35 Strophen und normalerweise bekomme ich spätestens nach der

zwölften etwas. Aber heute gibt es wirklich nichts, bis auf eine Nudel, die Miriam fallen lässt. Sie ist wirklich sehr trocken.
Eigentlich bin ich ja noch satt, aber das braucht niemand zu wissen. Ob ich noch einmal ihre große weiße Futterbüchse aufmache, damit meine Menschen sehen, was ich alles kann?
»Irgendeiner von uns hat anscheinend die Kühlschranktür nicht richtig zugemacht«, sagt da Miriams Vater. »In Zukunft müssen wir aufpassen, dass das nicht noch einmal passiert.«
Ich glaube, ich behalte meine neuerworbenen Fähigkeiten doch lieber für mich.
Und während ich es mir in meinem Bett bequem mache, stelle ich mir all die Sonntagsbraten, Montagsschinken, Dienstagsklöpse, Mittwochskoteletts, Donnerstagsschnitzel, Freitagsfische und Samstagswürstchen vor, die ich noch aus dem Kühlschrank holen werde.
Auch im Leben eines Katers gibt es Höhepunkte.

Max Kruse

Urmel aus dem Eis

Es war vor vielen Millionen Jahren. Ja, wirklich! Damals legte Mutter Urmel das Urmel-Ei am Ufer des großen Meeres in den Sand, wie sie es bisher immer mit ihren Eiern getan hatte. Aber bald darauf begann es zu schneien, und das war ganz ungewöhnlich.
Mutter Urmel runzelte besorgt die Stirn, schaute zu den grauen Wolken auf und schnaufte: »Anscheinend macht der Große-Wetter-Urmel heute einen unfreundlichen Scherz – schade um dieses hübsche Ei.«
Dann zog sie sich in ihre Höhle zurück, schlang den Schweif um ihre Hinterbeine und schnupperte mit ihrer Nilpferdschnauze hinaus. Natürlich hatte sie keine richtige Nilpferdschnauze, sie war ja ein Urmel, aber es sah so ähnlich aus. Was nun das Urmel-Ei betrifft, so wuchs ihm langsam eine weiße Schneemütze, und das war sehr ungünstig, denn auch Urmel-Eier können nur in großer Wärme ausgebrütet werden. Es wurde aber immer kälter und kälter und noch kälter. Es wurde scheußlich kalt. »Oje!«, bibberte Mutter Urmel. »Jetzt hört der Spaß aber auf!« Das war das Letzte, was von ihr vernommen wurde, denn die Eiszeit hatte begonnen.
Wie wir wissen, dauerte die Eiszeit sehr, sehr lange. Hoch oben und ganz unten auf unserer Erdkugel, an den Polen, ist sie sogar heute noch nicht zu Ende.

Erstes Kapitel
Über den Nutzen, mit Menschen reden zu können
Seit damals waren Jahrmillionen vergangen.
Eines schönen Frühlingsmorgens watschelte Ping Pinguin zur Schule. Unterwegs traf er den Waran, der dasselbe Ziel hatte.
»Ausgepflafen?«, fragte Ping Pinguin. Obwohl er fleißig übte,

konnte er das Sch nicht sprechen. Es klang wie »pf«. So ging es fast allen Tieren, jedes hatte bestimmte Schwierigkeiten. Zum Beispiel zischte Wawa, der Waran, das Z heraus wie eine Dampflokomotive.
»Ich bin umgetschogen!«, antwortete er. »Und nach einem Umtschug schlafe ich immer gut!«
»Oh!«, rief Ping Pinguin. »Umgezogen – wohin?«
»In eine Riesenmuschel«, antwortete Wawa leichthin, als ob das die natürlichste Sache der Welt sei. »Gantsch plötschlich habe ich sie am Ufer gefunden!«
»Das sind die besten Funde!« Ping Pinguin trommelte sich begeistert mit den Flügel stummeln auf den Bauch. »Ich will deine Riesenmupfel sehen!«
»Schule schwäntschen?«, fragte Wawa unsicher.
Sie überlegten aber nicht lange. Sie drehten um und wanderten nebeneinander den Berg hinab. Sie konnten das unbesorgt tun, denn der Besuch von Professor Tibatongs Tier-Sprechschule war vollkommen freiwillig. Es kam sogar vor, dass der Professor selbst seine Schüler nach Hause schickte, wenn er gerade etwas Wichtiges zu tun hatte.
Die Insel Titiwu, auf der sich dies alles zutrug, liegt in der Mitte der Welt. Hier blühen und wuchern die üppigsten Pflanzen, Bäume, Farne und Kakteen. Die Insel Titiwu liegt unter dem Äquator, und dort ist es sehr heiß. Titiwu gehört zu den letzten Inseln, auf denen die Tiere noch ungestört leben können. Deshalb hatten sich hier auch die verschiedens-

ten Arten zusammengefunden, obwohl nicht alle das Klima gleich gut vertrugen.
Die Riesenmuschel, die Wawa gefunden hatte, war vielleicht die größte der Welt. Sie sah aus wie eine Suppenschüssel mit geschlossenem Deckel und lag gut geschützt vor den Wellen auf dem Kiesstrand hinter grauen Felsblöcken.
»Sie ist so praktisch!«, sagte Wawa stolz. »Es ist mein erstes Haus, das ich tschumachen kann. Und schön ist sie außerdem!« Er presste die Schalen mit den Vorderpfoten auseinander. Ping Pinguin hüpfte hinein. Wawa folgte ihm und ließ das Muscheldach zuklappen.
Das Sonnenlicht schimmerte märchenhaft durch die Wölbung aus Perlmutter.
Wawa seufzte behaglich: »Hier kann ich ungestört nachdenken. Die Sonne geht auf und unter und tschieht über mich hinweg, und der Mond geht auf und unter und tschieht über mich hinweg …«
Ping Pinguin betrachtete seinen Freund interessiert. »Das ist aber ziemlich viel Geziehe!«, sagte er. »Was denkst du so dabei?«
»Oh, tschum Beispiel, dass ich den Menschen gantsch gehörig die Meinung sagen werde, wenn ich mich erst gantsch richtig mit ihnen unterhalten kann!«
»O ja!«, rief Ping Pinguin, denn diese Ansicht erfreute ihn auch. »Aber leider kann ich nachts selten nachdenken. Seele-Fant stört mich so pfrecklich, dich nicht?«
»Nicht mehr! Jetscht kann ich ja meine Muschel tschumachen!«
»Ich will auch eine Mupfel!«, klagte Ping Pinguin. »Lass uns eine Mupfel für mich suchen.«
Wawa öffnete sein Haus, beide schlüpften durch den Spalt.
Kaum aber erblickte Ping Pinguin das Meer, stieß er einen krächzenden Schrei aus: »Pfau mal, ein Eisberg!«
Wawa hatte noch nie einen Eisberg gesehen. Er kletterte des-

halb auf einen großen Stein. Durch das leise Klatschen der Wellen hörte er deutlich Seele-Fants röhrenden Gesang:
»Oh – hoho!
Öch bön nöcht froh!
Neun, öch bön so –
oh – hoho!
oh – haha! –
dön Tränön nah!«

Wie gewöhnlich saß der See-Elefant weit draußen auf dem einsamen Felsenriff und sang eines seiner traurigen Lieder. Er war aber so weit entfernt, dass man ihn nur wie einen dunklen Punkt am Horizont erblicken konnte. Jetzt interessierten sich allerdings weder Ping Pinguin noch Wawa für ihn. Auf die Insel Titiwu trieb etwas zu, das wie ein Kristall funkelte. Langsam wurde es größer. Bald konnte man Zacken und Spalten auf seiner Oberfläche erkennen.
Ping Pinguin stürzte sich in die Flut. Er umkreiste den Eisberg und rief: »Unter Wasser ist er mindestens dreimal so groß!« Dann verschwand er, musste aber hinten eine Stelle entdeckt haben, wo er den Eisblock erklimmen konnte, denn plötzlich erschien er auf seiner Spitze, stolz wie der Erstbesteiger eines hohen Gipfels.
»Erkälte dir nur nicht den Bauch!«, meinte Wawa besorgt.
»Pf! Hast du eine Ahnung von Pinguinen! Wir leben doch gewöhnlich auf dem Eis! Übrigens taut es leider pfon.«
Kleine Bäche rieselten. Es sah aus wie Tränenspuren.
Ping Pinguin pickte eine Zacke ab. Aufgeregt kreischte er: »Hier steckt etwas! Etwas Eingefrorenes! Eine große Mupfel oder ein Ball oder ein …« Platsch!
Der Eisberg war auf den Strand aufgelaufen, und Ping Pinguin schlug kopfüber ins Wasser.
Als er wieder auftauchte, schüttelte er sein Gefieder und rief: »Rapf! Wir müssen den Professor holen! Pfnell!«

Anne und Paul Maar

Die Tochter des Mäusekönigs

Punkt zwölf Uhr, der Mäusekönig Enno saß gerade in seinem prächtigen Mäusenest beim Mittagessen, kam ein junger Mäuserich hereingestürmt und rief: »Hallo, Herr König!«
Mäusekönig Enno entgegnete: »Junger Mann, so spricht man nicht mit seinem König. Man sagt: Sei mir gegrüßt, edler König!«
»Sei mir gegrüßt, alter König«, sagte der Mäuserich. »Ich bin gekommen, weil ...«
Aber vielleicht muss erst mal erzählt werden, wer der berühmte Mäusekönig Enno überhaupt war.
Mäusekönig Enno herrschte über ein riesiges Reich, das war fast so groß wie ein Fußballplatz. Na ja, sagen wir: mindestens so groß wie das Feld zwischen dem Fußballtor und dem Elfmeterpunkt. Mäusekönig Enno war sehr stolz auf sein großes Reich.
Noch stolzer aber war er auf seine einzige Tochter. Die hieß Isidora und hatte eine Nase, spitz wie ein Dorn, Augen, schwarz wie Grillkohle, einen dichten grauen Pelz und einen langen, zart geringelten Schwanz. Dies alles gilt bei Mäusen als ganz besonders hübsch.
»Sei mir gegrüßt, alter König«, sagte also der Mäuserich. »Ich bin gekommen, weil ich deine hübsche, spitznasige, schwarzäugige, graupelzige Tochter heiraten möchte. Ich liebe sie nämlich.«
Mäusekönig Enno lachte nur und sagte: »Meine Tochter? Das kannst du vergessen. Ich werde meine Tochter nur jemandem geben, der stärker ist als alles andere auf der Welt.«
»Das ist unmöglich«, sagte der junge Mäuserich.
»Denn dann müsstest du sie ja der Sonne geben. Die ist die Allerstärkste.«

»Das ist unmöglich?«, wiederholte Mäusekönig Enno.
»Du wirst sehen, dass dies sehr wohl möglich ist. Ich werde sie nämlich gleich fragen.«
Und er rief hinauf zur Sonne: »Sonne, hier spricht Enno, König aller Mäuse. Sonne, du bist die Stärkste und wärmst mit deinen Strahlen die ganze Welt. Sonne, nur du sollst meine hübsche, spitznasige, schwarzäugige, graupelzige Tochter heiraten.«
Die Sonne lachte übers breite, runde Gesicht und rief hinunter: »Dummer König aller Mäuse! Erstens will ich nicht heiraten. Und ein Mäusemädchen schon gar nicht.«
»Ach so«, sagte Mäusekönig Enno. »Und zweitens?«
»Und zweitens«, fuhr die Sonne fort, »und zweitens bin ich ja gar nicht die Stärkste.«
»Nicht die Stärkste? Wer ist denn stärker als du?«, fragte Mäusekönig Enno.
»Die Wolke«, antwortete die Sonne. »Siehst du, da kommt sie schon. Sie schiebt sich einfach vor mich. Sie verdeckt mich. Sie nimmt meinen Strahlen die Kraft. Sie lässt mich verschwinden.«
Mäusekönig Enno sagte: »Wer hätte das gedacht: Die Wolke ist die Stärkste. Sie kann die Sonne verdecken. Ich muss gleich mit der Wolke sprechen.«
Und schon rief er hinauf: »Wolke, du bist die Stärkste über-

282

haupt. Hier spricht Enno, König der Mäuse. Willst du meine hübsche, spitznasige, schwarzäugige, graupelzige Tochter heiraten?«

»Heiraten? Deine Tochter? Was für ein Unsinn«, antwortete die Wolke schlecht gelaunt. »Außerdem bin ich gar nicht die Stärkste.«

»Nicht die Stärkste?«, fragte Mäusekönig Enno. »Aber du kannst die Sonne verdecken. Wer ist stärker als du?«

»Der Wind! Der Wind braust übers Land und bläst alles vor sich her, Blätter und Zweige – und auch mich, wie du siehst. Er pustet mich einfach weg!«

Da war die Wolke auch schon weggeweht. Von ganz fern hörte Mäusekönig Enno sie noch einmal rufen: »… mich … einfach … weg … einfach … weg!«

»Das ist wichtig zu wissen«, sagte sich Mäusekönig Enno. »Der Wind ist also der Stärkste überhaupt. Na gut, dann soll eben der Wind meine Tochter haben.« Und er rief: »Wind! Wind, hörst du mich?«

»Natürlich höre ich dich. Ich bin doch nicht taub«, sagte der Wind.

»Was gibt's?«

»Ich wollte dich fragen, ob du meine hübsche, spitznasige, schwarzäugige, graupelzige Mäusetochter heiraten willst.«

»Deine Mäusetochter?«, fragte der Wind. »Und wie komme ich zu dieser Ehre?«

»Du kriegst sie, weil du doch der Stärkste überhaupt bist«, sagte Mäusekönig Enno.

»Hm«, machte der Wind. Dann noch einmal ganz lange »Hmmm«.

»Was meinst du mit ›Hmmm‹?«, fragte Mäusekönig Enno.

»Hm«, machte der Wind ein drittes Mal. »Ehrlich gesagt bin ich ja gar nicht der Stärkste.«

»Wie bitte? Nicht der Stärkste?«, rief Mäusekönig Enno. »Verrätst du mir, wer stärker ist als du?«

»Die Mauer da vorne. Die dicke Mauer«, gab der Wind zu. »Sosehr ich auch puste und wehe und blase und stürme: Sie widersteht mir einfach. Gegen die komme ich nicht an. Sie ist zu fest.«

»Das hätte ich mir ja gleich denken können«, sagte Mäusekönig Enno. »Natürlich, die Mauer. Die ist die Stärkste.«

Er ging bis zum äußersten Rand seines Mäusereichs, dort stand nämlich die große, dicke Mauer.

Als er davor angekommen war, räusperte er sich erst ein wenig, guckte nach oben und fragte vorsichtig: »Mauer, kannst du eigentlich sprechen?«

»Was soll diese Frage?«, antwortete die Mauer. »Wenn die Sonne sprechen kann, die Wolke und der Wind – weshalb sollte es dann eine Mauer nicht können?«

»Du hast recht«, sagte der Mäusekönig. »Und weil du außerdem auch noch die Allerstärkste bist, sollst nur du meine hübsche, spitznasige, schwarzäugige, graupelzige Mäusetochter haben.«

»Danke«, sagte die Mauer. »Aber ich bin mir gar nicht mehr so sicher, ob ich wirklich die Stärkste bin.«

»Du machst Witze«, rief Mäusekönig Enno. »Wer soll stärker sein als du, die dicke, feste Mauer?«

Die Mauer fragte: »Wenn jemand ein Loch in mich hineinknabbern kann und ich, die dicke, feste Mauer, kann mich nicht dagegen wehren, dann muss der Lochknabberer eigentlich stärker sein als ich. Findest du nicht?«

Mäusekönig Enno überlegte. »Hm. Ja«, sagte er dann. »Wenn jemand ein Loch in dich, die dicke Mauer, knabbern kann und du kannst dich nicht dagegen wehren, muss er eigentlich stärker sein als du.«

»Und genau das hat jemand getan!«, rief die Mauer. »Es ist unerhört! Unglaublich ungezogen!« Sie wurde immer ärgerlicher. »Es ist ungeheuer unartig! Unverfroren und unfein!«

Mäusekönig Enno versuchte, sie zu unterbrechen.

»Du hast ja recht«, sagte er. »Aber bitte, sag mir, wer …«
Die Mauer hörte gar nicht hin, sie hatte sich jetzt richtig in Wut geredet. »Es ist unverschämt!«, rief sie. »Ungerecht! Unvergleichlich unangenehm!«
»Du hast ja wirklich recht«, fing der Mäusekönig noch einmal an. »Ich will ja nur wissen, wer …«
»Unerfreulich!«, schimpfte die Mauer weiter. »Unfair und unzulässig.«
Nun wurde auch Mäusekönig Enno laut und rief: »Jetzt sag mir endlich: Wer bitte schön hat dich angeknabbert?«
»Dieser Mäuserich«, sagte die Mauer. »Dieser unverschämte, unhöfliche, ungezogene Mäuserich.«
»Der Mäuserich?«, rief Mäusekönig Enno. »Dann wäre ja der Mäuserich der Allerstärkste. Dann würde ja der Mäuserich meine Tochter kriegen.«
Mäusekönig Enno kletterte ein Stück an der Mauer hoch, stellte sich auf einen vorspringenden Mauerstein und rief: »Mäuserich! Mäuserich, komm sofort zu deinem König!«
Es dauerte nicht lange, da kam der Mäuserich angestürzt und fragte, atemlos vom Rennen:
»Was … was gibt's, alter König?«
»Edler König, wenn ich bitten darf!«, verbesserte Mäusekönig Enno. »Hast du das Loch hier in die Mauer geknabbert?«
»Ein Loch? Ja. Das habe ich«, sagte der Mäuserich.
»Dann bist du also der Stärkste«, sagte Mäusekönig Enno. »Darf man fragen, weshalb du, der Stärkste, ein Loch in die Mauer geknabbert hast?«
»Man darf fragen«, erlaubte der Mäuserich. »Ich wollte eine schöne Höhle haben, ein feines, gemütliches Mäusenest für mich und deine hübsche, spitznasige, schwarzäugige, graupelzige Mäusetochter. Da hab ich mich durch die ganze Mauer durchgenagt. Auf der einen Seite ist der Haupteingang, tief drinnen ist dann unser Nest, schön mit Heu ausgepolstert, und auf der anderen Seite ist der Ausgang zum

Garten, wo später mal die kleinen Mäuse herumspazieren können.«

Mäusekönig Enno fragte: »Welche kleinen Mäuse?«

»Na, die Kinder von mir und deiner hübschen, spitznasigen, schwarzäugigen, graupelzigen Mäusetochter«, antwortete der Mäuserich.

»Wenn das so ist«, sagte Mäusekönig Enno. »Wenn das so ist, dann will ich mal meine hübsche Tochter holen!« Und laut rief er: »Mäusetöchterchen, kommst du mal zu deinem Mäusevater?«

Es dauerte eine Weile, dann kam Isidora angeschwänzelt und fragte: »Hast du mich gerufen, Papa?«

»Ja. Hör gut zu«, sagte Mäusekönig Enno. »Ich habe einen Mann für dich ausgesucht. Und zwar den allerstärksten auf der Welt. Freust du dich?«

Isidora schüttelte den hübschen Kopf und sagte: »Ich will aber gar nicht den allerstärksten, Papa.«

»Du willst nicht den allerstärksten?«, fragte Mäusekönig Enno. »Ja, wen denn dann?«

»Ich will nicht den stärksten heiraten, sondern den, den ich am liebsten mag«, erklärte sie ihm.

»Dann hätte ich mir meine ganze Suche sparen können!« Nun war Mäusekönig Enno stocksauer. »Sie mag nicht den stärksten heiraten, sondern den liebsten! Und wen bitte schön magst du am liebsten?«

»Na, diesen Mäuserich hier«, sagte sie. Und damit fasste die hübsche, spitznasige, schwarzäugige, graupelzige Mäusetochter den Mäuserich fest beim Ohr, sagte: »Auf Wiedersehen, Papa. Du bist natürlich zu unserer Hochzeit eingeladen«, und verschwand mit ihrem Liebsten in der Mäusehöhle.

Bei Mäusen ist es nämlich genauso wie bei Menschen: Das Wichtigste ist nicht, ob jemand der Stärkste ist. Das Wichtigste ist, dass man ihn mag.

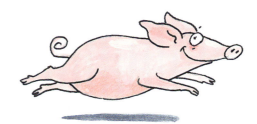

Uwe Timm

Rennschwein Rudi Rüssel

Schweine wachsen erstaunlich schnell. Besonders, wenn sie gut gefüttert werden.
Wir hatten es gegen den Protest von Vater durchgesetzt, dass Rudi Rüssel, wenn wir in der Küche aßen, neben dem Tisch einen Napf auf den Boden gestellt bekam.
In den Napf warfen wir unsere Essensreste: Kartoffelschalen, harte Brotrinden, sehnige Fleischstücke, all das, was normalerweise Vater von unseren Tellern nahm und aufaß, weil er sagte: »Essen darf man nicht wegwerfen.« Jetzt schien er regelrecht erleichtert zu sein, dass Rudi für ihn die Reste verputzte.
Wenn wir ein Stück Schokolade bekamen, dann stupste Rudi mit seinem Rüssel zart das Bein von Mutter an, und dann bekam auch er ein Stück Schokolade. Darüber nörgelte Vater jedes Mal. »Das geht nun wirklich zu weit, ein Schwein mit Schokolade zu füttern. Wir haben doch keinen Dukatenesel.«
»Es war ja nur ein ganz kleines Stück Schokolade«, sagte Mutter dann, »heute hat er wieder die Nudeln von vorgestern aufgefressen, die von euch keiner mehr essen wollte.«
Rudi lag auf dem Teppich und lutschte genussvoll das Stückchen Schokolade.
Mutter hatte Rudi übrigens schnell stubenrein bekommen. Sie hatte ihn, wie man das bei jungen Hunden macht, mit der

Schnauze in seine Pisslachen am Boden gestupst. Seitdem ging er auf sein Torfmullklo im Badezimmer. Zuppi erneuerte jeden Tag den Torfmull. Schweine sind übrigens von Natur aus sehr reinliche Tiere. Dreckig werden sie nur, weil die Menschen sie so dreckig in kleinen Ställen halten. Hin und wieder wälzen sie sich im Schlamm, und das auch nur um sich vor den Stichen der Insekten zu schützen. Jedenfalls hielt sich Rudi selbst sehr sauber. Dennoch wurde es Zeit, dass Rudi seinen Stall im Garten bekam.
Aber Vater schnitzte noch immer an den beiden Pferdeköpfen und ich sägte an der Fachwerkkonstruktion des kleinen Bauernhauses. Mutter sagte: »Das wird der schönste Schweinestall in Deutschland.«
Aber wir sagten uns, solange Vater an diesem Stall arbeitete, würde er Rudi nicht weggeben. Und war der Stall dann erst mal fertig, würde er es sich bestimmt noch mal überlegen, weil er ja so viel Arbeit in den Stall gesteckt hatte.

Dann aber kam der Freitag, an dem Rudi über Nacht zum Helden wurde.
Unsere Eltern waren zu einem Kongress der Ägyptologen nach Berlin gefahren. Vater wollte dort einen Vortrag halten, einen Vortrag über den Hieroglyphentext, über den Rudi gelaufen war. »Vielleicht bringt das Schwein ja Glück«, sagte er, denn er hoffte auf dem Kongress von einer freien Stelle zu hören, an einem Museum oder an einer Universität. »Denk daran: Den Vater ließ alles kalt, was er nicht ändern konnte«, sagte Mutter. Da musste Vater lachen.
»Passt auf, dass die Kühlschranktür immer zu ist«, sagte Mutter zu uns, »und schließt gut ab.«
Wir hatten keine Angst, obwohl wir im Parterre wohnten, wo man bekanntlich leichter einsteigen kann. Aber in dem Haus wohnten ja mehrere Familien. Und außerdem war Rudi in der Wohnung. Vater hatte sogar erlaubt, dass Rudi nachts in der

Wohnung herumlaufen durfte. Sein Arbeitszimmer hatte er allerdings abgeschlossen.

Wir lagen im Kinderzimmer in unseren Betten. Betti las »Karlsson vom Dach«. Zuppi sah sich die Schweine in dem Bilderbuch »Das Schweinchen Bobo« an und ich las zum dritten Mal »Die Schatzinsel«, das ist mein Lieblingsbuch. Da kam plötzlich Rudi ins Zimmer gelaufen. Er quiekte aufgeregt, lief hin und her, und dann wieder hinaus, so als wolle er uns auf etwas aufmerksam machen. Sein Quieken wurde fast zu einem Dauerton, wie ein Pfeifen.

»Ich glaub, mein Schwein pfeift«, sagte Zuppi.

Schließlich standen wir auf und folgten Rudi über den Korridor zur Wohnungstür. Er blieb vor der Wohnungstür stehen.

»Was hat er denn?«, fragte Betti.

»Keine Ahnung.«

Aber dann hörten wir ein Kratzen an der Tür. So als würde jemand an dem Türschloss bohren oder schrauben. Da – in dem Moment – gab es einen Ruck an der Tür und sie sprang auf, aber nur einen Spalt, denn wir hatten die Türkette vorgelegt. Jemand stemmte sich von draußen gegen die Tür. Aber die Kette hielt. Eine Hand erschien und tastete nach der Kette. Wir standen stumm vor Schreck und ich spürte, wie mir eisig eine Gänsehaut über den Rücken zum Nacken hochstieg. Auch Rudi stand ganz still vor der Tür und sah hinauf zu der Hand, wie sie langsam die Kette abtastete, bis zu der Stelle, wo sie an der Tür festgeschraubt war. Die Hand verschwand. Kurz darauf erschien die Hand wieder mit einem sehr kurzen Schraubenzieher, den sie an den Schrauben ansetzte, um die Kette abzuschrauben.

In diesem Augenblick stellte sich Rudi blitzschnell auf die Hinterbeine und biss in die Hand. Der Schrei des Einbrechers hallte durch das Haus. Schweine haben, das muss man wissen, spitze Zähne. Rudi ließ nicht los, stand da, stützte sich mit den Vorderpfoten an der Tür ab. Der Einbrecher schrie nochmals und zerrte an der Hand und erst da, weil Rudi ja auch sehr unbequem, nämlich auf den Spitzen seiner Hinterklauen stand, ließ er los.

Draußen im Treppenhaus war das Licht angegangen und die Leute von den oberen Etagen kamen herunter und riefen, was denn los sei und was das für fürchterliche Schreie gewesen seien. Jemand hatte die Polizei angerufen. Kurz darauf hörten wir die Sirene des Überfallwagens. Wir nahmen die Kette erst dann von der Tür, als die Polizisten davor standen. Zwei Polizisten kamen herein, sahen Rudi und zogen die Pistolen. Der eine Polizist rief: »Vorsicht, ein tollwütiges Schwein. Aus dem Weg«, rief er uns zu und wollte auf Rudi schießen. Aber da stellte sich Zuppi vor Rudi und rief: »Nicht schießen, das ist unser Hausschwein. Es hat doch gerade einen Einbrecher vertrieben.«

Erst da begriffen die Leute, dass nicht einer von uns geschrien hatte. Sogleich begannen die Polizisten den Einbrecher zu suchen. Sie entdeckten im Vorgarten des Hauses hinter einem Rhododendronbusch einen Mann. Sie führten ihn ins Treppenhaus. Der Mann behauptete, er sei gar nicht in dem Haus gewesen, sondern habe ganz still hinter dem Rhododendronbusch gesessen, und das sei doch wohl nicht verboten. »Und was haben Sie hinter dem Rhododendronbusch gemacht?«, fragte der eine Polizist.

»Ich musste ein dringendes Geschäft erledigen.« »War das der Mann, der bei euch einbrechen wollte?«

»Wir haben von dem Mann ja nur die Hand gesehen. Aber seine Hand muss bluten. Rudi hat ihn in die Hand gebissen.« Der Mann trug seine Jacke über dem Arm, und zwar so, dass man die Hand nicht sehen konnte. Der eine Polizist befahl dem Mann die Hand zu zeigen, und als er das nicht tat, nahm er ihm einfach die Jacke weg. Und da sah man tatsächlich die Bissstelle in der Hand. In dem Moment kam Rudi aus der Wohnung. Da bekam der Mann einen fürchterlichen Schreck,

hob die Arme über den Kopf und sagte ängstlich zu Rudi: »Schön brav sein, Bello!«
Der Mann war wohl etwas im Kopf verwirrt und hielt Rudi für eine Art kahlen Hund.
Am nächsten Morgen kamen ein Reporter und ein Pressefotograf. Der Fotograf machte mehrere Fotos, vor allem von Rudi Rüssel.
Und das war das erste Foto, das von Rudi in die Zeitung kam: Wir drei Kinder stehen vor der Wohnungstür und vor uns sitzt Rudi auf der rechten Hinterbacke, den Kopf hat er schräg gelegt, die Schlappohren etwas hochgestellt, so als beobachte er aufmerksam den Einbrecher. Der Artikel, der am Montag in der Zeitung erschien, trug die Überschrift: *Schwein beißt Einbrecher.*

Franz Fühmann

Von A bis Z – Ein Affenspaß für Alfons

Als der Zoodirektor Zacharias Zappelbein eines Morgens – es war genau am zwölften Mai um vier Uhr früh – erwachte, da hörte er aus seinem Zoo einen solchen Krach und Krakeel, dass er sofort erschrocken in seinem Bett auffuhr und glaubte, schlecht geträumt zu haben. Aber es war kein schlechter Traum gewesen – Zappelbein war wach, und der Krach dauerte dröhnend fort. Zoodirektor Zacharias Zappelbein zog ohne zu zögern seine zähledernen Zoostiefel an, zurrte ihre Zugriemen aus Ziegenleder zu und sauste zu den Käfigen und Freigehegen.
Der größte Lärm kam vom Affenfelsen. Kinder, was war da geschehen! Alle Tiere des Zoos hatten sich, soweit sie in ihrem Gehege nur konnten, dem Affenfelsen genähert und wimmelten durcheinander. Alles schrie und röhrte und krächzte und krähte und brüllte und gackerte und trällerte und schmetterte und plapperte und klapperte und muhte und mähte und piepste, buhte und bähte in allen Tiersprachen der Welt. Am lautesten tobte die Zwergmaus und am leisesten der Elefant.
»Ruhe, Himmeldonnerwetter noch mal, Ruhe!«, so überschrie Zappelbein den ungeheuren Lärm. Und wirklich trat auch Ruhe ein.
»Warum ist denn hier solch ein entsetzlicher Lärm?«, fragte der Zoodirektor, »jetzt ist doch noch Schlafenszeit?«
»Kroh, kroh, kroh, Herr Zappelbein«, sagte Petra, das sprechende Papageienmädchen. »Der Affe Alfons hat doch morgen seinen achten Geburtstag. Da wollen wir eine Sonderveranstaltung machen, und nun streiten wir uns, wer alles drankommen soll, krohkrax!«
»Was für eine Sonderveranstaltung soll denn das werden?«, fragte Zoodirektor Zacharias Zappelbein.

»Wir wollen Zirkus spielen«, plapperte Petra aufgeregt, Zoodirektor Zacharias Zappelbein kratzte sich verlegen am Kopf. Ihr müsst nämlich wissen, dass der Zoo, in dem er Direktor war, einer der größten Zoos der Welt war. Es lebten dort hunderttausend große, hunderttausend mittlere und hunderttausend kleine Tiere, die Fliegen und Mücken noch nicht einmal mitgerechnet. Unmöglich, dass all diese Tiere dem Affen Alfons etwas vorführen konnten! Aber alle wollten dem Affen Alfons etwas vorführen, denn der Affe Alfons war der lustigste Geselle des ganzen Zoos. Alfons war so lustig, dass er noch im Schlafe lachte und der Mond vor Freude mit den Backen wackelte, wenn er ihn nur sah.

»Was machen wir da?«, stöhnte Zappelbein. Da hatte er plötzlich eine Idee. »Hört zu«, rief er, »ich lasse jetzt eure Käfige und Freigehege öffnen, und dann stellt ihr euch schön nach dem ABC in Gruppen auf!«

»Nach was, krax, krax, nach was?«, fragte Petra das Papageienmädchen.

»Nach dem ABC«, sagte der Zoodirektor Zappelbein, »alle Tiere, deren Namen mit dem Buchstaben A anfangen – also die Affen, die Adler, die Ameise, die Antilope und so weiter –, versammeln sich hier unter dem Ahorn;

alle Tiere, deren Namen mit B anfangen – also Bär, Biber, Bison, Boa, Borkenkäfer und Büffel –, versammeln sich hier unter dem Birnbaum;

unter der Ceder versammeln sich alle C-Tiere,

hinter der Dornhecke alle D-Tiere,

na und so weiter, bis herunter zu den Z-Tieren, die sich unter der Zypresse versammeln. Dann üben die Besten von jeder Gruppe ein Kunststück ein, und morgen um sieben Uhr kommt Gruppe um Gruppe der Reihe nach zu Alfons dem Affen, um ihm zu gratulieren, verstanden?«

»Hurra!«, schrien und röhrten und schnaubten und krächzten und krähten und brüllten und schrillten und gackerten und trällerten und schmetterten und plapperten und klapperten und muhten und mähten und piepsten, buhten und bähten alle Tiere im Zoo. Es war ein ungeheuer Spektakel.

»Dann übt nur schön«, sagte Herr Zappelbein, »heute bleibt der Zoo geschlossen, da seid ihr ungestört. Macht eure Sache gut; ich werde auch einen Mann von der Zeitung herbitten, der wird alles aufschreiben. Das wird dann übermorgen im Abendblatt gedruckt!«

Da erhob sich ein solcher Jubel, dass sich der Zoodirektor Zappelbein schnell die Ohren zuhalten musste, sonst wären sie noch geplatzt!

Am nächsten Morgen um sieben Uhr war der ganze Zoo auf den Beinen – den zwei, vier, sechs, acht oder tausend Beinen, die jedes Tier so hat. Zoodirektor Zacharias Zappelbein erschien pünktlich um sieben. Er trug einen Zylinder auf dem Kopf, und an seiner Seite schritt Herr Zipf, der Vertreter der städtischen Abendzeitung.

»Es kann losgehen!«, rief Herr Zappelbein, und Herr Zipf zupfte ein Blatt Papier aus seiner Aktentasche.

Christian Morgenstern

Das Gebet

Die Rehlein beten zur Nacht,
hab acht!

Halb neun!

Halb zehn!

Halb elf!

Halb zwölf!

Zwölf!

Die Rehlein beten zur Nacht,
hab acht!
Sie falten die kleinen Zehlein,
die Rehlein.

Jakob und Wihelm Grimm

Die Bremer Stadtmusikanten

»Es hatte ein Mann einen Esel, der schon lange Jahre die Säcke unverdrossen zur Mühle getragen hatte, dessen Kräfte aber nun zu Ende gingen, sodass er zur Arbeit immer untauglicher ward. Da dachte der Herr daran, ihn aus dem Futter zu schaffen, aber der Esel merkte, dass kein guter Wind wehte, lief fort und machte sich auf den Weg nach Bremen: dort, meinte er, könnte er ja Stadtmusikant werden.
Als er ein Weilchen fortgegangen war, fand er einen Jagdhund auf dem Wege liegen, der jappte wie einer, der sich müde gelaufen hat. »Nun, was jappst du so, Packan?«, fragte der Esel.
»Ach«, sagte der Hund, »weil ich alt bin und jeden Tag schwächer werde, auch auf der Jagd nicht mehr fort kann, hat mich mein Herr wollen totschlagen, da hab ich Reißaus genommen; aber womit soll ich nun mein Brot verdienen?«
»Weißt du was«, sprach der Esel, »ich gehe nach Bremen und werde dort Stadtmusikant, geh mit und lass dich auch bei der Musik annehmen. Ich spiele die Laute, und du schlägst die Pauken.«
Der Hund war's zufrieden, und sie gingen weiter.
Es dauerte nicht lange, so saß da eine Katze an dem Weg und machte ein Gesicht wie drei Tage Regenwetter.
»Nun, was ist dir in die Quere gekommen, alter Bartputzer?«, sprach der Esel.
»Wer kann da lustig sein, wenn's einem an den Kragen geht«, antwortete die Katze, »weil ich nun zu Jahren komme, meine Zähne stumpf werden und ich lieber hinter dem Ofen sitze und spinne als nach Mäusen herumjage, hat mich meine Frau ersäufen wollen; ich habe mich zwar noch fortgemacht, aber nun ist guter Rat teuer: wo soll ich hin?«

»Geh mit uns nach Bremen, du verstehst dich doch auf die Nachtmusik, da kannst du ein Stadtmusikant werden.«
Die Katze hielt das für gut und ging mit.
Darauf kamen die drei Landesflüchtigen an einem Hof vorbei, da saß auf dem Tor der Haushahn und schrie aus Leibeskräften. »Du schreist einem durch Mark und Bein«, sprach der Esel, »was hast du vor?«
»Da hab ich gut Wetter prophezeit«, sprach der Hahn, »weil unserer lieben Frauen Tag ist, wo sie dem Christkindlein die Hemden gewaschen hat und sie trocknen will; aber weil morgen zum Sonntag Gäste kommen, so hat die Hausfrau doch kein Erbarmen und hat der Köchin gesagt, sie wollte mich morgen in der Suppe essen, und da soll ich mir heut Abend den Kopf abschneiden lassen. Nun schrei ich aus vollem Hals, solang ich noch kann.«
»Ei was, du Rotkopf«, sagte der Esel, »zieh lieber mit uns fort, etwas Besseres als den Tod findest du überall; du hast eine gute Stimme, und wenn wir zusammen musizieren, so muss es eine Art haben.«
Der Hahn ließ sich den Vorschlag gefallen, und sie gingen alle viere zusammen fort.
Sie konnten aber die Stadt Bremen in einem Tag nicht erreichen und kamen abends in den Wald, wo sie übernachten wollten. Der Esel und der Hund legten sich unter einen großen Baum, die Katze und der Hahn machten sich in die Äste, der Hahn aber flog bis in die Spitze, wo es am sichersten für ihn war. Ehe er einschlief, sah er sich noch einmal nach allen vier Winden um, da däuchte ihn, er sähe in der Ferne ein Fünkchen brennen, und rief seinen Gesellen zu, es müsste nicht gar weit ein Haus sein, denn es scheine ein Licht. Sprach der Esel: »So müssen wir uns aufmachen und noch hingehen, denn hier ist die Herberge schlecht.« Der Hund meinte, ein paar Knochen und etwas Fleisch dran täten ihm auch gut. Also machten sie sich auf den Weg nach der

Gegend, wo das Licht war, und sahen es bald heller schimmern, und es ward immer größer, bis sie vor ein hell erleuchtetes Räuberhaus kamen.

Der Esel, als der größte, näherte sich dem Fenster und schaute hinein.

»Was siehst du, Grauschimmel?«, fragte der Hahn. »Was ich sehe?«, antwortete der Esel. »Einen gedeckten Tisch mit schönem Essen und Trinken, und Räuber sitzen daran und lassen's sich wohl sein.«

»Das wäre was für uns«, sprach der Hahn.

»Ja, ja, ach, wären wir da!«, sagte der Esel.

Da ratschlagten die Tiere, wie sie es anfangen müssten, um die Räuber hinauszujagen, und fanden endlich ein Mittel. Der Esel musste sich mit den Vorderfüßen auf das Fenster stellen, der Hund auf des Esels Rücken springen, die Katze auf den Hund klettern, und endlich flog der Hahn hinauf und setzte sich der Katze auf den Kopf.

Wie das geschehen war, fingen sie auf ein Zeichen insgesamt an, ihre Musik zu machen: Der Esel schrie, der Hund bellte, die Katze miaute, und der Hahn krähte; dann stürzten sie durch das Fenster in die Stube hinein, dass die Scheiben klirrten. Die Räuber fuhren bei dem entsetzlichen Geschrei in die Höhe, meinten nicht anders, als ein Gespenst käme herein, und flohen in größter Furcht in den Wald hinaus.

Nun setzten sich die vier Gesellen an den Tisch, nahmen mit dem vorlieb, was übriggeblieben war, und aßen, als wenn sie vier Wochen hungern sollten. Wie die vier Spielleute fertig waren, löschten sie das Licht aus und suchten sich eine neue Schlafstätte, jeder nach seiner Natur und Bequemlichkeit. Der Esel legte sich auf den Mist, der Hund hinter die Türe, die Katze auf den Herd bei die warme Asche, und der Hahn setzte sich auf den Hahnenbalken; und weil sie müde waren von ihrem langen Weg, schliefen sie auch bald ein.

Als Mitternacht vorbei war und die Räuber von weitem

sahen, dass kein Licht mehr im Haus brannte, auch alles ruhig schien, sprach der Hauptmann: »Wir hätten uns doch nicht sollen ins Bockshorn jagen lassen«, und hieß einen hingehen und das Haus untersuchen. Der Abgeschickte fand alles still, ging in die Küche, ein Licht anzuzünden, und weil er die glühenden, feurigen Augen der Katze für lebendige Kohlen ansah, hielt er ein Schwefelhölzchen daran, dass es Feuer fangen sollte. Aber die Katze verstand keinen Spaß, sprang ihm ins Gesicht, spie und kratzte. Da erschrak er gewaltig, lief und wollte zur Hintertüre hinaus, aber der Hund, der da lag, sprang auf und biss ihn ins Bein; und als er über den Hof an dem Miste vorbeirannte, gab ihm der Esel noch einen tüchtigen Schlag mit dem Hinterfuß; der Hahn aber, der vom Lärmen aus dem Schlaf geweckt und munter geworden war, rief vom Balken herab: »Kikeriki!«

Da lief der Räuber, was er konnte, zu seinem Hauptmann zurück und sprach: »Ach, in dem Haus sitzt eine gräuliche Hexe, die hat mich angehaucht und mit ihren langen Fingern mir das Gesicht zerkratzt; und vor der Türe steht ein Mann mit einem Messer, der hat mich ins Bein gestochen; und auf dem Hof liegt ein schwarzes Ungetüm, das hat mit einer Holzkeule auf mich losgeschlagen; und oben auf dem Dache, da sitzt der Richter, der rief: ›Bring mir den Schelm her.‹ Da machte ich, dass ich fortkam.«

Von nun an getrauten sich die Räuber nicht weiter in das Haus, den vier Bremer Stadtmusikanten gefiel's aber so wohl darin, dass sie nicht wieder heraus wollten. Und der das zuletzt erzählt hat, dem ist der Mund noch warm.

Jack London

Das Gesetz des Fleisches

Der Jungwolf entwickelte sich schnell. Zwei Tage lang ruhte er aus, dann wagte er sich wieder ins Freie. Bei dem Streifzug fand er das kleine Wiesel, dessen Mutter er zu vertilgen geholfen hatte, und er verschlang es gleichfalls. Diesmal verirrte er sich nicht. Als er müde wurde, kehrte er in die Höhle zurück und schlief. Auch an den darauffolgenden Tagen war er unterwegs, und von einem Mal zum andern dehnte er seine Streifzüge länger aus.
Er lernte seine Stärke, auch seine Schwäche genau einzuschätzen. Bald wusste er gut, was er sich erdreisten durfte und was nicht. Gewöhnlich war er auf der Hut, nur dann nicht, wenn er – selten genug – von seinen Gefühlen hingerissen wurde. Begegnete er einem einsamen Schneehuhn, verwandelte er sich in einen kleinen Dämon. Nie blieb er dem zeternden Eichhörnchen, das er erstmals bei der halbverkohlten Kiefer getroffen hatte, die Antwort schuldig. Doch einen wahren Wutanfall rief der Anblick eines Elchvogels hervor; denn er konnte den Schnabelhieb nicht vergessen, den er auf die Nase bekommen hatte.
Aber es gab auch Minuten, in denen ihn selbst ein Elchvogel kaltließ. Das war immer dann so, wenn ihn ein anderer Fleischjäger bedrohte. Und stets dachte er an den Habicht, dessen dahinhuschender Schatten ihn veranlasst hatte, sich in das nächste Dickicht zu verkriechen. Er tapste nicht mehr spreizbeinig, sein Gang ähnelte dem der Mutter, die sich leise, verstohlen anschlich, ohne sichtbare Anstrengung, dabei unglaublich schnell.
Er hatte kein Jagdglück. Die Schneehuhnküken, die Henne, das Wieseljunge waren alles, was er selbst erbeutet hatte. Aber die Begierde zu töten wurde stärker von Tag zu Tag. Er

sehnte sich nach dem Eichhörnchen, das so laut schimpfte und die ganze Nachbarschaft alarmierte, wenn er nahte. Aber wie sich die Vögel in die Luft schwangen, erkletterte das behende Tier die Bäume, und der Graue konnte nur versuchen, sich unbemerkt heranzupirschen, solange es auf der Erde saß.

Seine Mutter achtete der Jungwolf sehr. Sie verstand es, Fleisch zu holen, und sie vergaß nie, ihm seinen Anteil abzugeben. Außerdem hatte sie keine Angst. Natürlich ahnte er nicht, dass ihre Furchtlosigkeit auf Erfahrung und Wissen beruhte. Er hatte den Eindruck, dass sie sehr stark sein müsse. Seine Mutter verkörperte die Macht. Als er älter wurde, spürte er ihre Stärke auch daran, dass ihre Pfotenhiebe, die sie ihm zur Strafe erteilte, derber wurden. Wenn sie ihn scharf zurechtweisen wollte, schubste sie ihn nicht mehr wie früher mit der Nase, sondern gebrauchte die Zähne. Auch dafür achtete er seine Mutter. Sie zwang ihn, gehorsam zu sein, und je größer er wurde, desto unnachsichtiger ahndete sie alle seine Vergehen.

Wieder einmal blieb das Fleisch aus, erlebte der Jungwolf – diesmal mit reiferen Sinnen – die Qualen des Hungers. Die Wölfin lief sich mager auf der Suche nach Beute. Sie schlief nur noch selten in der Höhle. Den größten Teil ihrer Zeit war sie unterwegs, doch vergeblich folgte sie der Spur des Fleisches. Diese Hungersnot war kurz, aber sie war schrecklich. Der Jungwolf fand keinen Tropfen Milch mehr in der Brust der Mutter, keinen Bissen bekam er von ihr zu fressen. Früher hatte er im Spiel gejagt, aus reiner Freude an der Sache. Jetzt war es tödlicher Ernst geworden, und er fing nichts. Die Misserfolge beschleunigten seine Entwicklung. Er erforschte die Gewohnheiten des Eichhörnchens mit größerer Sorgfalt. Listiger als vorher schlich er sich an, um es zu überraschen. Er beobachtete die Waldmäuse und versuchte, sie aus ihren Höhlen zu graben. Viel lernte er über die Eigenarten der Elchvögel, der Spechte.

Und dann kam ein Tag, an dem er vor dem Schatten des Habichts nicht mehr in die Büsche floh. Er war stärker und klüger geworden, er vertraute auf seine Kraft, und der Hunger trieb ihn zur Verzweiflung. Er setzte sich aufrecht hin, auf dem kleinen Grasstreifen zwischen den Büschen, wo er gut zu sehen war.
So glaubte er den Habicht vom Himmel locken zu können, denn er wusste, dass dort oben Fleisch durch die blaue Höhe schwebte, Nahrung, die sein Magen sehr gebieterisch verlangte. Der Vogel weigerte sich jedoch, herabzukommen und zu kämpfen. Da kroch der Jungwolf ins Gebüsch und wimmerte enttäuscht ein Hungerlied.
Eines Tages war die schlimme Zeit vorüber. Die Wölfin brachte Fleisch mit. Es sah sonderbar aus, ganz anders als alles, was sie bisher herbeigeschleppt hatte. Es war ein junger Luchs, etwa so alt wie der graue Wolf, nur kleiner. Und er durfte ihn allein fressen. Seine Mutter, das freute ihn sehr, war schon satt, nur wusste er nicht, dass die Geschwister des Kätzchens ihren Hunger gestillt hatten. Auch konnte er nicht ahnen, dass es eine Verzweiflungstat gewesen war. Soviel begriff er jedoch: Das Tier mit dem Samtfell war Fleisch, er durfte es für sich haben. Er fraß es und wurde bei jedem Bissen glücklicher.
Ein voller Magen macht träge. Der Jungwolf lag in der Höhle und schlief neben seiner Mutter, als sie ihn weckte. Noch nie hatte er sie so furchtbar knurren gehört. Vielleicht war es die wildeste Warnung, die sie überhaupt je von sich gegeben hatte, und das hatte seinen Grund. Niemand wusste dies besser als sie. Verwegen hatte sie das Nest geplündert. So etwas lässt keine Luchsmutter ungestraft. Im hellen Schein der Nachmittagssonne erblickte der Jungwolf die Katze, und sein Fell sträubte sich, als sie in den Eingang kroch. Vor diesem Tier musste er sich hüten. Das wusste er sofort. Und wäre es ihm nicht beim bloßen Anblick schon klargeworden, so hätte ihn

ihr Wutschrei, der mit einem dumpfen Grollen begann und mit einem schrillen Fauchen endete, ganz gewiss überzeugt. Der Graue fühlte, wie das Leben in ihm zuckte. Er stand auf und knurrte mutig an der Seite seiner Mutter. Doch sie schob ihn unwirsch zurück. Da der Eingang niedrig war, konnte die Luchsin nicht springen. Als sie aber halb hereingekrochen war, packte die Wölfin zu und drückte sie zu Boden. Von dem Kampf, der folgte, sah ihr Sohn nur wenig. Er hörte ein ungeheures Knurren, Fauchen, Kreischen. Der Eindringling schlug mit den krallenbewehrten Tatzen und biss um sich, während die Wölfin ausschließlich die Zähne gebrauchte.

Dann griff der Jungwolf an. Er fasste die Katze an der Keule und hinderte sie so, mit dem Hinterbein zu kratzen. Damit bewahrte er die Wölfin vor ernsterem Schaden. Aber bald tobte der Kampf heftiger. Die Muttertiere begruben ihn unter sich, er musste loslassen. Sie trennten sich, und ehe sie wieder aneinandergerieten, versetzte ihm die Katze einen Hieb mit der schweren Vorderpranke. Die Krallen rissen ihm das Fleisch bis zum Schulterknochen auf, und er wurde gegen die Wand geschleudert. Seine schrillen Angst- und Schmerzensschreie mischten sich in das Gebrüll der Alten. Nur langsam beruhigte sich der Graue, doch dann erwachte sein Mut aufs Neue. Er schnappte wieder nach der Keule, biss sich fest und knurrte durch die Zähne.

Gemeinsam besiegten sie die Luchsin. Danach war die Wolfsmutter sehr schwach und krank. Sie liebkoste ihr Junges, sie leckte seine wunde Schulter. Aber mit dem Blut, das sie verloren hatte, war auch ihre Kraft aus dem Körper gewichen. Einen Tag und eine Nacht lag sie reglos neben dem getöteten Feind und atmete kaum. In der darauffolgenden Zeit verließ sie die Höhle nur, um zu trinken. Sie bewegte sich langsam, ihr ganzer Körper schmerzte. Nach einer Woche hatten sie die Katze vertilgt, und die Wunden der Wölfin waren so weit verheilt, dass sie wieder dem Fleisch nachspüren konnte.

Die Schulter des Grauen war steif geworden von dem furchtbaren Schlag, der ihn getroffen, und hatte sich entzündet. Tagelang lahmte er. Der Jungwolf hatte sich verändert, er lebte in einer anderen Welt. Sein Selbstvertrauen war gewachsen. Mut erfüllte ihn, wie er ihn vor dem Sieg über die Luchsin nie gekannt hatte. Er hatte dem Tod ins Auge geblickt, gekämpft hatte er, dem Feind die Zähne ins Fleisch geschlagen. Er war Sieger geblieben. Darum trug er den Kopf jetzt hoch, seine Kühnheit hatte etwas Trotziges an sich, und auch das war neu. Einen großen Teil seiner Scheu hatte er verloren, obwohl das geheimnisvolle, drohende, unfassbare Unbekannte nie ganz aufhörte, ihn zu ängstigen.

Er begleitete seine Mutter auf den Beutezügen, sah, wie sie ihre Opfer tötete, er beteiligte sich an der Jagd; eine Ahnung vom Gesetz des Fleisches kam ihm. Offenbar gab es zwei Gruppen von Lebewesen, seine eigene und eine andere. Der ersten gehörten seine Mutter und er selbst an. Was sich sonst

noch bewegte, gehörte zur anderen. Aber die zweite Gruppe war gespalten. Der eine Teil war das, was von seiner Gruppe getötet und gefressen wurde, alle Nichttöter und die kleinen Töter. Der Rest wollte seine Gruppe töten und fressen oder wurde von ihr getötet und gefressen. Aus diesen Verhältnissen ergab sich ein Gesetz. Fleisch war der Sinn des Lebens. Das Leben selber war Fleisch, das von Fleisch gefressen wurde, FRISS ODER WERDE GEFRESSEN, lautete das Gesetz. Er formulierte es nicht in klaren, geschliffenen Gedanken, er moralisierte auch nicht, er grübelte überhaupt nicht. Er lebte dem Gesetz, das er bedingungslos anerkannte.

Oft genug hatte er seine Wirkung gesehen. Er hatte die Schneehuhnküken gefressen. Der Habicht hatte die Schneehuhnmutter gefressen. Der Habicht hätte auch ihn gefressen. Später, als er kräftiger geworden war, wollte er den Habicht fressen. Er hatte das Luchskätzchen gefressen. Die Luchsmutter hätte ihn gefressen, wäre sie nicht getötet und gefressen worden. Und so ging das fort. Alle Lebewesen gehorchten dem Gesetz. Er selbst war ein Teil von ihm, es war in ihm. Er war ein Töter. Seine einzige Nahrung war Fleisch, lebendiges Fleisch, das schnell vor ihm davonlief oder durch die Luft flog oder auf die Bäume kletterte, sich in der Erde verbarg oder ihm entgegentrat und mit ihm kämpfte oder hinter ihm herlief.

Hätte der Jungwolf wie ein Mensch gedacht, hätte er das Leben kurz als Gefräßigkeit und die Welt als Tummelplatz der Fresssüchtigen bezeichnet. Mannigfaltig waren die Gestalten, in denen sich die Begierde zeigte. Sie waren Verfolgte oder Verfolger, Jäger oder Gejagte. Sie fraßen oder wurden gefressen, wie es der Zufall wollte. Nackte Gewalt, Chaos herrschten in dieser gnaden- und endlosen, nach keinem höheren Plan regierten Welt der Fresssucht und des Mordens.

Das waren nicht die Überlegungen des Jungwolfs. So konnte er nicht denken, dazu fehlte ihm der Weitblick eines Menschen. Er kannte nur einen Lebenszweck, folgte immer nur einer Begierde. Außer dem Gesetz des Fleisches gab es eine Fülle anderer, geringerer Gebote, die er gleichfalls lernen und denen er gehorchen musste. Die Welt steckte voller Überraschungen. Fleisch zu hetzen bedeutete Spannung und frohe Erregung. Seine Leidenschaften und Kämpfe waren Vergnügungen. Selbst die schrecklichen Schauer, die ihm das geheimnisvolle Unbekannte über den Rücken jagte, wollte er nicht missen.

Manchmal lebte er zufrieden und behaglich. Einen vollen Magen zu haben, faul in der Sonne zu dösen – solche Genüsse entschädigten ihn reichlich für seine Anstrengungen und Entbehrungen, bargen doch sogar die Strapazen schon ihren Lohn in sich. Sie waren Ausdruck seines Lebens, und Leben bedeutet immer Glück, wenn es sich äußert. So haderte der Jungwolf mit seiner feindseligen Umwelt nicht. Er war sehr lebendig, sehr glücklich und sehr stolz auf sich.

Heinz Janisch

Ich hab ein kleines Problem, sagte der Bär

»Ich hab ein kleines Problem«, sagte der Bär. »Darf ich dich kurz …«
»Aber natürlich! Hallo und willkommen!«, rief der Erfinder.
»Ich weiß genau, was dir fehlt. Ein schwerer Bär wie du, der braucht etwas, um sich leicht zu fühlen. Und da sind sie auch schon!«
Er holte ein paar Flügel aus seiner Werkstatt und schnallte sie dem Bären um.

»Hmm«, sagte der Bär nach einer Weile.
Dann trottete er weiter.

»Ich hab ein kleines Problem«, sagte der Bär. »Darf ich dich …«
»Nur herein, nur herein!«, rief der Schneider.
»Die Flügel haben wir schon, sehr modisch, sehr schick. Da fehlt nur noch der passende Schal.«
Schwungvoll wickelte er dem Bären einen langen Schal um den Hals.

»Hmm«, sagte der Bär nach einer Weile.
Dann trottete er weiter.

»Ich hab ein kleines Problem!«, sagte der Bär. »Darf ich …«
»Was für ein Kopf! Nun seht euch einmal diesen Kopf an!«, rief der Hutmacher und rannte aufgeregt in seiner Werkstatt auf und ab.
»Ich weiß genau, was du suchst! Sag kein Wort! So ein Kopf muss gut behütet werden. Ich hab da etwas – wie für dich gemacht!«

Er holte einen Hut aus dem Regal, der aussah wie eine Krone, und drückte ihn dem Bären auf den Kopf.

»Hmm«, sagte der Bär nach einer Weile.
Dann trottete er weiter.

»Ich hab ein kleines Problem«, sagte der Bär. »Darf ich …«
»Aber das sieht man doch auf den ersten Blick, was dir fehlt, guter Freund!«, rief der Arzt. »Du nimmst meine bunte Medizin, und in drei Tagen hast du die schönsten roten Wangen, die man nur haben kann.«
Er steckte dem Bären drei bunte Tabletten in den Mund und gab ihm noch eine riesige Schachtel mit Medizin zum Mitnehmen.

»Hmm«, sagte der Bär nach einer Weile.
Dann trottete er weiter.

»Ich hab ein kleines Problem«, sagte der Bär. »Darf …«
»Kein Wort zu viel, mein Freund der Straße«, sagte der Straßenhändler.
»Ich weiß, was es heißt, unterwegs zu sein, ruhelos, von Ort zu Ort. Heute hier, morgen fort. Da hilft nur eines: Man muss sich selbst um sein Glück kümmern, und wie könnte man das besser tun als mit diesem einzigartigen wunderbaren Glücksbringer!«
Er legte dem Bären eine Kette mit einem großen, schweren Anhänger um den Hals.

»Hmm«, sagte der Bär nach einer Weile.
Dann trottete er weiter.

»Ich hab ein kleines Problem«, sagte der Bär. »Darf ich …«
»Nur keine Scheu! Nur keine falsche Bescheidenheit! Die rich-

tige Brille, die gibt's nur bei mir!«, rief die Frau mit den vielen Brillen, und schon hatte der Bär eine rote Brille auf der Nase.

»Hmm«, sagte der Bär nach einer Weile.
Dann trottete er weiter.

»Ich hab ein kleines Problem«, sagte der Bär. »Darf ich dich…«
»Aber da wollen wir doch gar nicht lange herumreden! Geschäft hin oder her. Bei Freunden überlege ich nicht lange. Freunde sind die besten Kunden. Die muss man verwöh-

nen!«, sagte die Frau, die vor dem Geschäft stand. Sie ging hinein und holte einen goldgelben Topf.
»Lufthonig! Würziger feiner Lufthonig! Gewonnen aus der allerbesten Wiesenluft! Eine Neuheit! Eine Sensation! Davon muss man gekostet haben!«
Sie gab dem Bären einen Topf und verschwand im Geschäft.

»Hmm«, sagte der Bär nach einer Weile.
Dann trottete er weiter.

»Ich hab ein kleines Problem«, sagte der Bär. »Darf ich …«
»Ich hätte ja meinen Beruf verfehlt, wenn ich nicht auf einen Blick wüsste, was dir fehlt!«, sagte die Frau, die einen Turm von Schachteln trug. »Ich wusste sofort, was du brauchst.«
Sie zog ein Paar Stiefel aus einer Schachtel. »Hier sind die besten Bärenstiefel, die es derzeit gibt. Richtige Bären brauchen Bärenstiefel!«

»Hmm«, sagte der Bär nach einer Weile.
Dann trottete er weiter.

Auf einem kleinen Hügel blieb der Bär stehen.
Er schaute lange auf die Wiesen und Felder und auf die Hügel der Stadt.
Er war müde.

Der Bär schnallte seine Flügel ab. Er nahm den Hut vom Kopf und die Brille von der Nase. Er legte seinen Schal weg und auch die Kette mit dem Glücksbringer. Er zog seine Bärenstiefeln aus. Er stellte das Glas mit dem Lufthonig zur Seite und auch die Schachtel mit der bunten Medizin.
Dann seufzte er.

»Was ist los mit dir?«, fragte eine leise Stimme neben ihm. Eine Fliege saß auf einem Grashalm und schaute ihn neugierig an.
»Ach, ich will gar nicht damit anfangen«, sagte der Bär. »Es will mir ja doch keiner zuhören.«
»Ich bin da, und ich höre dir zu«, sagte die Fliege. »Worum geht's denn?«

»Ich hab ein kleines Problem«, sagte der Bär. «Ich fürchte mich im Dunkeln, so ganz allein in meiner Höhle. Und ich kenne weit und breit keinen anderen Bären und auch sonst niemanden, der bei mir in der Höhle schlafen möchte. Ich hab den ganzen Tag lang Angst vor der Nacht.«
»Das ist tatsächlich ein Problem«, sagte die Fliege. »Aber ich weiß, wie wir es lösen können. Ich suche nämlich gerade zufällig einen Platz zum Bleiben. Und Bärenhöhle – das klingt ja richtig gemütlich. Also – ich bin dabei! Was hältst du davon?«

»Hmm«, sagte der Bär nach einer Weile. »Ich fühle mich jetzt schon besser. Einfach, weil du da bist.«

Die Fliege setzte sich auf die linke Schulter des Bären und machte es sich dort gemütlich.
Und dann trotteten sie los.

James Krüss

Der Uhu und die Unken
Ein u-Gedicht

> Sieben dumme Unken munkeln:
> Unke punke u ru ru,
> In dem Brunnen, in dem dunkeln,
> Sitzt ein schwarzer Marabu!
>
> Uhu Schuhu hört sie munkeln,
> Unke punke u ru ru,
> Und lugt runter in den dunkeln
> Brunnen mit den Augen gluh.
>
> Doch nach einer Viertelstunde,
> Unke punke u ru ru,
> Brummt er: Auf dem Brunnengrunde
> Ist kein schwarzer Marabu.
>
> Nur die runden Brunnensteine,
> Unke punke u ru ru,
> Malen in dem fahlen Scheine
> Schatten wie ein Marabu!
>
> Klatsch und Tratsch und Unkenmunkeln,
> Unke punke u ru ru,
> Wuchern immer nur im Dunkeln.
> Besser ist, man hört nicht zu!

Bernhard Lassahn

Gute Nacht, Murmeltier

Na? Wie ist es? Was wissen wir vom Murmeltier?
Die können pfeifen, ungefähr so: Pfieff, und bauen sich Höhlen in den Berg, wo sie gemeinsam Winterschlaf halten, und wenn der Winter mal sehr kalt und streng wird, dann rücken alle noch ein bisschen enger zusammen – so ist das bei denen.

Ich will euch nun von einem kleinen Murmeltier aus Oberammergau erzählen, dem ein großes Unglück passierte. Es wurde nämlich von einer Steinlawine erwischt, betäubt und ins Tal gerissen, bewusstlos.
Die andern Murmeltiere suchten bis zum späten Abend nach dem kleinen Murmeltier, suchten die ganze Gegend ab, bis runter zur Romanshöhe, fanden es aber nicht und glaubten, es sei tot. Traurig verkrochen sich die Murmeltiere wieder in ihre Löcher.
Es war aber nicht tot, lag nur bewusstlos unten im Tal. Und wurde am nächsten Morgen auch gefunden, aber nicht von den Murmeltieren, sondern von Kindern, von Lasse, Heike und Jutta. So hießen die Kinder. Lasse sollte im nächsten Jahr schon zur Schule gehn, und Heike und Jutta waren seine Schwestern; die waren zwar jünger, dachten aber, sie seien schon viel schlauer.
»Wenn es nicht stinkt, dann ist es auch noch nicht tot«, sagte Heike.
»Und wenns tot ist«, sagte Jutta, »wird ihm das Fell über die Ohren gezogen. Da werden Pelzmützen draus gemacht für die russischen Soldaten.«
»Nein!«, rief Lasse, »das ist meiner. Ich hab den zuerst gefunden. Den geb ich nicht mehr her.« Und er steckte das arme Tier in eine Plastiktüte und trug es nach Hause in die Garage:

Da fanden sie einen ausrangierten Vogelkäfig. Zwar war das Murmeltier kein Vogel, passte aber ganz gut in den Vogelkäfig rein und sah darin aus wie ein Raubtier im Gitterkäfig. Wie ein totes Raubtier allerdings. Es bewegte sich nämlich nicht. Die Kinder standen drum herum und wussten auch nicht, was sie nun machen sollten.
»Das Tier ist tot, mausetot«, sagte Jutta gerade, da bewegte sich das Murmeltier ein bisschen …
»Hurra! Er lebt!«, rief Lasse.
»Woher willste überhaupt wissen, dass es ein Männchen ist?«, fragte Heike.
»Bei Murmeltieren kommt es darauf nicht an«, sagte Lasse, »der braucht jetzt erst mal was zu essen. »Und Lasse wollte ihm gleich sein Milky Way anbieten, aber das Murmeltier wollte nichts fressen.
»Es nimmt nichts von dir«, sagten die Mädchen, »siehste! Das Tier ist sowieso Vegetarier, das frisst Heu und so was.«
»Aber das ist meiner«, sagte Lasse, »ich hab den zuerst gefunden. Der heißt jetzt Caesar.«
»Doofer Name!«, riefen die andern und machten den Vorschlag, das Murmeltier Moppel zu nennen, Winnetou oder Madonna. Jutta meinte, man sollte das Tier einfach Jutta nennen, das sei nun mal weit und breit der beste Name. Weitere Vorschläge waren: Muckelputzi, Kennedy, Schnuffel, Rosi, Rumpelstilzchen, Florian und Hektor, aber sie konnten sich einfach auf keinen Namen einigen. Lasse schlug noch Messner vor, aber das fanden die andern auch doof – jeder fand die Vorschläge der andern doof.
Und dann legten sie erst mal eine alte Fußmatte als Decke über den Vogelkäfig und holten Essen für den kleinen Vegetarier.
»Ein Vegetarier frisst, was am Wegesrand wächst«, sagte Jutta, »deshalb nennt man sie auch Vegetarier.« Und sie holten Brennnesseln, Löwenzahn, Mohrrüben und Gräser.

Ja, die Kinder freuten sich, dass sie nun einen neuen Spielgefährten hatten, und schworen, keinem zu verraten, wo sie das Murmeltier versteckt hielten, großes chinesisches Ehrenwort; denn sie mussten fürchten, dass die Erwachsenen das Tier wegnehmen und ihm vielleicht doch noch das Fell über die Ohren ziehen würden.

Allerdings hatten die Kinder wenig Freude mit dem Murmeltier, das so viele Namen hatte. Leider. Denn Caesar oder auch Moppel, Winnetou oder Madonna genannt, Jutta, Muckelputzi, Kennedy, Schnuffel, Rosi, Rumpelstilzchen, Florian oder Hektor rührte sich nicht vom Fleck, und wenn die Kinder zuguckten, wollte es weder fressen noch spielen. Es lag nur wie tot im Vogelkäfig.
Erst dachten sich die Kinder, na klar, das arme Tier ist verängstigt und muss sich erst an uns gewöhnen – aber wie lange sollte das denn noch dauern?
Es machte sogar den Eindruck, als wollte es nicht mal gerne gestreichelt werden. Da wurden die Kinder langsam ungeduldig mit dem Tier, und eines Tages machte Lasse den Vorschlag, das Murmeltier wieder laufen zu lassen.
»Der hat Heimweh«, meinte er, »wir müssen uns von Caesar trennen.«
Er öffnete die Klappe vom Vogelkäfig und sagte noch mal im Namen aller Kinder: »Servus Murmeltier!«, und ließ es allein, damit es in Ruhe weglaufen konnte.

Doch als die Kinder wieder mal nachguckten, war das Tier nicht weggelaufen, sondern lag immer noch im Vogelkäfig.
»Siehste«, sagte Heike, »die hört nicht auf dich, die arme Madonna. Jetzt müssen wir sie durch den Winter bringen, hab ich gleich gewusst. Das haben wir nun davon.«
Und so blieb das Murmeltier da. Gelegentlich brachten die Kinder Wasser und vegetarisches Essen, und eines Tages

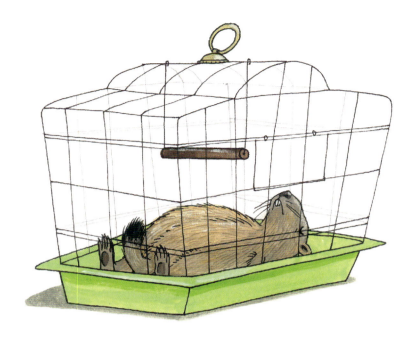

bemerkten sie, dass ihr Murmeltier überhaupt nichts fraß und nur noch schlief.
»Winterschlaf«, sagte Heike, »hab ich gleich gewusst.«
»Quatsch«, sagte Lasse, »so was machen nur Faultiere.«
»Du bist vielleicht doof«, sagte Jutta, – aber, naja, egal, das Tier schlief jedenfalls.
Immer wenn die Kinder angeschlichen kamen, vorsichtig die Matte lupften und nachguckten, schlief das Tier, schlief und schlief. So hatten die Kinder erst recht keine Freude mehr an dem Murmeltier mit den vielen Namen.

Einmal wurden sie noch an ihren heimlichen Gast erinnert, als sie aus der Garage ihre Schlitten holten. Inzwischen war Schnee gefallen. »Es schneit, es schneit!«, hatten da die Mädchen gerufen, und Lasse hatte nur gesagt »geschnitten ist es schon, jetzt fällt es bloß noch runter«, doch da stöhnten die Mädchen nur, sie fanden seine Bemerkungen saublöd, sowieso. So war das immer. In den Straßen hing nun schon die erste

Weihnachtsdekoration. Das kleine Murmeltier schlief immer noch eingerollt vor sich hin.
Die Kinder spielten im Schnee, bastelten Strohsterne, halfen der Mutter, altes Geschenkpapier wieder aufzubügeln, damit man es weiterverwenden konnte; sie halfen den Weihnachtsbaum aufzustellen und dekorierten ihn mit Lametta und kleinen Glöckchen, die leise bimmelten, wenn man an den Zweigen zupfte.
So ging die Zeit dahin, und keiner dachte mehr an das Murmeltier in der Garage.

Heilig Abend! Lasse kriegte ein neues Briefmarkenalbum und einen Radiowecker mit Quarz-Analoguhr, den die Eltern bei Eduscho gekauft hatten; denn er kam ja nun bald zur Schule. Die Mädchen kriegten Stofftiere und Puppen – eine Puppe wurde gleich Jutta getauft –, und damit verzogen sie sich ins Etagenbett und ließen Lasse nicht mitspielen: Erstens war Lasse langsam zu alt für Kuscheltiere – fanden die Mädchen –, zweitens war Lasse ein Junge, und drittens sowieso doof. Also spielten Jutta und Heike alleine mit den Puppen und den neuen Stofftieren.

Nicht lange, und da hatte sich Lasse das Murmeltier aus der Garage geholt und führte ihm Wunderkerzen vor. »Das ist meiner«, sagte er nur.
»Ihh, du bist fies«, schimpften die Mädchen, »du willst das Tier erschrecken. Außerdem hast dus geweckt, das darf man nicht.«
»Wieso nicht?«, fragte Lasse und streichelte das Murmeltier, »das ist meiner, ja.«
»Das darf man nicht«, sagte Jutta, »weil: das verstößt gegen das Tierschutzgesetz.«
»Du bist doof«, sagte Lasse nur.
»Du bist noch viel doofer«, motzte Jutta, »und das Murmeltier auch.«

»Gar nicht wahr«, sagte Lasse, »du bist sowieso am dööfsten.«
»Das heißt nicht dööfsten, das heißt doofsten«, sagte Heike.
»Und du bist am allerdööfsten, sowieso.«
– Naja, gerade als sie wieder streiten wollten, nahten die Eltern, und die Kinder versteckten schnell das Murmeltier unter dem Geschenkpapier. Die Eltern wollten noch mal ausgehen, und die Kinder mussten versprechen, alleine ins Bett zu gehen – »Klar, ich bin doch alt genug«, sagte Lasse –, und sie versprachen noch, sich auf jeden Fall die Zähne zu putzen. Und dann gingen die Alten endlich, und die Kinder hatten ungestört das Murmeltier für sich alleine.
»Mensch, wie haste das überhaupt wachgekriegt?«, wollte Heike wissen.
»Radiowecker«, sagte Lasse.
Und nun versuchten sie mit dem Tier in der Wohnung zu spielen, boten ihm Spekulatius an und knackten Nüsse. Und da das Tier alles nicht so recht fressen wollte, holte Jutta aus dem Kühlschrank ein großes Stück echten Schweizer Käse mit vielen Löchern und stellte es vor das Murmeltier.
»Nein, ich glaube, Käse ist nicht gut für ihn«, meinte Lasse, »davon kriegt der nur Heimweh.«
»Du spinnst wohl«, sagte Heike, »Käse ist doch vegetarisch.«
Aber Lasse meinte, dass vielleicht die vielen Löcher im Käse das arme Tier an die unterirdischen Gänge erinnern würden, an die Höhlen unter der Erde, wo jetzt die andern Murmeltiere Winterschlaf hielten. »Da muss der bestimmt dran denken, wenn er die Löcher sieht.«
»Quatsch! Die können überhaupt nicht denken«, erklärte Heike, »die denken nicht, die machen das mit dem Instinkt.«
»Stinkt, stinkt, stinkt«, sagte Jutta und rüttelte an dem Weihnachtsbaum, dass es nur so bimmelte.
»Hör sofort auf damit!«, schimpfte Lasse, »das Murmeltier kann das nicht vertragen. Siehst ja, wie traurig der guckt.«
»Die gucken immer so«, sagte Jutta, »die können nicht anders.«

»Woher willst du das denn wissen?«, rief Lasse, und schon wollten die Streitereien wieder anhingen, aber Heike meinte, dass man unterm Weihnachtsbaum nicht zanken dürfte, und Lasse fand auch, dass es nur einen schlechten Eindruck auf das Murmeltier mache.
Schließlich nahmen die Kinder ihren kleinen Gast mit ins Badezimmer, als sie – wie versprochen – ihre Zähne putzten, und Lasse stellte sich das Murmeltier im Vogelkäfig ans Fußende in sein Bett – nur für eine Nacht, weil ja Weihnachten war.
Am nächsten Morgen wollte er es wieder in die Garage zurückbringen.

Das tat er dann auch. Er wickelte es in einen warmen Puppenmantel, den Jutta zur Verfügung stellte, und trug es im Vogelkäfig wieder raus; machte noch einen kleinen Spaziergang und zeigte den Weg vor, den er demnächst immer zur Schule gehen würde, und Lasse bedauerte sehr, dass er mit dem kleinen Tier nicht richtig sprechen konnte. Er zeigte auf die verschneiten Berge, wo gerade ein Ski-Kurs für Anfänger stattfand, und sagte: »Da bring ich dich wieder hin, später, wenn der Schnee weg ist, mach dir man keine Sorgen, kleines Murmeltier, ich bring dich schon wieder heim.«

Das Murmeltier schlief noch den Winter über in der Garage, ohne dass die Eltern davon etwas bemerkten, und als es Frühling wurde, holte Lasse das Tier aus dem Käfig und trug es auf den Berg zurück, wie er schon angekündigt hatte, und setzte es oben in der freien Wildbahn wieder aus und rief noch hinterher:
»Servus Murmeltier, kannst jederzeit wiederkommen, wenn du willst. »Und da verschwand das Tier schon in einem Erdloch, weg wars.
War das vielleicht ein Hallo, als das kleine Murmeltier wieder zu den andern kam. Die konnten gar nicht glauben, dass es den Winter alleine überlebt hatte, und da herrschte vielleicht ein Jubel und eine Freude.
Und wir dachten schon, du bist tot, mümmelten die andern Murmeltiere und konnten ihre Freude kaum bändigen, wo warste bloß? Hast dich versteckt, oder?
Stellt euch vor, sagte Caesar-Moppel-Winnetou-Madonna-Jutta-Muckelputzi-Kennedy-Schnuffel-Rosi-Rumpelstilzchen-Florian-Hektor, ich war bei den Menschen.
Echt? Nicht möglich, riefen da die andern Murmeltiere, bei den Menschen, na so was! Und? Wie ist es so bei denen?
Und da fing unser kleines Murmeltier an zu erzählen, und alle lauschten mit staunenden Mündern. Also, zuerst mal müsst ihr euch vorstellen, begann es, dass alle Berge und alle Bäume weiß sind, ganz weiß, kühl und wunderbar weiß …
Grün meinste wohl, unterbrachen die andern Murmeltiere, draußen ist alles wunderbar grün – naja vielleicht mal ein bisschen bräunlich, im Herbst …
Nein, weiß, müsst ihr mir glauben, weiß, weiß, das ist ja so merkwürdig, alles wunderbar weiß, beteuerte das Murmeltier

mit den vielen Namen, und da wunderten sich die andern doch ziemlich.

Und die Menschen, fuhr unser Murmeltier fort, haben verschiedene bunte Häute und sind etwas dicker und größer im Winter …

Naja, meinte der Murmelbock, die Menschen sind sowieso ein bisschen dicker, und da mussten alle lachen. Aber wie war das mit den bunten Häuten? Das hab ich nicht verstanden.

Ja, sagte Caesar, bunte Häute! Und das Merkwürdige ist, die haben auch noch sooo lange Füße, und damit huschen sie den weißen Berg runter, schneller als ein Murmeltier laufen kann.

Moment, Moment, unterbrachen die andern, das kann nicht sein. Murmeltiere sind immer noch schneller als Menschen. Und überhaupt: wie sollen die plötzlich sooo lange Füße herkriegen? Nee nee nee, das mit dem vielen Weiß überall kam mir auch schon gleich so merkwürdig vor, da stimmt was nicht …

Und dann erzählte das Murmeltier, wie es drinnen bei den Menschen in den Häusern so aussieht. Dass es da einen Kasten gibt, der Lieder singt und einen aus dem tiefen Schlaf wecken kann, und dabei summte das Murmeltier die Melodie von ›I'm Dreaming of a White Christmas‹, und die andern schüttelten alle dazu ihre Köpfe – Nie gehört, so was! Ist ja nicht schlecht, aber nie gehört so was … – das glaubte nun wirklich keiner mehr.

Auch als es erzählte, dass es in dem Haus einen Baum gesehen habe, der silbern und weiß glänzte und an dem so Glöckchen hingen wie an den Kühen – nur viel kleiner, die machen auch mehr so BIMMELDIBIMMELDIBIM und nicht so BOING BOING BOING … – da schüttelten die Murmeltiere nur noch die Köpfe.

Also, das geht zu weit, murrten sie, wers glaubt, wird selig, oder? Du willst uns wohl nen Bären aufbinden.

Doch, doch, doch, so war das, beschwor unser Murmeltier, ich hab es mit eigenen Augen gesehen. Weiß, alles weiß, und eine wundersame Stimmung, sag ich euch. Und die kleinen Menschen tragen funkelnde Sterne in ihrer Hand, nur größer noch, schöner auch …
Die andern schüttelten die Köpfe. Du hast wohl geträumt. Das kannste doch keinem Murmeltier erzählen. Du hast ja nicht die geringste Ahnung von den Menschen. Die Tiere wunderten sich nur und fassten sich an den Kopf.
Doch, doch, doch, könnt ihr mir glauben, die Sterne verlöschen ja auch wieder. Und außerdem ist es so, dass die kleinen Menschen jeden Abend ein bisschen was von dem Weiß essen müssen …
So ein Quatsch, murmelte da der Murmelbock.
Aber unser kleiner Weltenbummler erzählte ihnen, dass er selber gesehen hatte, im Badezimmer, wie kleine Menschen so geheimnisvolles weißes Zeug aus Tuben rausgedrückt und in den Mund gesteckt hätten: Davon wachsen die kleinen Menschen, das muss ein Wundermittel sein, genau dasselbe, das die Berge so weiß macht, so wundersam weiß, und wahrscheinlich wachsen davon den Menschen auch diese langen Füße, auf denen sie die Berge runterflutschen. Die müssen sich jeden Abend von dem Wundermittel aus der Tube raus etwas zwischen die Schneidezähne reiben, hier an dieser Stelle, ganz genau hier, ich hab es doch selber gesehen, so machen die das … Und er erklärte es den Murmeltieren, aber die stöhnten nur:
Ja, ja, wers glaubt.
Einfach unglaublich, schwärmte unser Murmeltier weiter, was in so ner Tube alles drinsteckt, das ganze Weiß. Alles wird weiß, wundersam weiß …
Ja, ja, unglaublich, brummte der Murmelbock, unglaublich. Ich glaub es auch nicht.

Schließlich war unser Murmeltier müde von all der Aufregung, hatte ja auch im Winter zu wenig geschlafen, und musste sich erst mal hinlegen.
Die andern betonten noch mal, wie sehr sie sich freuten, dass es wohlbehalten zurückgekehrt sei, und wollten es erst mal in Ruhe ein bisschen Schlaf nachholen lassen. Na dann, gute Nacht, Murmeltier, sagten sie.
Ich treu mich ja wirklich, dass der Kleine wieder da ist, sagte der Murmelbock, aber was der für einen Quatsch erzählt, das geht auf keine Kuhhaut, das hältste ja im Kopf nicht aus. Alles weiß, weiß, weiß und so ne wundersame Stimmung – also wirklich!
Ich mach mir ernsthaft Sorgen, sagte ein anderes Murmeltier, der kleine Spinner, der hat sie nicht mehr alle. Der hat einen Stein vor den Kopf gekriegt. Damit ist nicht zu spaßen, das kann leicht ins Auge gehen … naja, wollen wir ihn erst mal schlafen lassen. Und da schlief das Murmeltier schon längst wieder, und …

… und das solltet ihr eigentlich auch. Schlafen. Dann schlaft mal schön. Gute Nacht!

Inhalt

Mario Giordano
 Vorwort 5
James Krüss (1926 – 1997)
 Annabella Apfelstrudel 8
A. A. Milne (1882 – 1956)
 Pu und der ungestüme Tieger 10
Christian Morgenstern (1871 – 1914)
 Wie sich das Galgenkind die Monatsnamen merkt 21
*Benno Pludra (*1925)*
 Der Hund des Kapitäns 22
*Bernd Heinrich (*1940)*
 Die Seele der Raben 28
Josef Guggenmos (1922 – 2003)
 »He, Sie!!!« 37
Christian Morgenstern (1871 – 1914)
 Die drei Spatzen 38
*Elke Heidenreich (*1943)*
 Nero Corleone 39
*Franz Wittkamp (*1943)*
 Warum sich Raben streiten 43
James Krüss (1926 – 1997)
 Medusen 44
*Fredrik Vahle (*1942)*
 Die laute und die leise Geschichte 45
Gert Haucke (1929 – 2008)
 Worauf Mops eine mörderische Wut hat
 und warum sich Ormanschicks nicht darüber freuen,
 dass er der Größte ist 49
Ernst Jandl (1925 – 2000)
 Ottos Mops 56
Hans Christian Andersen (1805 – 1875)
 Das hässliche junge Entlein 57

James Krüss (1926 – 1997)
    Lied des Menschen 68
Hans Fallada (1893 – 1947)
    Geschichte vom Unglückshuhn 69
Josef Guggenmos (1922 – 2003)
    Es flog vorbei 84
Herman Melville (1819 – 1891)
    Der Kopf des Wals 85
Christian Morgenstern (1871 – 1914)
    Möwenlied 97
Jürg Schubiger (*1936)
    Der Wal 98
    Der andere Wal 99
Josef Guggenmos (1922 – 2003)
    Der Eisbär 102
Richard Adams (*1920)
    Die Anschlagtafel 103
    Das Oberkaninchen 110
Richard Buckley (*)
    Die Riesenschlange Sansibar 116
Josef Guggenmos (1922 – 2003)
    Versehen 118
Roald Dahl (1916 – 1990)
    Der fantastische Mr. Fox 119
    Schüsse fallen 121
    Die schrecklichen Schaufeln 124
Joachim Ringelnatz (1883 – 1934)
    Es bildete sich ein Gemisch 128
Rudyard Kipling (1865 – 1936)
    Wie das Elefantenkind seinen Rüssel bekam 129
James Krüss (1926 – 1997)
    Als ich Kamel noch Klara hieß 138
Unbekannt
    Wenn ich ein Vöglein wär 139

Waldemar Bonsels (1880 – 1952)
    Der Grashüpfer 140
    Puck 147
*Anne (*1965) und Paul Maar (*1937)*
    Der Käfer Fred 156
Joachim Ringelnatz (1883 – 1934)
    Die Ameisen 166
*Helme Heine (*1941)*
    Rosa 167
Josef Guggenmos (1922 – 2003)
    Hummel, gib Acht! 173
    Die Grille 174
Wolfdietrich Schnurre (1920 – 1989)
    Die Prinzessin kommt um vier 175
*Cornelia Funke (*1958)*
    Tiger und Leo 178
Gianni Rodari (1920 – 1980)
    Die Reise der Affen 181
Norah Burke (1907 – 1976)
    Königstiger 182
*Jürg Schubiger (*1936)*
    Muh und Meh 191
Manfred Kyber (1880 – 1933)
    Das patentierte Krokodil 194
Jules Verne (1828 – 1905)
    Riesenkraken 203
James Krüss (1926 – 1997)
    Sardinen 209
Unbekannt
    Die großmäulige Schildkröte 210
Alexei N. Tolstoi (1883 – 1945)
    Das Hähnchen und das Hühnchen 214
Leo Tolstoi (1828 – 1910)
    Das Gute und das böse Tier 215

Emil Kolozsvári Grandpierre (1907 – 1992)
    Das Ferkelchen und der Wolf 216
Ludvik Askenazy (1921- 1986)
    Babubu 224
Theodor Fontane (1819 – 1898)
    Der Kranich 227
Christoph Hein (*1944)
    Wie der Falsche Prinz und Kleine Adlerfeder
    ein Wildpferd einfingen 228
Franz Hohler (*1943)
    Der kluge Bär 238
Josef Guggenmos (1922 – 2003)
    Das Einhorn 241
Wolf Erlbruch (*1948)
    Das Bärenwunder 242
Peter Maiwald (1946 – 2008)
    Als mein Bruder das Pferd brachte 245
Erwin Strittmatter (1912 – 1994)
    Die Strickbremse 247
    Pferdenarren 249
Unbekannt
    Viecherei 251
Friedrich Wolf (1888 – 1953)
    Schnurzel, das Neinchen 252
Heinz Erhardt (1909 – 1979)
    Der Kabeljau 259
Andreas Schlüter (*1958)
    Falsche Freunde 260
Josef Guggenmos (1922 – 2003)
    Wenn Schnecken abreisen 265
Sabine Ludwig (*1954)
    Ein Katerwochenende 266
Max Kruse (*1921)
    Urmel aus dem Eis 277

*Anre (*1965) und Paul Maar (*1937)*
    Die Tochter des Mäusekönigs 281
*Uwe Timm (*1940)*
    Rennschwein Rudi Rüssel 287
Franz Fühmann (1922 – 1984)
    Von A bis Z - Ein Affenspaß für Alfons 292
Christian Morgenstern (1871 – 1914)
    Das Gebet 295
Jacob Grimm (1785 – 1863) und Wilhelm Grimm (1786 – 1859)
    Die Bremer Stadtmusikanten 296
Jack London (1876 – 1916)
    Das Gesetz des Fleisches 301
*Heinz Janisch (*1960)*
    Ich hab ein kleines Problem, sagte der Bär 308
James Krüss (1926 – 1997)
    Der Uhu und Die Unken 313
*Bernhard Lassahn (*1951)*
    Gute Nacht, Murmeltier 314
Anhang
    Inhalt 325
    Tierregister 330
    Quellennachweis 333

Tierverzeichnis

Adler 68, 71 f.
Affe 181, 187, 194 ff., 251, 292 f.
Albatros 251
Alligator 201 f., 251
Ameise 166, 192, 233, 293
Anakonda 251
Antilope 188, 251, 293
Auerochse 21
Bär 13 f., 46 ff. 238 ff., 242 ff., 293, 308 ff., 322
Baribal 251
Biber 293
Biene 46 f., 144 ff.
Bienenlaus 170
Bison 293
Boa 293
Borkenkäfer 293
Buckelfliege 170
Büffel 116, 182 ff., 293
Chamäleon 251
Dachs 251
Delphin 251
Dickkopffliege 170
Dinosaurier 37

Eichelhäher 251
Eichhörnchen 46 ff., 49 ff., 182, 224 ff., 301 f.
Eidechse 232
Einhorn 241
Eisbär 102
Elchvogel 301
Elefant 100, 116 f., 129 ff., 145, 171, 224 ff., 292
Ente 57 ff., 119, 121, 195
Esel 98, 191, 229, 296 ff.
Fasan 251
Feldmaus 122, 167
Ferkel 10 ff., 214, 216 ff.
Fisch 54, 99, 116, 128, 192, 245 f., 259
Flamingo 251
Fledermaus 116
Fleischfliege 170
Fliege 34, 135 f., 140, 147 ff., 167 ff., 185 f., 293, 312
Frettchen 110
Fuchs 98, 105, 119 ff.
Giraffe 129 ff., 251
Goresa-Affe 251
Grashüpfer 140 ff.
Grille 64, 146, 174
Grizzly 251
Hahn 69 ff., 191, 215, 227, 297 ff.
Hase 9, 242, 252 ff.
Hecht 251
Hirschkäfer 157 ff.

Huhn 69ff., 195, 227, 268ff.
Hummel 104, 173, 233
Hund 8f., 22ff., 40f., 52, 62, 77, 126, 178ff., 191, 245, 287, 291, 296ff.
Hyäne 175ff., 183f.
Igelschwein 128
Iltis 251
Jagdhund 62, 296
Jaguar 251
Kabeljau 259
Käfer 84, 140, 156ff.
Kakadu 251
Kalmar 204
Kamel 138, 198ff.
Känguru 199, 251
Kanarienvogel 167
Kaninchen 10ff., 103ff., 110ff., 245
Kater 40f., 63f., 178ff., 266ff.
Katze 31ff., 39ff., 59, 61, 75f., 93, 105, 167, 178f., 191, 215, 237, 245, 266ff., 296ff., 303ff.
Klapperschlange 251
Kojote 29
Königstiger 182ff.
Krake 203ff.
Kranich 227
Krokodil 130ff., 194ff.
Kugelfisch 54
Kuh 45f., 188, 191, 251
Leguan 251
Locktauber 21
Löwe 45f., 68, 98, 251

Luchs 251, 303ff.
Maikäfer 21, 157
Makake 195ff.
Mandrill 21
Marabu 198ff., 313
Marienkäfer 80ff., 156ff.
Maulwurf 48, 232
Maus 42, 45f., 117, 191, 215, 272
Meduse 44
Mistkäfer 156ff.
Mops 49ff., 56
Möwe 68, 97, 251
Mücke 170, 242, 293
Muli 21
Murmeltier 251, 314ff.
Nachtigall 251
Nerz 21
Nilpferd 129f.
Ochsenfrosch 251
Panther 198ff.
Papagei 68, 246, 292f.
Pavian 251
Pferd 9, 191, 228ff., 245f., 249f.
Pinguin 251, 277ff.
Pony 21, 228
Pottwal 85ff.
Pudel 8f.
Rabe 28ff., 43, 65
Regenwurm 69, 77, 156ff.
Reh 232, 295
Reiher 210ff.
Rhinozeros 198ff., 251
Robbenbär 21
Rosenkäfer 251

Rotfuchs 251
Salamander 251
Sardine 209
Schildkröte 168, 210 ff.
Schlange 116 f., 118, 131 ff., 232
Schnecke 68, 158, 251, 260 ff., 265
Schneehuhn 301, 306
Schwan 67, 168, 172
Schwebfliege 170
Schwein 105, 182, 188, 191, 214, 287 ff.
Seeelefant 280
Seelachs 251
Siebenschläfer 251
Spatz 38
Specht 140, 251, 302
Spinne 173, 245, 262
Stachelfisch 128
Stachelschwein 128, 188
Steckfliege 170
Stinktier (Skunk) 251
Strauß 129, 132, 137, 167 f.
Streifengnu 251
Streifenhörnchen (Chipmunk) 251
Stubenfliege 170
Tamandua (kleine Ameisenbären) 251

Tapir 251
Taufliege 170
Thunfisch 34
Tiger 10 ff., 40, 178 ff., 182 ff.
Tintenfisch 128, 204 ff.
Tintenschwein 128
Truthahn 61
Uhu 251, 313
Unke 313
Vogel 29, 31 ff., 48, 62, 67, 98, 116, 130 f., 137, 151, 186 f., 249, 303, 315
Wal 85 ff., 98, 99, 209
Waran 277
Waschbär (Racoon) 251
Wasserhuhn 251
Wespenbär 21
Wiesel 105, 110, 113, 301
Wildgans 61 f.
Wildpferd 228 ff.
Wolf 68, 98, 214, 216 ff., 255 ff., 302 ff.
Zebra 21
Zecke 176, 251
Zehenbär 21
Ziege 214, 247, 249
Zitronenfalter 251
Zwergmaus 292

332

Quellennachweis

RICHARD ADAMS: Die Anschlagtafel / Das Oberkaninchen   Aus: ders., Unten am Fluss. Aus dem Englischen von Egon Strohm © für die deutschsprachige Ausgabe 2008 List Taschenbuch in der Ullstein Buchverlage GmbH, Berlin

HANS CHRISTIAN ANDERSEN: Das hässliche junge Entlein   Aus: ders., Sämtliche Märchen und Geschichten, Bd. 1. Herausgegeben und eingeleitet v. Leopold Magon. Unter Benutzung älterer Ausgaben übertragen von Eva-Maria Blüm. Sammlung Dieterich 132/133, Leipzig 1953. (Sammlung Dieterich ist eine Marke der Aufbau GmbH & Co. KG) © Aufbau Verlag GmbH & Co. KG, Berlin 1953

LUDVIK AŠKENAZY: Babubu   Aus: ders., Du bist einmalig. Zehn zärtliche Geschichten. © Jindrich Mann

WALDEMAR BONSELS: Der Grashüpfer / Puck   Aus: ders., Die Biene Maja und ihre Abenteuer. © 1990, Deutsche Verlags-Anstalt, München, in der Verlagsgruppe Random House GmbH

RICHARD BUCKLEY: Die Riesenschlange Sansibar   Aus: Richard Buckley, Eric Carle, Die Riesenschlange Sansibar. Deutsche Ausgabe © 1986 Gerstenberg Verlag GmbH, Hildesheim

NORAH BURKE: Königstiger   Aus: dies., Dschungelgeschichten. Goldmann Verlag [Random House]

ROALD DAHL: Der fantastische Mr. Fox / Schüsse fallen / Die schrecklichen Schaufeln   Aus: ders., Der fantastische Mr. Fox. Deutsche Übersetzung von Charles Schüddekopf. Copyright © 1979 by Rowohlt Verlag GmbH, Reinbek bei Hamburg

HEINZ ERHARDT: Der Kabeljau   Aus: ders., Warum die Zitronen sauer wurden. © 2009 Lappan Verlag

WOLF ERLBRUCH: Das Bärenwunder   Aus: ders., Das Bärenwunder. © 1992 Peter Hammer Verlag, Wuppertal

HANS FALLADA: Geschichte vom Unglückshuhn   Aus: ders., Geschichten aus der Murkelei. © Aufbau Verlag GmbH & Co. KG, Berlin 2009

FRANZ FÜHMANN: Von A bis Z – Ein Affenspaß für Alfons (Auszug)   Aus: ders., Von A bis Z – Ein Affenspaß für Alfons. © Hinstorff Verlag GmbH, Rostock

CORNELIA FUNKE: Tiger und Leo   Aus: dies., Leselöwen-Tiergeschichten. © 1997 Loewe Verlag GmbH, Bindlach

EMIL KOLOZSVÁRI GRANDPIERRE: Das Ferkelchen und der Wolf   Aus dem Ungarischen übersetzt von Mirza Schüching und Géza Engl. Aus: Die Wunderflöte. Der Kinderbuchverlag Berlin

JOSEF GUGGENMOS: He, Sie!!! / Es flog vorbei / Versehen / Das Einhorn / Die Grille   Aus: ders., Oh Verzeihung sagte die Ameise. © 1990, Beltz & Gelberg in der Verlagsgruppe Beltz, Weinheim/Basel
Hummel, gib Acht! / Wenn Schnecken abreisen / Der Eisbär   Aus: ders., Was denkt die Maus am Donnerstag? © 1998, Beltz & Gelberg in der Verlagsgruppe Beltz, Weinheim/Basel

GERT HAUCKE: Worauf Mops eine mörderische Wut hat und warum sich Ormanschicks nicht darüber freuen, dass er der Größte ist   Aus: ders., Mops und Moritz. © Gert Haucke (†)

ELKE HEIDENREICH: Nero Corleone (Auszug)   Aus: dies., Nero Corleone. © 1995, Hanser Verlag München

CHRISTOPH HEIN: Wie der Falsche Prinz und Kleine Adlerfeder ein Wildpferd einfingen   Aus: ders., Das Wildpferd unterm Kachelofen. © 1990 Beltz & Gelberg in der Verlagsgruppe Beltz, Weinheim/Basel

HELME HEINE: Rosa   © Helme Heine

BERND HEINRICH: Die Seele der Raben (Auszug)   Aus dem Amerikanischen von Marianne Menzel. © Bernd Heinrich. Für die deutsche Übersetzung © 1992 List Verlag in der Ullstein Buchverlage GmbH, Berlin

FRANZ HOHLER: Der kluge Bär   Aus: ders., Das große Buch. Mit Illustrationen von Nikolaus Heidelbach. © 2009 Carl Hanser Verlag München

ERNST JANDL: Ottos Mops   Aus: ders., Poetische Werke, hrsg. von Klaus Siblewski. © 1997 Luchterhand Literaturverlag, München, in der Verlagsgruppe Random House GmbH

HEINZ JANISCH: Ich hab ein kleines Problem, sagte der Bär   Aus: ders., Ich hab ein kleines Problem, sagte der Bär. Mit Illustrationen von Silke Leffler. © 2007 Annette Betz Verlag im Verlag Carl Ueberreuter, München-Wien

RUDYARD KIPLING: Wie das Elefantenkind seinen Rüssel bekam   Aus: ders., Gesammelte Werke. Aus dem Englischen von Hans Reisiger. Für die deutsche Übersetzung © List Verlag in der Ullstein Buchverlage GmbH, Berlin

JAMES KRÜSS: Annabella Apfelstrudel   Aus: ders., Der wohltemperierte Leierkasten. © 1989 cbj Verlag, München, in der Verlagsgruppe Random House GmbH
Der Uhu und Die Unken / Lied des Menschen / Medusen / Als ich Kamel noch Klara hieß / Sardinen   Aus: ders., James' Tierleben. © Carlsen Verlag; Hamburg 2003

MAX KRUSE: Urmel aus dem Eis (1. Kapitel)   Aus: ders., Urmel aus dem Eis. © 1995 by Thienemann Verlag (Thienemann Verlag GmbH), Stuttgart - Wien

BERNHARD LASSAHN: Gute Nacht, Murmeltier   Aus: ders., Das große Buch der kleinen Tiere. Copyright © 1989 by Bernhard Lassahn. Veröffentlicht mit Genehmigung 68'734 der Paul & Peter Fritz AG Zürich

JACK LONDON: Das Gesetz des Fleisches   Aus: ders., Weißzahn der Wolfshund. Aus dem Amerikanischen von Gerhard Löffler. © Verlag Neues Leben, Berlin 1969

SABINE LUDWIG: Ein Katerwochenende   © Sabine Ludwig

ANNE UND PAUL MAAR: Der Käfer Fred / Die Tochter des Mäusekönigs   Aus: Anne und Paul Maar, Mehr Affen als Giraffen. © Verlag Friedrich Oetinger GmbH, Hamburg 2009

PETER MAIWALD: Als mein Bruder das Pferd brachte   Aus: ders., 100 Geschichten. Ein Lese- und Vorlesebuch.

Mit s/w-Illustrationen von Leonard Erlbruch. © 2004 Carl Hanser Verlag, München

HERMAN MELVILLE: Der Kopf des Wals Aus: ders., Moby Dick oder Der Wal. Aus dem Amerikanischen von Alice und Hans Seiffert [gekürzte Fassung] © Arena Verlag

A. A. MILNE: Pu und der ungestüme Tieger Aus: ders., Pu baut ein Haus. Übersetzt von Harry Rowohlt. © Cecilie Dressler Verlag, Hamburg

BENNO PLUDRA: Der Hund des Kapitäns Aus: ders., Der Hund des Kapitäns. © 1999 Der KinderbuchVerlag in der Verlagsgruppe Beltz, Weinheim/Basel

GIANNI RODARI: Die Reise der Affen Aus: ders., Das fabelhafte Telefon. Wahre Lügengeschichten für Groß und Klein. Aus dem Italienischen von Marianne Schneider. Verlag Klaus Wagenbach, Berlin
Für die deutsche Übersetzung © 2002 Verlag Klaus Wagenbach, Berlin
Für den Originaltext © Edizioni EL s.r.l., Trieste

ANDREAS SCHLÜTER: Falsche Freunde © Andreas Schlüter

WOLFDIETRICH SCHNURRE: Die Prinzessin kommt um vier © Marina Schnurre Aus: ders., Das Los unserer Stadt. Walter Verlag 1959

JÜRG SCHUBIGER: Der Wal / Der andere Wal / Muh und Meh Aus: ders., Wo ist das Meer? © 2003 Beltz & Gelberg in der Verlagsgruppe Beltz, Weinheim/Basel

ERWIN STRITTMATTER: Die Strickbremse / Pferdenarren Aus: ders., Pony Pedro. © Aufbau Verlag GmbH & Co. KG, Berlin 1999

UWE TIMM: Rennschwein Rudi Rüssel (5. Kapitel) Aus: ders., Rennschwein Rudi Rüssel. © Nagel und Kimche, 2002

ALEXEI N. TOLSTOI: Das Hähnchen und das Hühnchen Aus dem Russischen übersetzt von Margarete Spady. Aus: Das Tierschiff. Hrsg. von Franz Fühmann. 1980 Der KinderbuchVerlag Berlin

LEO TOLSTOI: Das Gute und das böse Tier. Aus dem Russischen übersetzt von Hermann Asemissen. Aus: ders., Das neue Alphabet. Rütten & Loening 1960. © Aufbau Verlag GmbH & Co. KG, Berlin

FREDRIK VAHLE: Die laute und die leise Geschichte Aus: ders., Mäuse wie wir. Laute und leise Geschichten von Luzi und Kabutzke. © 2003 Beltz & Gelberg in der Verlagsgruppe Beltz, Weinheim/Basel

JULES VERNE: Riesenkraken Aus: ders., 20000 Meilen unter dem Meer. Bearbeitung einer alten deutschen Übersetzung von Thomas Kupfermann, durchgesehen von Martin Engelmann © Verlag Neues Leben, Berlin, 1980

FRANZ WITTKAMP: Warum sich Raben streiten Aus: Überall und neben dir. Gedichte für Kinder. Hrsg. von Hans-Joachim Gelberg. © 1986 Beltz & Gelberg in der Verlagsgruppe Beltz, Weinheim/Basel

FRIEDRICH WOLF: Schnurzel, das Neinchen Aus: ders., Märchen für große und kleine Kinder. © Aufbau Verlag GmbH & Co. KG, Berlin 2003

Trotz sorgfältiger Nachforschungen waren nicht alle Rechtsinhaber zu ermitteln. Etwaige Forderungen bitten wir an den Verlag zu richten.

ISBN 978-3-351-04132-8
Aufbau ist eine Marke der Aufbau Verlag GmbH & Co. KG

1. Auflage 2011
© Aufbau Verlag GmbH & Co. KG, Berlin 2011
Hinweise zu den Inhabern der Original- und Übersetzungs-
rechte auf den Seiten 333 bis 335
Einbandgestaltung Henkel/Lemme, Berlin
Innengestaltung Torsten Lemme, Berlin
Schrift Book Antiqua 11/15 pt
Druck und Bindung TBB, Banská Bystrica
Printed in Slovakia

www.aufbau-verlag.de